t.

TRAUNER VERLAG

BILDUNG

Bildung, die begeistert!

Blattwerk Deutsch

■ Maturatraining

➕ TRAUNER-DigiBox

JOHANNES GAISBÖCK

IRIS PALLAUF-HILLER

AHS
BHS

© 2021
TRAUNER Verlag + Buchservice GmbH
Köglstraße 14, A 4020 Linz
Alle Rechte vorbehalten.

Layout wurde vom Patentamt mustergeschützt: © Österreich 2010

Lektorat/Produktmanagement:
Katharina Stadler
Titelgestaltung: Bettina Victor
Gestaltung und Grafik:
Teresa Foissner
Korrektorat: Valentin Panzirsch
Schulbuchvergütung/Bildrechte:
© Bildrecht GmbH/Wien
Gesamtherstellung:
Johann Sandler GesmbH & Co KG
Druckereiweg 1, 3671 Marbach

PRINTED IN
AUSTRIA

ISBN 978-3-99113-802-0
Schulbuch-Nr. 205.496

www.trauner.at

Impressum

Gaisböck, Pallauf-Hiller: Blattwerk Deutsch
■ **Maturatraining**
➕ TRAUNER-DigiBox
2. Auflage 2022, Nachdruck 2024
Schulbuch-Nr. 205.496
TRAUNER Verlag, Linz

Das Autorenteam

MAG. JOHANNES GAISBÖCK
Professor an der HAK/HAS I der Wiener Kaufmannschaft in Wien; Lehrender an der Pädagogischen Hochschule Oberösterreich

MAG. IRIS PALLAUF-HILLER
Professorin an der HAK/HAS I der Wiener Kaufmannschaft in Wien

Approbiert gemäß Anhang der Schulbuchliste für den Unterrichtsgebrauch an:
■ Allgemein bildenden höheren Schulen für die 7. und 8. Klasse,
■ Bundeshandelsakademien für den III. bis V. Jahrgang,
■ Höheren Lehranstalten für wirtschaftliche Berufe für den III. bis V. Jahrgang,
■ Höheren Lehranstalten für Mode für den III. bis V. Jahrgang,
■ Höheren Lehranstalten für Kunst und Gestaltung für den III. bis V. Jahrgang,
■ Höheren Lehranstalten für Tourismus für den III. bis V. Jahrgang

im Unterrichtsgegenstand Deutsch,
■ Bildungsanstalten für Kindergartenpädagogik für den III. bis V. Jahrgang und
■ Bildungsanstalten für Sozialpädagogik für den III. bis V. Jahrgang

im Unterrichtsgegenstand Deutsch (einschließlich Sprecherziehung, Kinder- und Jugendliteratur),
Bundesministerium für Bildung, Wirtschaft und Forschung, BMBWF-5.048/0013-Präs/14/2019 vom 4. November 2021.

Liebe Schülerin, lieber Schüler,
Sie bekommen dieses Schulbuch von der Republik Österreich für Ihre Ausbildung. Bücher helfen nicht nur beim Lernen, sondern sind auch Freunde fürs Leben.

Einleitung

Im Vordergrund der „Blattwerk"-Bände steht die **Nachhaltigkeit des Lernens.** Die Schülerinnen und Schüler sollen dazu animiert werden, **selbstgesteuert** zu arbeiten, ihre eigene Sprache zu reflektieren und zu analysieren sowie ihre selbst verfassten Texte zu be- und überarbeiten.

Unterstützt wird dieser Prozess durch den **Portfolio-Gedanken,** der den Lehrwerken zugrunde liegt. Daher sind alle „Blattwerk"-Bände **perforiert und gelocht.** So können sie nicht nur als herkömmliche Schulbücher im Unterricht eingesetzt, sondern auch zusammen mit selbst verfassten Texten der Lernenden über die gesamte Schulstufen hinweg in einer Mappe gesammelt werden. Dies hat den Vorteil, dass die Schülerinnen und Schüler am Ende ihrer Ausbildung ein **Kompendium aller gelernten Inhalte** besitzen, das sich optimal zum Lernen für die Matura eignet. Gleichzeitig werden sie dazu motiviert, selbst produzierte Texte zu hinterfragen, sie zu überarbeiten und ihr Sprachbewusstsein weiterzuentwickeln.

Die **Blattwerk-Methode** stellt das BEISPIEL immer neben der Theorie (WERKZEUG) auf einer Doppelseite dar, die methodische Vorgehensweise (induktiv/deduktiv bzw. vergleichend) bleibt dadurch offen.

Zu den Kapiteln der Textsortentheorie gibt es **Evaluationsbögen** zur Selbstevaluation, die den Lernerfolg sichtbar machen sollen. Besonders sinnvoll erscheint es, wenn die Schülerinnen und Schüler nach dem Verfassen eines Textes ein wenig Zeit vergehen lassen, ihn wieder zur Hand nehmen und erst dann die Evaluation durchführen. So sehen sie den Text mit anderen Augen und finden möglicherweise Ungereimtheiten, die ihnen kurz nach dem Verfassen nicht aufgefallen wären.

Ein Text in seiner ersten Version ist meist unfertig. Das **Überarbeiten der eigenen Texte** soll zu einem der wichtigsten Prinzipien der Schüler/innen werden. Überarbeiten heißt dabei, das schon Vorhandene kritisch zu betrachten und jeder Änderungsmöglichkeit bezogen auf Inhalt und sprachliche Phänomene nachzugehen.

Lösungen

Alle **Lösungen** und **Erwartungshorizonte** sowie das **E-Book** zu „Blattwerk Deutsch – Maturatraining" finden Sie online in der TRAUNER-DigiBox.

STARTEN SIE IHR DIGITALES ZUSATZPAKET ZUM BUCH!

In der TRAUNER-DigiBox (www.trauner-digibox.com) finden Sie Ihr persönliches E-Book und die Zusatzmaterialien zum Buch:

- www.trauner-digibox.com aufrufen
- Einmal kostenlos registrieren
- Ihr digitales Zusatzpaket mit **Lizenz-Key** auf der Rückseite des Buches freischalten

Folgende weitere Piktogramme unterstützen das Lehren und Lernen mit dem Buch:

 für Wissenswertes und Tipps

 für „Achtung!" oder „Beachte!"

 für Arbeitsaufgaben und persönliche Notizen

 für Verknüpfungen mit anderen Kapiteln oder „Blattwerk"-Bänden

 für Downloads aus der TRAUNER-DigiBox

Die Aufgabenstellungen sind formuliert wie bei der standardisierten Reife- und Diplomprüfung. Die einzelnen Arbeitsaufträge sind farblich nach der Kompetenzstufe gekennzeichnet.

Es wird unterschieden zwischen Arbeitsaufträgen, deren Handlungsanweisungen von den Schülerinnen und Schülern

- die Wiedergabe,
- das gezieltes (Um-)Ordnen und Übertragen oder
- die Reflexion und Problemlösung

verlangen.

Viel Freude und Erfolg wünscht Ihnen das „Blattwerk"-Team!

Inhaltsverzeichnis

Die Blattwerk-Methode

Das Lehrbuch „Blattwerk" kann wie jedes herkömmliche Lehrwerk verwendet werden. Es finden sich unterschiedlichste Texte zu diversen Themen darin, WERKZEUG-Blätter (Theorie- und Kriterienblätter), Aufgaben, Arbeitsaufträge und vieles mehr. Dennoch will es einen Schritt weiter gehen und integriert die Portfolio-Methode als wesentliches Arbeitsprinzip. Dieses Prinzip liegt vor allem jenen Elementen des Lehrwerkes zugrunde, die sich mit der eigenen und der Kompetenz anderer aktiv auseinandersetzen.

Die Blattwerk-Methode stellt das Beispiel immer neben der Theorie auf einer Doppelseite dar, die methodische Vorgehensweise (induktiv/deduktiv bzw. vergleichend) bleibt dadurch offen.

Prozesshaftigkeit – Nachhaltigkeit

Die einzelnen Kapitel können dem Buch entnommen werden. Dies hat den Vorteil, dass Sie das jeweilige Kapitel durch **Material vonseiten der Lehrperson** oder **durch eigenes Arbeitsmaterial** erweitern können. Die WERKZEUG-Blätter (Theorieblätter) verbleiben nicht im Lehrbuch, sondern wandern mit in Ihre Mappe.

Wird ein **Kapitel wiederholt,** sind Sie bestens vorbereitet und können alle schon erarbeiteten Unterrichtsmaterialien weiterverwenden und jene, die Sie nun erhalten, zu den schon erarbeiteten und gesammelten hinzugeben.

Selbstevaluation und Feedback

Zu den Kapiteln der Textsortentheorie gibt es **Evaluations- und Feedbackblätter.** Diese dienen dazu, einen von Ihnen verfassten Text selbstständig evaluieren und beurteilen zu können. Besonders sinnvoll erscheint es, wenn Sie nach dem Verfassen eines Textes ein wenig Zeit vergehen lassen, ihn wieder zur Hand nehmen und erst dann die Evaluation durchführen. So sehen Sie den Text mit anderen Augen und finden möglicherweise Ungereimtheiten, die Ihnen kurz nach dem Verfassen nicht aufgefallen wären. Zusätzlich können Sie für Ihren Text auch **von Kolleginnen und Kollegen** und von Ihrer **Lehrperson Feedback einholen.**

Feedback geben

Bieten Sie Ihren Kolleginnen und Kollegen an, auch ihre Texte Korrektur zu lesen und einer Evaluation zu unterziehen. Dieses **Beurteilen von fremden Texten** schärft den Blick auf die eigene Sprache und bietet Ihrem Gegenüber die Möglichkeit, Überarbeitungsvorschläge für den eigenen Text zu erhalten. Verwenden Sie dazu die schon erwähnten Evaluations- und Feedbackbögen.

Ein Feedback von einer anderen Person oder der/dem Unterrichtenden ist Goldes wert, denn es kann Ihnen Ihre derzeitige Kompetenz auf dem jeweiligen Arbeitsgebiet zeigen.

Überarbeitungen

Ein Text in seiner ersten Version ist meist unfertig. Machen Sie das Überarbeiten Ihrer Texte zu einem der wichtigsten Prinzipien. Lassen Sie dafür aber ein wenig Zeit verstreichen. Überarbeiten heißt, das schon Vorhandene kritisch zu betrachten und jeder Änderungsmöglichkeit bezogen auf Inhalt und sprachliche Phänomene nachzugehen.

Die standardisierte Reife- und Diplomprüfung

Nur wenn Sie genau wissen, was Sie erwartet, können Sie sich bestmöglich auf die Matura vorbereiten. Deshalb ist es wichtig, genau über den Ablauf der standardisierten Reife- und Diplomprüfung Bescheid zu wissen.

Im folgenden Kapitel bekommen Sie einen Überblick über den Ablauf der standardisierten Reife- und Diplomprüfung. Außerdem finden Sie Erklärungen und Beispiele zu den verschiedenen Operatoren.

Ablauf und Beurteilung der schriftlichen Prüfung

Die Grundlage der schriftlichen Teilprüfung bilden **drei Themenpakete,** die jeweils **zwei unterschiedliche Schreibaufgaben** enthalten. Bei der Matura ist ein Themenpaket zur Bearbeitung zu wählen. Die Arbeitszeit beträgt insgesamt **300 Minuten.**

Die aus den Schreibaufträgen resultierende Gesamtwortanzahl soll bei etwa **900 Wörtern** liegen. Die Toleranzgrenze ist bei ± 10 Prozent angesiedelt. Demnach ergeben sich folgende Varianten:

Variante 1	Variante 2	Variante 3
Text 1: 270 bis 330 Wörter	Text 1: 540 bis 660 Wörter	Text 1: 405 bis 495 Wörter
Text 2: 540 bis 660 Wörter	Text 2: 270 bis 330 Wörter	Text 2: 405 bis 495 Wörter

Sie finden den Beurteilungsraster auf Seite 14.

Die Korrektur der schriftlichen Klausurarbeit erfolgt nach einem einheitlichen **Beurteilungsraster,** wobei vier verschiedene Kompetenzbereiche zur Beurteilung herangezogen werden:

- **Inhalt**
  Für die Dimension Inhalt ist entscheidend, wie gut es gelingt, die für die Textsorte **zentrale(n) Schreibhandlung(en)** sowie die Aufgaben angemessen zu realisieren. Zudem wird die Ausführlichkeit bzw. die Gewichtung beurteilt, mit der die einzelnen **Arbeitsaufträge erfüllt** werden. Weiters sind das **Textverständnis, die inhaltliche Qualität der Gedankenführung** und die Verknüpfung von Arbeitsaufträgen für die Beurteilung von Bedeutung. Dabei ist auch das Ausmaß an eigenständiger Leistung und an Ideenreichtum einzubeziehen.

- **Textstruktur**
  Bei dieser Dimension geht es um die **Kohärenz und Kohäsion** sowohl innerhalb des verfassten Textes als auch zwischen der Textbeilage und dem verfassten Text. Ein wichtiger Aspekt ist hierbei die Anordnung der Ideen. Diese sollen kohärent und in einer für die Textsorte angemessenen Weise gegliedert sein.

  Ein durchgehend kohärenter Text hat eine klare und logische **Struktur,** bezieht gegebenenfalls die Argumente aufeinander und ist frei von Gedankensprüngen oder unmotivierten Exkursen. Einzelaussagen sind in den Gesamtzusammenhang eingeordnet. Die Teilaufgaben sind sinnvoll zueinander in Beziehung gesetzt und Sätze gedanklich schlüssig verknüpft. Die Struktur wird durch Absätze grafisch markiert.

  Die Einhaltung von **Textsorten-Konventionen** wie Anrede und Schlussformel, die Formulierung eines eigenen **Titels** oder die Gestaltung von Einleitung und Schluss sind ebenso wesentlich wie die Beziehung zwischen der Textbeilage und dem verfassten Text und die Nennung der Quelle, die je nach Textsorte unterschiedlich realisiert werden kann.

  Eine gute Leistung hinsichtlich der Kohärenz zeichnet sich dadurch aus, dass eine Vielzahl an sprachlichen Mitteln (Adverbien, Pronominalverweise etc.) – auch metakommunikativen (z. B.: „Wie eingangs festgestellt wurde ...") – zur **Gliederung und Textverknüpfung,** auch bei thematischen Übergängen, eingesetzt wird.

- **Stil und Ausdruck**
  Hierbei wird der Grad der **Angemessenheit sprachlicher Mittel** in Bezug auf die geforderten Schreibhandlungen und den situativen Kontext beurteilt. Dazu gehört auch der funktionale Einsatz von **Stilmitteln.** Weitere Kriterien sind die Verwendung eines umfangreichen **Wortschatzes** sowie Präzision in der **Wortwahl,** die bis zur korrekten Verwendung von Fachvokabular reicht. Außerdem sind die Verständlichkeit und der Variantenreichtum der Syntax relevant. Zudem geht es darum, ob die Textbeilage(n) sprachlich angemessen (ohne Stilbruch und möglichst mit eigenen Worten) in den verfassten Text integriert ist/sind.

- **Normative Sprachrichtigkeit**
  In diesen Bereich fallen Rechtschreib-, Grammatik- und Zeichensetzungsfehler.

Als Hilfsmittel sind **Wörterbücher** zulässig: Österreichisches Wörterbuch und/oder Rechtschreib-Duden.

Arbeitsaufträge

Beispiel
Verfassen Sie eine Zusammenfassung. ← Textsorte

Situation: Im Zuge einer Diskussionsveranstaltung zum Thema „Überwachung" sind Sie als Schüler/in gefordert, die Thematik „Der gläserne Mensch" anhand einer Zusammenfassung eines Zeitungsberichtes aufzubereiten. ← Situationsvorgabe

Lesen Sie den Zeitungsbericht „Von früh bis spät ausgespäht" von Nina Weißensteiner, erschienen in der Tageszeitung „Der Standard" am 27. Juni 2015 (Textbeilage 1). ← Textbeilage

Verfassen Sie nun die **Zusammenfassung** und bearbeiten Sie dabei die folgenden Arbeitsaufträge:

- **Nennen** Sie unterschiedliche Methoden, mit denen Unternehmen Daten über ihre Kundinnen und Kunden gewinnen können.
- **Geben** Sie die Folgen **wieder,** die durch das Hinterlassen unserer Datenspuren im Internet entstehen können.
- **Beschreiben** Sie Möglichkeiten von Firmen, ihre Mitarbeiter/innen mittels elektronischer Datenaufzeichnungen zu kontrollieren.

← Arbeitsaufträge mit Operatoren

Schreiben Sie zwischen 270 und 330 Wörter. Markieren Sie Absätze mittels Leerzeilen. ← Geforderte Wortzahl

Operatoren

Damit die Anforderungen einer kompetenzorientierten Aufgabenstellung erfüllt werden, sind die Schreibaufgaben durch den Einsatz sogenannter Operatoren präzise formuliert. Operatoren sind Verben, die zu einer bestimmten Schreibhandlung auffordern. Sie sind in drei Anforderungsbereiche eingeteilt: Reproduktion, Reorganisation und Transfer, Reflexion und Problemlösung. Im Folgenden sind die für die standardisierte Reife- und Diplomprüfung festgelegten Operatoren aufgelistet und erklärt.

Operatoren, die Leistungen überwiegend im Anforderungsbereich „Reproduktion" (Wiedergeben) verlangen

Definition	Beispiele
(be-)nennen Informationen, Aspekte eines Sachverhalts, Fakten, Begriffe ohne nähere Erläuterungen und Wertungen knapp und strukturiert aufführen	■ **Nennen** Sie die im Text angesprochenen Gründe für die Sehnsucht nach einer intakten Familie.
beschreiben Sachverhalte, Situationen, Vorgänge, äußere Merkmale von Personen bzw. Figuren strukturiert und genau darlegen	■ **Beschreiben** Sie den historischen Wandel der Familie, wie er in der Textbeilage dargestellt wird. ■ **Beschreiben** Sie die berufliche Realität des Ich-Erzählers.
wiedergeben Inhalte, Aussagen, Zusammenhänge in eigenen Worten sachlich darlegen	■ **Geben** Sie die relevanten Inhalte des Artikels **wieder.** ■ **Geben** Sie den Inhalt des Gespräches **wieder.**
zusammenfassen Inhalte, Aussagen, Zusammenhänge komprimiert und in sinnvoller Anordnung darlegen	■ **Fassen** Sie die Thesen des Autors **zusammen.** ■ **Fassen** Sie die Handlung der Erzählung **zusammen.**

Operatoren, die Leistungen überwiegend im Anforderungsbereich „Reorganisation und Transfer" (gezieltes Ordnen und Übertragen) verlangen

Definition	Beispiele
analysieren/untersuchen unter Bezugnahme auf spezifische Fragestellungen Elemente, Strukturmerkmale und Zusammenhänge eines Textes herausarbeiten, nach Möglichkeit belegen und die Ergebnisse strukturiert und fachsprachlich angemessen darlegen	■ **Analysieren** Sie den Aufbau des Textes in Verbindung mit den Veränderungen der jungen Frau. ■ **Untersuchen** Sie den Text hinsichtlich suggestiver Formulierungen.
bestimmen/einordnen/zuordnen Aussagen, Texte, Sachverhalte, Merkmale unter Verwendung von Kontextwissen bestimmten Kategorien oder Aspekten zuweisen und diese Zuordnungen nachvollziehbar und in fachsprachlich angemessener Weise begründen	■ **Bestimmen** Sie die Erzählperspektive der Kurzgeschichte. ■ **Ordnen** Sie die vorgeschlagenen Maßnahmen den jeweiligen Positionen **zu.**
charakterisieren die jeweilige Eigenart von Figuren oder Sachverhalten erfassen und treffend formulieren	■ **Charakterisieren** Sie den Helden und seinen Gegenspieler. ■ **Charakterisieren** Sie die in der Textbeilage beschriebenen Unterrichtsmethoden.
erklären Verhaltensweisen und Sachverhalte auf real feststellbare oder vermutete Ursachen zurückführen und diese auf der Basis von Kenntnissen und Einsichten verständlich und differenziert darlegen	■ **Erklären** Sie das Verhalten des Protagonisten. ■ **Erklären** Sie den Zusammenhang zwischen Gesundheitsapps und Überwachung.
erläutern komplexe Sachverhalte durch zusätzliche Informationen und/oder Beispiele veranschaulichen, verdeutlichen	■ **Erläutern** Sie, welche Folgen die beschriebene Ausbeutung von Umweltressourcen nach sich zieht.
erschließen etwas nicht explizit Formuliertes aus einem Text ermitteln und darlegen	■ **Erschließen** Sie aus der Textbeilage, wie sich die Veränderungen in den Familienstrukturen auf die Beziehung von Eltern und Kindern auswirken. ■ **Erschließen** Sie die Situation, in der sich das lyrische Ich befindet.
in Beziehung setzen Zusammenhänge unter vorgegebenen oder selbst gewählten Gesichtspunkten herstellen und darlegen	■ **Setzen** Sie die Studienergebnisse **in Beziehung** zu Ihren eigenen Erfahrungen mit Lob in der Schule. ■ **Setzen** Sie das Verhalten der Figuren **in Beziehung** zum Thema „Sündenbock".
vergleichen/einander gegenüberstellen nach vorgegebenen oder selbst gewählten Gesichtspunkten Gemeinsamkeiten, Ähnlichkeiten und Unterschiede herausarbeiten, gegeneinander abwägen und die Ergebnisse strukturiert formulieren	■ **Vergleichen** Sie, wie das Motiv des Verlassenseins in den beiden Gedichten dargestellt wird. ■ **Stellen** Sie die Positionen der beiden Autorinnen zum Thema „Gesamtschule" **einander gegenüber.**

Operatoren, die Leistungen überwiegend im Anforderungsbereich „Reflexion und Problemlösung" verlangen

Definition	Beispiele
appellieren an eine zuständige Einzelperson, ein Publikum oder eine Institution mit einer begründeten Bitte/Aufforderung schriftlich herantreten	■ **Appellieren** Sie an Ihre Kolleginnen und Kollegen, Ihren Überlegungen und Vorschlägen zu folgen.
begründen/Gründe angeben Analyseergebnisse, Urteile, Einschätzungen, Wertungen fachlich und sachlich absichern (durch entsprechende Argumente, Belege, Beispiele)	■ **Begründen** Sie gegenüber Gemeindevertreterinnen und -vertretern die Wichtigkeit von angemessenen Freizeitstätten für Jugendliche. ■ **Begründen** Sie, ob bzw. inwiefern es sich bei der vorliegenden Geschichte um einen satirischen Text handelt.
beurteilen hinsichtlich von Texten, Aussagen, Sachverhalten, Figuren bzw. Personen zu einem selbstständigen Urteil gelangen und dieses argumentativ stützen	■ **Beurteilen** Sie die Aktualität des Gedichts, indem Sie es auf Ihre Erfahrungen mit der Werbe- und Konsumwelt von heute beziehen. ■ **Beurteilen** Sie, welche der vorgeschlagenen Maßnahmen Erfolg versprechend erscheinen.
bewerten wie „beurteilen", jedoch verbunden mit der Offenlegung begründeter eigener Wertmaßstäbe	■ **Bewerten** Sie den Lebensentwurf des Protagonisten. ■ **Bewerten** Sie die gegensätzlichen Standpunkte.
deuten/interpretieren auf der Grundlage einer Analyse Sinnzusammenhänge eines Textes herausarbeiten und unter Einbeziehung der Wechselwirkung zwischen Inhalt, Form und Sprache eine schlüssige Deutung formulieren	■ **Deuten** Sie den Text im Hinblick auf das Motiv „Macht der Kritik".
diskutieren/erörtern/sich auseinandersetzen mit Aussagen, Thesen, Problemstellungen anhand von Pro- und Kontraargumenten abwägen und auf dieser Grundlage eine Schlussfolgerung bzw. eigene Stellungnahme widerspruchsfrei verfassen	■ **Diskutieren** Sie die im Bericht zitierte Ansicht „Jeder ist seines eigenen Glückes Schmied". ■ **Erörtern** Sie die Vor- und Nachteile des in der Textbeilage beschriebenen Vorhabens.
entwerfen ein Konzept, ein Szenario, einen Plan nachvollziehbar in groben Zügen darlegen	■ **Entwerfen** Sie abschließend Ihr Konzept von Familie.
kommentieren/Stellung nehmen die Einschätzung einer Problemstellung, Problemlösung, Wertung oder eines Sachverhalts nach kritischer Prüfung formulieren	■ **Kommentieren** Sie die Behauptung, dass digitale Medien für den Verfall von Bildung verantwortlich seien. ■ **Nehmen** Sie zu den Auswirkungen von Krisenzeiten auf die Werthaltungen von Jugendlichen **Stellung.**
(über-)prüfen Aussagen, Thesen, Argumentationen auf Grundlage fachlicher Kenntnis und Einsicht kritisch hinterfragen und ihre Gültigkeit kriterienorientiert und begründet einschätzen	■ **Überprüfen** Sie die Stichhaltigkeit bzw. Angemessenheit der Argumente beider Interessensgruppen. ■ **Überprüfen** Sie, inwieweit die These zutrifft, die Kunstauffassung der Autorin spiegle sich im vorliegenden Text wider.
vorschlagen/Vorschläge machen Ideen für den Umgang mit Problemen oder Vorgehensweisen in einer Situation formulieren	■ **Schlagen** Sie Maßnahmen **vor,** wie das Verkehrsaufkommen auf den Straßen reduziert werden kann.

Textsortenübersicht

	Zusammenfassung	Textanalyse	Textinterpretation	Meinungsrede	Leserbrief	Erörterung	Kommentar
Umfang	270–330 Wörter	405–495 oder 540–660 Wörter	540–660 Wörter	405–495 oder 540–660 Wörter	270–330 Wörter	405–495 oder 540–660 Wörter	270–330, 405–495 oder 540–660 Wörter
Abweichen von der Wortanzahl	Die vorgegebene Wortanzahl sollte grundsätzlich beachtet werden. Besonders problematisch ist aber ein …						
	Überschreiten	Unterschreiten	Unterschreiten	Unterschreiten	Überschreiten	Unterschreiten	Überschreiten
Situationsvorgabe	zu berücksichtigen	nicht vorhanden	nicht vorhanden	zu berücksichtigen	zu berücksichtigen	nicht vorhanden	zu berücksichtigen
Zweck	Komprimierung einer (oder mehrerer) Textbeilage/n zwecks Wiedergabe von relevanten Informationen und der logisch-sachlichen Struktur unter vorgegebenen Gesichtspunkten	Beschreibung eines nichtfiktionalen Textes nach vorausgegangener Analyse vor allem sprachlicher und formaler, aber auch inhaltlicher Aspekte	Deutung eines literarischen Textes auf Grundlage der Untersuchung von Textmerkmalen	Überzeugung eines bestimmten Publikums von der eigenen Position zu einem aktuellen Thema/Problem	schriftliche Darstellung der persönlichen Meinung(en) in einem (Print-)Medium mit gewisser Breitenwirkung	schriftliche Auseinandersetzung mit einem strittigen Thema	Meinungsbildung der Leser/innen
Wichtige Merkmale	Im Unterschied zu anderen Textsorten enthält die Zusammenfassung nie eine Bewertung oder eigene Stellungnahme, sondern ist auf die Komprimierung einer Textquelle unter vorgegebenen Gesichtspunkten beschränkt.	Die sachliche Darstellung der Analyse erfolgt anhand der Analysekriterien und Ergebnisse unter Bezugnahme auf den analysierten Text (Texthinweise, Verwendung von Zitaten und Beispielen), verzichtet jedoch auf eine Interpretation.	Texteigenschaften und -Wirkungen, insbesondere die Zusammenhänge zwischen formalen, sprachlichen und inhaltlichen Aspekten, die zu einem möglichst umfassenden Textverständnis führen, werden erklärt. Die Textinterpretation bedient sich der Mittel der Textanalyse, um den Text auf dieser Basis interpretativ zu erschließen.	Die Rede bedient sich vorwiegend der Mittel der Argumentation, betreibt aber in Hinblick auf die mündliche Kommunikationssituation klares Aufmerksamkeitsmanagement, adressiert das Publikum, setzt rhetorische Mittel ein und ist um Anschaulichkeit bemüht.	Ein/e Leser/in wendet sich an das Medium, in dem der anlassgebende Inhalt berichtet wurde bzw. sieht sich durch die allgemeine Berichterstattung dazu veranlasst, die eigene Meinung zu veröffentlichen. Dies kann zustimmend, widersprechend, ergänzend, korrigierend etc. erfolgen.	Diese erfordert eine multiperspektivische Behandlung des Themas anhand der Textbeilage/n, der eigenen Position der Schülerin/des Schülers sowie weiterer relevanter Positionen.	Der/Die Verfasser/in äußert seinen/ihren Standpunkt zu einem Thema, das in der öffentlichen bzw. veröffentlichten Meinung diskutiert wird. Der Kommentar ist für die Veröffentlichung mit gewisser Reichweite gedacht.

	Zusammenfassung	Textanalyse	Textinterpretation	Meinungsrede	Leserbrief	Erörterung	Kommentar
Subjektivität versus Objektivität	keine eigene Meinung, Bewertung oder Stellungnahme	keine eigene Meinung, Bewertung oder Stellungnahme	Anführen und Belegen subjektiver Leseeindrücke	klare eigene Position	Darstellung der eigenen Position	ausgewogene Berücksichtigung möglichst aller Perspektiven der Beteiligten im jeweiligen Themenfeld	klare eigene Position
Sprachliche Besonderheiten	■ sachliche Ausdrucksweise und Verwendung eigenständiger Formulierungen ■ Verwendung verschiedener Mittel der Redewiedergabe	■ sachlich, abstrahierend, informativ-darlegend Verwendung ■ Verwendung und inhaltliche Anwendung von Fachterminologie	■ korrekte und einheitliche Verwendung von relevanten Fachtermini ■ eigenständiges, vom Text gelöstes Vokabular ■ klare Kennzeichnung direkter und indirekter Zitate	■ rhetorische Mittel ■ argumentative sprachliche Mittel ■ einfache Sätze ■ Redundanzen ■ mehrmalige direkte Ansprache der Zuhörer/innen	■ Stil reicht von rein sachlich argumentierend über subjektiv kritisch bis hin zu polemisch oder provozierend (jedoch keine Beschimpfungen oder Beleidigungen)	■ Verben der Meinungsäußerung, meinungsabtönende Partikel (z. B.: „wohl", „aber", „zwar" etc.) ■ Verwendung von Konjunktionen und anderen Mitteln der Verknüpfung	■ gezielter Einsatz von rhetorischen Mitteln und Stilmitteln (Fragen, Ellipsen, Kurzsätze etc.) ■ Verdichtung des Inhalts, Verknappung der Argumentation mit dem Ziel der Zuspitzung/Pointierung ■ unpersönliche Formulierungen (in der Regel Vermeidung von „ich")
Quellenangaben (Basisinformationen der Textbeilagen)	■ erforderlich ■ Quellenangabe in der Einleitung	■ erforderlich ■ Quellenangabe in der Einleitung	■ erforderlich ■ Quellenangabe in der Einleitung	■ bei der SRDP nur dann, wenn durch Arbeitsaufträge gefordert ■ keinesfalls zu Beginn der Einleitung ■ in der Praxis gar nicht erforderlich	■ erforderlich ■ Quellenangabe in der Einleitung	■ nur dann, wenn durch Arbeitsaufträge gefordert ■ Quellenangabe keinesfalls zu Beginn der Einleitung	■ nur dann, wenn durch Arbeitsaufträge gefordert ■ Quellenangabe keinesfalls zu Beginn der Einleitung

Beurteilungsraster

SRDP / BRP Deutsch – Beurteilungsraster

K1

K1 / Inhalt	nicht erfüllt	das Wesentliche überwiegend erfüllt	das Wesentliche zur Gänze erfüllt	über das Wesentliche hinausgehend erfüllt	weit über das Wesentliche hinausgehend erfüllt
Aufgabenerfüllung aus inhaltlicher Sicht	☐	☐ Schreibhandlung(en) im Sinne der geforderten Textsorte überwiegend realisiert · Arbeitsaufträge überwiegend erfüllt · Textbeilage(n) im Sinne der Arbeitsaufträge überwiegend erfasst · sachlich überwiegend richtig · Qualität der inhaltlichen Auseinandersetzung: oberflächlich/wenig treffsicher/reproduzierend	☐ Schreibhandlung(en) im Sinne der geforderten Textsorte weitgehend realisiert · Arbeitsaufträge weitgehend erfüllt · Textbeilage(n) im Sinne der Arbeitsaufträge weitgehend erfasst · sachlich weitgehend richtig · Qualität der inhaltlichen Auseinandersetzung: ansatzweise komplex/ weitgehend treffsicher/Ansätze zur Eigenständigkeit	☐ Schreibhandlung(en) im Sinne der geforderten Textsorte durchgehend realisiert · alle Arbeitsaufträge erfüllt · Textbeilage(n) im Sinne der Arbeitsaufträge vollständig erfasst · sachlich durchgehend richtig · Qualität der inhaltlichen Auseinandersetzung: komplex/treffsicher/merklich eigenständig	☐ Schreibhandlung(en) im Sinne der geforderten Textsorte umfassend realisiert · alle Arbeitsaufträge umfassend erfüllt · Textbeilage(n) im Sinne der Arbeitsaufträge vollständig erfasst · sachlich durchgehend richtig · Qualität der inhaltlichen Auseinandersetzung in hohem Maße komplex/treffsicher/eigenständig; gegebenenfalls ideenreich
Textstruktur / **Aufgabenerfüllung aus textstruktureller Sicht**	☐	☐ Kohärenz: Text gedanklich und formal überwiegend der Textsorte angemessen strukturiert · Bezugnahme auf die Textbeilage(n) im Sinne der geforderten Textsorte überwiegend erkennbar · Einsatz passender Kohäsionsmittel überwiegend erkennbar	☐ Kohärenz: Text gedanklich und formal weitgehend der Textsorte angemessen strukturiert · Bezugnahme auf die Textbeilage(n) im Sinne der geforderten Textsorte realisiert · Einsatz passender Kohäsionsmittel weitgehend erkennbar	☐ Kohärenz: Text gedanklich und formal durchgehend der Textsorte angemessen strukturiert · gelungene Verknüpfung mit der/den Textbeilage(n) im Sinne der geforderten Textsorte · nahezu durchgehender Einsatz passender Kohäsionsmittel	☐ Kohärenz: Text gedanklich und formal durchgehend der Textsorte angemessen, klar, zielgerichtet und gegebenenfalls eigenständig strukturiert · besonders gelungene Verknüpfung mit der/den Textbeilage(n) im Sinne der geforderten Textsorte · durchgehender Einsatz passender Kohäsionsmittel

K3/1

K3/1 / Stil/Ausdruck	nicht erfüllt	das Wesentliche überwiegend erfüllt	das Wesentliche zur Gänze erfüllt	über das Wesentliche hinausgehend erfüllt	weit über das Wesentliche hinausgehend erfüllt
Aufgabenerfüllung in Bezug auf Stil und Ausdruck	☐	☐ überwiegend schreibhandlungs- und situationsadäquate Sprachverwendung · überwiegend angemessene und semantisch korrekte Ausdrucksweise sowie geringe Varianz in der Wortwahl · überwiegend gut verständliche bzw. nur wenig variierende Satzstrukturen · viele an die Textbeilage(n) angelehnte oder wörtlich übernommene Formulierungen	☐ weitgehend schreibhandlungs- und situationsadäquate Sprachverwendung · weitgehend angemessene und semantisch korrekte Ausdrucksweise sowie variantenreiche Wortwahl · weitgehend gut verständliche und variantenreiche Satzstrukturen · weitgehend eigenständige Formulierungen	☐ nahezu durchgehend schreibhandlungs- und situationsadäquate Sprachverwendung · durchgehend angemessene und semantisch korrekte Ausdrucksweise sowie präzise und variantenreiche Wortwahl · durchgehend variantenreiche und komplexe bzw. der Textsorte angemessene Satzstrukturen · nahezu durchgehend eigenständige Formulierungen	☐ durchgehend schreibhandlungs- und situationsadäquate Sprachverwendung · durchgehend angemessene und semantisch korrekte Ausdrucksweise sowie besonders präzise, differenzierte und variantenreiche Wortwahl · besonders variantenreiche und komplexe bzw. der Textsorte angemessene Satzstrukturen · durchgehend eigenständige Formulierungen
Sprachnormen / **Aufgabenerfüllung in Bezug auf normative Sprachrichtigkeit**	☐	☐ überwiegend richtige Anwendung der Regeln der Orthografie · überwiegend richtige Anwendung der Regeln der Zeichensetzung · überwiegend richtige Anwendung der Regeln der Grammatik	☐ weitgehend richtige Anwendung der Regeln der Orthografie · weitgehend richtige Anwendung der Regeln der Zeichensetzung · weitgehend richtige Anwendung der Regeln der Grammatik	☐ richtige Anwendung der Regeln der Orthografie; wenige Fehler · richtige Anwendung der Regeln der Zeichensetzung; wenige Fehler · richtige Anwendung der Regeln der Grammatik; wenige Fehler	☐ orthografisch (nahezu) fehlerfrei · Zeichensetzung (nahezu) fehlerfrei · grammatikalisch (nahezu) fehlerfrei

Zusammenfassung

Die Zusammenfassung ist die Komprimierung einer (oder mehrerer) Textbeilage(n) zwecks Wiedergabe von relevanten Informationen und der logisch-sachlichen Struktur unter vorgegebenen Gesichtspunkten. Einzelne direkte Zitate (besondere oder wertende Formulierungen, Definitionen) sind möglich, jedoch nur unter Abwägung ihrer Bedeutung oder Besonderheit für den komprimierten Inhalt.

BMBWF: Textsortenkatalog zur SRDP in der Unterrichtssprache

Zusammenfassung   BEISPIEL

Verfassen Sie eine Zusammenfassung.

Situation: Sie befassen sich im Unterricht mit „Rollenklischees" und erhalten die Aufgabe, einen Bericht zu diesem Thema für Ihre Mitschüler/innen zusammenzufassen.

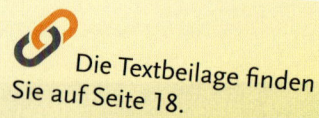

Die Textbeilage finden Sie auf Seite 18.

Lesen Sie den Bericht „Rollenklischees schaden nicht nur Mädchen" von Romana Beer, erschienen auf orf.at am 15. April 2019 (Textbeilage 1).

Verfassen Sie nun die **Zusammenfassung** und bearbeiten Sie dabei die folgenden Arbeitsaufträge:

- **Nennen** Sie relevante statistische Untersuchungsergebnisse zur beruflichen Perspektive von Burschen und Mädchen.
- **Beschreiben** Sie den Einfluss der Elternhäuser und Bildungsinstitutionen auf die Etablierung zementierter Rollenbilder bzw. auf das Interesse an naturwissenschaftlichen Fächern.
- **Geben** Sie die gesellschaftspolitische Relevanz der MINT-Fächer **wieder.**

Schreiben Sie zwischen 270 und 330 Wörter. Markieren Sie Absätze mittels Leerzeilen.

Zusammenfassung: Rollenklischees schaden nicht nur Mädchen

Der von Romana Beer verfasste Bericht „Rollenklischees schaden nicht nur Mädchen" wurde am 15.4.2019 auf orf.at veröffentlicht und thematisiert die beruflichen Perspektiven von Burschen und Mädchen basierend auf ihrem Interesse für bestimmte Fächer. Im Mittelpunkt stehen dabei die Fächer Mathematik, Informatik,
5 Naturwissenschaften und Technik, die sogenannten MINT-Fächer. Das Interesse vonseiten der Mädchen ist einer Studie zufolge für diese Bereiche viel geringer als jenes der Burschen. Dies hat Einfluss auf ihren zukünftigen Werdegang und somit auf ihre Chancen in der Berufswelt.

Nur etwa ein Viertel der Studierenden an den Technischen Universitäten in Österreich sind Frauen. Daraus lässt sich schließen, dass der Anteil der Mädchen, welche ihre berufliche Zukunft im technischen Bereich sehen,
10 ebenfalls gering ist. Laut einer Studie liegt dieser mit 15 Prozent in der Oberstufe weit unter dem der Interessenten für Berufe im Sozialbereich, von denen rund 60 Prozent Mädchen sind.

Ein Grund dafür ist laut Experten der große Einfluss von Schule und Elternhaus auf das naturwissenschaftliche Interesse und die Berufswahl. Beispielsweise werde den Burschen schon im vorschulischen Alter ein Bewusstsein für Zahlen und Formeln vermittelt, da man davon ausgehe, dass sie sich leichter für Mathematik begeistern
15 ließen. Diese geschlechtsspezifischen Stereotypien würden in der Schule fortgesetzt, da die Mädchen, die sich für Fächer wie Mathematik oder Informatik interessierten, als Seltenheit betrachtet und deshalb weniger gefördert würden.

Zudem sei in Österreichs Schulen auswendig gelerntes Faktenwissen immer noch zu wichtig. Größere Bedeutung sollte einer modernen Unterrichtsmethodik zukommen, bei der das Forschen und Experimentieren sowie
20 das Herstellen von Zusammenhängen zwischen technischen Fakten und der konkreten Anwendung im Alltag im Vordergrund stünden. Durch den Praxisbezug könne das Interesse an naturwissenschaftlichen Inhalten bei den Schülerinnen und Schülern gesteigert werden.

Gesteigert kann durch die MINT-Fächer auch die Entwicklung des Wissenschaftsverständnisses und der Kritikfähigkeit der Kinder und Jugendlichen werden. Diese Fähigkeiten sind eine Voraussetzung dafür, gesellschaftlich
25 wichtige Themen faktenbasiert diskutieren und persönliche Meinungen, obskure Theorien oder Fake News von wissenschaftlich fundierten Tatsachen unterscheiden zu können. Zudem bedeuten hohe Kompetenzen in MINT-Fächern auch bessere Chancen auf dem Arbeitsmarkt.

(330 Wörter)

Zusammenfassung

WERKZEUG

Zusammenfassungen werden zu Sachtexten (Zeitungsberichten, Reportagen etc.) verfasst und geben den Inhalt eines Textes geordnet, gekürzt und mittels eigener Formulierungen wieder.

Teile der Zusammenfassung und inhaltliche Kriterien

Der **Einleitungssatz** hat die Textsorte, den Titel, den/die Autor/in, die Quelle und die Thematik des Textes zum Inhalt.

Im **Hauptteil** werden die wichtigsten Informationen knapp und geordnet zusammengefasst.

- Folgende Operatoren sind bei Zusammenfassungen meist in den Aufgabenstellungen vorzufinden. Achten Sie bei deren Erarbeitung auf folgende Aspekte:

nennen/benennen	Informationen und Fakten ohne nähere Beschreibung aufzählen
beschreiben	genaue Darstellung von Informationen und Fakten
wiedergeben	Inhalte und Zusammenhänge in eigenen Worten sachlich darlegen

- Fassen Sie nicht Absatz für Absatz zusammen, sondern orientieren Sie sich an den Arbeitsaufträgen. Sammeln Sie über den Text verstreute Informationen.
- Vermeiden Sie eigene Bewertungen, Stellungnahmen und Interpretationen.

Ein **Schluss** ist bei dieser Textsorte **nicht vorgesehen.**

Die **vorgegebene Wortanzahl** soll bei dieser Textsorte auf keinen Fall überschritten werden.

Formale und sprachliche Kriterien

Gliederung	Die einzelnen Themenblöcke bzw. Arbeitsaufträge werden durch Absätze voneinander getrennt.
Zeit	Verwendung der Gegenwartsstufe (Präsens, Perfekt, Futur etc.)
Sprache und Stil	- **Eigene Formulierungen:** Sätze aus dem Originaltext dürfen nicht eins zu eins übernommen werden. - **Sachliche Formulierungen:** Vermeiden Sie wertende Adjektive und Partikel. - **Redewiedergabe:** Die direkte Rede darf nicht verwendet werden. Bei der Wiedergabe von wichtigen Aussagen soll die indirekte Rede zur Anwendung kommen.
Schreibhandlungen	zusammenfassen, beschreiben
Umfang bei der SRDP	270–330 Wörter

⚠️ Vergessen Sie nicht, die Mittel der Redewiedergabe einzusetzen, z. B. indirekte Rede.

Formulierungshilfen – Einleitung

- Die Autorin/Der Autor berichtet über ...
- In diesem Zusammenhang werden folgende Sachverhalte genannt: ...
- Die Autorin/Der Autor weist darauf hin, dass ...
- Abschließend betont die Autorin/der Autor nochmals ...
- Die Autorin/Der Autor erklärt/verdeutlicht/verbildlicht diesen Sachverhalt mithilfe von ...
- Weiters geht die Autorin/der Autor auf den Aspekt des ... ein.
- Bemängelt/Befürwortet/Angeregt wird, dass ...
- Diesbezüglich wird argumentiert/erklärt, dass ...
- Als Beleg für ... führt die Verfasserin/der Verfasser an, dass ...
- Die Verfasserin/Der Verfasser begründet ihre/seine Ansicht ...
- Die Autorin/Der Autor illustriert anhand des Beispiels ...

Schritte zur Zusammenfassung im Detail

Schritt ❶: Erarbeitung der Aufgabenstellung und der Textbeilage – LESEN

- Am Beginn steht das Lesen der Textbeilage und der Aufgabenstellung, am besten in Form eines orientierenden, überfliegenden Lesens.
- Im nächsten Schritt ist genaues Lesen erforderlich:
  - ▶ Klären Sie den schwierigen Wortschatz.
  - ▶ Markieren Sie Inhalte, die sich auf einzelne Arbeitsaufträge beziehen (jeder Arbeitsauftrag bekommt eine Farbe zugeordnet).

> 💡 **Tipp/SRDP:** Klären Sie ab, ob Thema und Aufgabenstellung beider Aufgaben des jeweiligen Themenpakets für Sie bewältigbar sind – eine eventuelle Umentscheidung auf ein anderes Themenpaket ist hier noch möglich.

Verfassen Sie eine Zusammenfassung.

Situation: Sie befassen sich im Unterricht mit „Rollenklischees" und erhalten die Aufgabe, einen Bericht zu diesem Thema für Ihre Mitschüler/innen zusammenzufassen.

Lesen Sie den Bericht „Rollenklischees schaden nicht nur Mädchen" von Romana Beer, erschienen auf orf.at am 15. April 2019 (Textbeilage 1).

Verfassen Sie nun die **Zusammenfassung** und bearbeiten Sie dabei die folgenden Arbeitsaufträge:

- **Nennen** Sie relevante statistische Untersuchungsergebnisse zur beruflichen Perspektive von Burschen und Mädchen.
- **Beschreiben** Sie den Einfluss der Elternhäuser und Bildungsinstitutionen auf die Etablierung zementierter Rollenbilder bzw. auf das Interesse an naturwissenschaftlichen Fächern.
- **Geben** Sie die gesellschaftspolitische Relevanz der MINT-Fächer **wieder.**

Schreiben Sie zwischen 270 und 330 Wörter. Markieren Sie Absätze mittels Leerzeilen.

Textbeilage 1

ROLLENKLISCHEES SCHADEN NICHT NUR MÄDCHEN

Mit zig Aktionen wird seit Jahren versucht, Schülerinnen für Technik zu begeistern. Doch wo könnte man das Klischee von den „typischen Männerberufen" besser entzaubern als dort, wo Jugendliche die meiste Zeit verbringen: zu Hause und in der Schule? Gerade dort sind stereotype Rollenbilder und veraltete Unterrichtsmethoden aber oft noch fest verankert – zum Nachteil nicht nur von Mädchen.

5 *Nur zwischen 25 und 30 Prozent der Studierenden an den Technischen Universitäten in Österreich sind Frauen. Um mehr Interesse von Mädchen für MINT-Berufe, also Berufe in den Bereichen Mathematik, Informatik, Naturwissenschaften und Technik, zu wecken, wird viel getan: Fachhochschulen werben am Tag der offenen Tür mit „exklusiven Führungen für Interessentinnen", MINT-Botschafterinnen besuchen Schulen, und am jährlich stattfindenden Girl's Day können Mädchen in technische und naturwissenschaftliche Berufe hineinschnuppern.*

10 *Als Teil eines „Potpourris an Maßnahmen" können Initiativen wie diese „sicher Wirkung haben", sagt Christian Bertsch. Dass punktuelle Aktionen viel verändern, bezweifelt der Professor für Naturwissenschaftsdidaktik an der Pädagogischen Hochschule Wien allerdings. Man müsse direkt im Unterricht ansetzen – und dabei gar keinen so großen Unterschied zwischen Mädchen und Burschen machen.*

„Österreich hat Aufholbedarf"

15 *Denn es gehe vor allem darum, wie unterrichtet wird, so Bertsch, und da habe Österreich Aufholbedarf. Die letzte PISA-Studie zeigte, dass das Interesse an MINT-Fächern wie Physik und Chemie in keinem der teilnehmenden Länder geringer ist als in Österreich. Mit einer Ausnahme: Schüler und Schülerinnen, die im Unterricht regelmäßig zu Themen, die für sie relevant sind, forschen und experimentieren können, zeigen laut Bertsch sogar deutlich mehr Interesse als der Durchschnitt der Länder der Organisation für wirtschaftliche Zusammenarbeit und Entwicklung (OECD).*

MINT-Schulen

Mit dem „MINT-Gütesiegel" werden Schulen ausgezeichnet, die schwerpunktmäßig innovativen MINT-Unterricht umsetzen und mit vielfältigen Zugängen Mädchen wie Buben gleichermaßen fördern. Eine Landkarte zeigt die MINT-Schulen in Österreich. Der Knackpunkt: In Österreich werde sehr selten so unterrichtet. An den heimischen Schulen stehe die Vermittlung von Faktenwissen noch immer im Vordergrund, so Bertsch. Was die PISA-Studie auch zeigte: „Es gibt kein Land, in dem der Unterschied zwischen Faktenwissen und Prozesswissen so groß ist wie in Österreich. Im Wiedergeben von Faktenwissen schneiden österreichische Schülerinnen und Schüler überdurchschnittlich gut ab, im Prozesswissen, wo es darum geht, selber Experimente zu planen oder aus Daten selbstständig Schlussfolgerungen zu ziehen, schneiden wir leider sehr schlecht ab."

Sneakers erforschen im Chemieunterricht

Zu mehr Verständnis mathematischer Formeln oder gar mehr Interesse daran führt die Vermittlung von Faktenwissen aber nachweislich nicht, sagt Bertsch. Denn für Verständnis und Interesse seien zwei Aspekte wesentlich – die beide in der Vermittlung von Faktenwissen nicht vorkommen: Alltagsbezug und Sinnstiftung. Was das für den Unterricht bedeuten kann, beschreibt Bertsch folgendermaßen: „Wenn ich thematisiere, wo die jeweilige Technik in der Gesellschaft eingesetzt wird, zum Beispiel in der Medizin, ist das für Mädchen und Burschen gleichermaßen interessant. Das ist Sinnstiftung. Und statt im Chemieunterricht über Polymere nur zu sprechen, kann ich erforschen, wie Polymere bei der Herstellung von Sneakers eingesetzt werden. Das ist Alltagsbezug." Von einem Unterricht, in dem mit Blick auf Sinnstiftung und Alltagsbezug geforscht und experimentiert wird, würden sowohl Mädchen als auch Burschen profitieren. Der Status quo zeigt beim Interesse an MINT-Fächern dennoch einen Unterschied zwischen den Geschlechtern. Dass Mädchen eine Zukunft in diesem Bereich seltener in Erwägung ziehen als Burschen, ergab unlängst etwa eine Studie des Instituts für Soziologie der Universität Graz, für die 664 Schülerinnen und Schüler an steirischen Oberstufen befragt wurden. Nur knapp 15 Prozent der Mädchen sehen ihre berufliche Zukunft im technischen Bereich. Bei den Burschen tut das immerhin gut die Hälfte. An erster Stelle, mit knapp 60 Prozent, stehen bei den Mädchen Berufe im Sozialbereich, dicht gefolgt vom Gesundheitsbereich.

Unterscheiden zwischen Fakt und Fake

Wenn Mädchen also, wie immer wieder behauptet wird und nicht zuletzt auch durch Zahlen belegt ist, lieber Sprachen studieren oder im Sozialbereich arbeiten wollen, warum soll überhaupt Interesse für MINT-Fächer geweckt werden? Bertsch hat dafür zunächst einmal zwei Argumente: „Erstens erhöht eine gute MINT-Ausbildung die Chancen auf dem Arbeitsmarkt, weil die einzelnen Berufe sehr nachgefragt sind." Und zweitens würden Kinder und Jugendliche durch die forschende Auseinandersetzung mit MINT ein Wissenschaftsverständnis und Kritikfähigkeit entwickeln.

„Sie lernen, Fakten von Fake zu unterscheiden und evidenzbasiert Entscheidungen zu treffen. So können sie sich aktiv und forschungsbasiert bei wichtigen gesellschaftlichen Themen wie Klimawandel oder Impfpflicht einbringen." Für eine demokratische Gesellschaft sei die Auseinandersetzung mit Naturwissenschaften und Technik wichtig, „weil die Kinder lernen müssen, zwischen wissenschaftlich akzeptiertem Wissen und persönlichen Meinungen oder obskuren Theorien zu unterscheiden. Gerade heute, wo ich in Sekundenschnelle am Handy oder Computer Unmengen an Informationen finde, ist es wichtig, zwischen Fakt und Fake unterscheiden zu können."

„Wir tragen stereotype Rollenbilder weiter"

Dass Mädchen sich von vornherein weniger für Mathematik, Informatik, Naturwissenschaften oder Technik interessieren, glaubt Bertsch außerdem nicht. Leistungsunterschiede zwischen Mädchen und Buben in der Schule seien in Österreich schon relativ früh zu bemerken – „in Mathematik zum Beispiel schon in der Volksschule". Dass dies nicht in allen Schulsystemen weltweit so ist, ist für ihn ein Hinweis darauf, dass diese Geschlechtsunterschiede kulturell bedingt sind.

„Wir müssen uns eingestehen, dass wir selbst stereotype Rollenbilder weitertragen. Zum Beispiel gehen viele Eltern, Lehrende und auch schon Kinder davon aus, dass Buben in Mathematik begabter sind als Mädchen. In so einem Umfeld ist es für Buben leichter, sich für Zahlen und Formeln zu begeistern." Der erste Schritt, etwas zu verändern, sei daher, „ein Bewusstsein zu schaffen, dass wir alle selbst stereotype Rollenbilder haben, weil wir in diesem Kulturkreis sozialisiert wurden".

70 *Dass die Bildungs- und Berufspläne von Schülerinnen von diesen einzementierten Rollenbildern beeinflusst sind, zeigte unlängst auch eine Studie der FH Oberösterreich, bei der untersucht wurde, welche Faktoren für Schülerinnen ausschlaggebend sind, sich für oder auch gegen ein Informatikstudium zu entscheiden. Neun von zehn Schülerinnen werde von Eltern und Lehrenden nahegelegt, etwas „Frauenspezifisches", Soziales oder Kommunikatives zu studieren.*

75 **Weniger Vorurteile – mehr Vorbilder**
Was braucht es also, um diese Rollenbilder aufzubrechen? Bertsch plädiert dafür, schon früh sowohl in der Schule als auch im Elternhaus anzusetzen. „Ein Vater hat mir letztens ganz stolz erzählt, er hätte mit seiner Tochter einen platten Reifen repariert. Warum ist es nicht selbstverständlich, dass man das mit Mädchen genauso macht wie mit Buben? Oder dass man auch mit der Tochter das Display vom Handy repariert? Das würde ihr
80 *Kompetenzempfinden erhöhen, und sie würden sich in Zukunft in technischen Fragen mehr zutrauen."*
Heute sind Frauen in MINT-Studien und MINT-Berufen in Österreich unterrepräsentiert. Den Mythos, Mädchen interessierten sich nicht für Technik oder seien dafür einfach nicht begabt, zu entzaubern kann dazu beitragen, dass MINT-Karrieren für Schülerinnen zu einer selbstverständlichen Option werden. Was zur Folge hätte, dass die nächste Generation mehr weibliche Vorbilder hat. Wundermittel braucht es dafür keine: Sowohl Buben als auch
85 *Mädchen müssten von klein auf Erfolgserlebnisse in Technik und Mathematik ermöglicht werden, so Bertsch. „Das erhöht ihr Vertrauen in ihre Fähigkeiten. Und sie sagen sich auch in Zukunft öfter: ‚Das traue ich mir zu.'"*

ROMANA BEER, ORF.AT, 15.4.2019

Schritt ❷: Erarbeitung der Textbeilage – INFORMATIONEN SAMMELN und ORDNEN

- Übertragen Sie das folgende Schema zur weiteren Verwendung. Sollten Sie nicht mit einem Textverarbeitungsprogramm, sondern mit Papier und Stift arbeiten, achten Sie darauf, dass Sie für die Informationen ausreichend Platz lassen.
- Sammeln und ordnen Sie die in den Arbeitsaufträgen geforderten Informationen.

Arbeitsauftrag/Operator:

Brauchbare Infos aus dem Text:

Schritt ❸: Schreiben – EINLEITUNG

Die knappe Einleitung der Zusammenfassung hat die Textsorte, den Titel, den/die Autor/in, die Quelle und die Thematik des Textes zum Inhalt.

Arbeitsaufgabe „Einleitung"

- Lesen Sie nochmals die Einleitung des BEISPIEL-Textes (S. 16). Verfassen Sie nun eine andere Variante eines Einleitungssatzes.

Schritt ❹: Schreiben – HAUPTTEIL

Oft lassen sich die Arbeitsaufträge der Reihe nach erarbeiten. Grundsätzlich bleibt es aber Ihnen überlassen, das, was Sie ausdrücken wollen, frei zu arrangieren. Immer wieder können die Arbeitsaufträge auch gleichzeitig ausgeführt werden.

Analyse- und Arbeitsaufgaben „Hauptteil"

1. Markieren Sie im Hauptteil des BEISPIEL-Textes (S. 16) die Realisierung der Arbeitsaufträge mit unterschiedlichen Farben.

2. Stellen Sie fest, in welcher Reihenfolge die Arbeitsaufträge im BEISPIEL-Text erarbeitet wurden.

3. Überprüfen Sie, ob die von Ihnen als relevant gekennzeichneten Informationen der Textbeilage (siehe Schritt ❷) auch im BEISPIEL-Text vorkommen.

4. Analysieren Sie, mit welchen (sprachlichen bzw. inhaltlichen) Mitteln Zusammenhänge zwischen den Absätzen hergestellt werden.

5. Schreiben Sie nun Ihre Zusammenfassung des Berichtes „Rollenklischees schaden nicht nur Mädchen". Arrangieren Sie die Inhalte nach Ihren Vorstellungen und stellen Sie die schon verfasste Einleitung voran.

Schritt ❺: Schreiben – BEWERTEN und ÜBERARBEITEN

Abschließend ist es wichtig, die Qualität Ihrer Zusammenfassung anhand der folgenden Kriterien bzw. jener aus Schritt ❷ zu überprüfen.

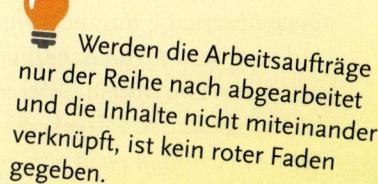

Werden die Arbeitsaufträge nur der Reihe nach abgearbeitet und die Inhalte nicht miteinander verknüpft, ist kein roter Faden gegeben.

- Sind die typischen Kriterien der Textsorte eingehalten?
- Sind alle Arbeitsaufträge umfassend erarbeitet?
- Ist die Zusammenfassung durchgehend eigenständig formuliert?
- Sind die einzelnen Absätze in sich zusammenhängend?
- Sind die einzelnen Absätze inhaltlich und auch sprachlich (Verweiswörter, Konnektoren etc.) miteinander verknüpft?
- Ist die vorgegebene Wortanzahl eingehalten?
- Ist die Zusammenfassung frei von orthografischen und grammatikalischen Fehlern?

Arbeitsaufgabe „Bewerten und überarbeiten"

- Überprüfen Sie die Qualität Ihrer Zusammenfassung anhand der oben genannten Kriterien und überarbeiten Sie sie anschließend auf Basis Ihres Befundes.

Arbeitsaufgaben „Zusammenfassung"

Verfassen Sie eine Zusammenfassung.

Situation: Für eine Projektarbeit zum Thema „Beziehungen – der Mensch, ein soziales Wesen" recherchieren Sie Informationen zum Thema und fassen den Bericht „Der Freund – eine aussterbende Spezies" zusammen.

Lesen Sie den Bericht „Der Freund – eine aussterbende Spezies" von Sibylle Fritsch, erschienen in den „Salzburger Nachrichten" am 23. April 2020 (Textbeilage 1).

Verfassen Sie nun die **Zusammenfassung** und bearbeiten Sie dabei die folgenden Arbeitsaufträge:

- **Beschreiben** Sie die unterschiedlichen Anforderungen an Freundschaften im Laufe der Zeit.
- **Geben** Sie Unterschiede zwischen Facebook-Freundschaften und analogen Freundschaften **wieder.**
- **Nennen** Sie Gründe für die befürchtete Vereinsamung und Strategien dagegen.

Schreiben Sie zwischen 270 und 330 Wörter. Markieren Sie Absätze mittels Leerzeilen.

Textbeilage 1

DER FREUND – EINE AUSSTERBENDE SPEZIES

Freundschaft! Wenn es in Partnerschaft und Familie nicht mehr klappt, wenn der Job frustriert, dann bleiben nur Freunde. Aber – die sind rar. Freunde gehen gemeinsam durch dick und dünn.

Das eine hat das „soziale" Netzwerk Facebook jedenfalls geschafft: einen ganz wichtigen Begriff zu verwässern. Dabei sprach einst schon Cicero: „Ohne Freunde bist du nichts." Andere Zitate entspringen dem
5 *Freundschaftskult der Aufklärung oder den Seelenfreundschaften der Romantik. Auch die Beatles waren davon überzeugt, dass alles machbar ist – „With a Little Help from My Friends".*
Und doch wird Freundschaft wieder herbeigewünscht. Sozialstaat, Kirche und Familien lösen sich auf, fast jede zweite Ehe wird in Österreich geschieden, 19 Prozent der Frauen bleiben kinderlos und das Alter wartet mit Krankheit und Pflegebedarf. Der Social-Media-Hype hat sich als einsam-asozialer Akt erwiesen. Da
10 *titeln Zeitschriften nicht von ungefähr: „Freundschaft ist das neue Wort für Liebe" – denn deren Voraussetzungen haben sich nie geändert: Vertrauen, Zuneigung ohne Zwänge, ausgewogenes Geben und Nehmen, seelische, geistige und oft örtliche Nähe.*

Freundschaft: Vom Wilden Westen bis nach Mittelerde
Bei so viel Zeitlosigkeit ist es kein Wunder, dass Freundschaft in den Mythen seit je gefeiert wird. Sei es
15 *mit dem Freundespaar Gilgamesch und Enkidu, Achill und Patroklos oder mit Shakespeares Hamlet und Horatio. Dieses Hohelied zelebrieren auch zahlreiche Filme. Angefangen bei „Dick & Doof" über die Blutsbrüder Winnetou und Old Shatterhand, „Jules et Jim" oder das Frauenduo „Thelma & Luise" bis zur Fantasiewelt Mittelerde im Hollywoodepos „Der Herr der Ringe", mit Hobbit Frodo und dem treuen Sam, der seinen Freund ins Herz der Finsternis begleitet. Auch „Ziemlich beste Freunde", die Beziehung zwischen*
20 *einem Schwerbehinderten und seinem Pfleger, gehört dazu. Die TV-Kultkrimireihe „Tatort" lebt ebenso von der Freundschaft zwischen Ermittlern wie die bereits 877-teilige ARD-Serie „In aller Freundschaft" von den Beziehungen zwischen Klinikärzten. „Alle für einen, einer für alle", so tönt der „Schlachtruf" der „Drei Musketiere". Wie aber sieht die Wirklichkeit aus?*
„Sich selbst im andern zu finden", wie Susan Sontag Freundschaft interpretierte, bedeutet in Zeiten des
25 *Neoliberalismus, sein Ich zur Marke, sein Selbst zum Vermögenswert zu machen. Sogar die Sehnsucht nach*

Stabilität der Beziehung wird ökonomisiert: Freundschaft wird zur Ware und inflationär. Dank Facebook und seiner virtuellen Kontakte. Allein in Österreich sind es 3,9 Millionen User, die durchschnittlich je 342 Freunde zählen. Je mehr Likes, je mehr Followers, desto mehr Selbstbestätigung, oft von Herrn und Frau Unbekannt. Inzwischen gibt es ein eigenes Wort für diese Sucht: Likeaholismus.

30 Natürlich erweisen sich soziale Medien durchaus als nützlich. Die Mehrheit der Nutzer kommuniziert so häufiger mit Bekannten oder Kollegen. Eltern geben an, dass sich die Beziehung zu ihren Kindern gebessert hätte. Trotzdem vernachlässige ein Drittel der Nutzer das direkte Gespräch mit Freunden, steht in einer internationalen Studie der Kaspersky Labs.

Reale Freundschaft tut der Gesundheit gut

35 148 Studien belegen: Wer Freunde hat, bleibt länger jung, hat weniger Herz-Kreislauf-Probleme, lebt stressfreier und länger. Hierzulande beschränkt sich der durchschnittliche Freundeskreis auf vier Personen mit dem Anspruch „füreinander da sein, gemeinsame Interessen und Verlässlichkeit", wie aus dem entsprechenden IMAS-Report 2019 hervorgeht. 78 Prozent der Landsleute erklärten, zumindest ein Mal pro Woche mit dem engsten Freund oder der engsten Freundin in Kontakt zu sein. Nur vier Prozent der Österreicher

40 erleben sich als freundlos.

„Der Freund ist unser zweites Ich, von allen Menschen steht er uns am nächsten", plädierte Aristoteles für ein Alter Ego. Aus einem besten Freund sind oft mehrere Teilfreundschaften geworden. Es gibt eine, mit der man ein Problem bespricht, eine, mit der man seinen Hobbys nachgeht, einen, mit dem man verreist. Und einen für die Karriere. Das kleine Bier nach dem Büro, ein Skiwochenende, ein Ausflug mit Kolleginnen – da

45 beginnen Freundschaften, die dem Nutzen dienen und mit dem Ende der Nützlichkeit enden, wie es der französische Philosoph Charles de Montesquieu formulierte: „Ein Vertrag, durch den wir uns verpflichten, kleine Dienste zu erweisen, damit wir in den Genuss größerer kommen."

Zwei Drittel der Österreicherinnen fürchten die Einsamkeit

Der hohe Stellenwert der Arbeit sei daran schuld, dass aus privaten Freundschaften berufliche Seilschaften

50 würden, meint Soziologe Roland Girtler. „Das ist nichts Negatives. Der Begriff kommt vom Klettern. Wenn ich mit einem Menschen in die Berge gehe und mit ihm am Seil hänge, muss ich mich auf ihn verlassen können." Aber diese Netzwerke sind fragil, der Gemeinschaftssinn ist im Rückzug. So fürchten zwei Drittel der Österreicherinnen und EU-Bürger tendenziell die Einsamkeit. Die 16- bis 24-Jährigen fühlen sich noch isolierter als Pensionisten, erforschte etwa das britische Statistikbüro.

55 Freundschaft braucht Raum und Zeit, die Lebensverhältnisse wirken dagegen. Örtliche und berufliche Mobilität erschweren spontanes Beisammensein und Beziehungspflege. Entsolidarisierung, Konkurrenzkampf und neoliberales Handeln tun das Übrige.

„In den Kulturen der Armut war es wichtig, Leute zu haben, auf die man sich verlassen konnte. In der Hocharistokratie dienten Freundschaften der Sicherung der Macht", sagt Girtler. „Wir leben in einer Art

60 aristokratischer Gesellschaft. Körperliche Arbeit wird von Hilfsvölkern verrichtet. Man ist nicht mehr auf den Nachbarn angewiesen. Auch die Dörfer, in denen man sich früher umeinander gekümmert hat, sind entvölkert oder von Pendlern bewohnt. Die Funktion der Freundschaft wird von der Psychotherapie übernommen."

Unsere unbegrenzten Möglichkeiten steigern aber sogar noch das Bedürfnis nach dem Fixpunkt Freunde.

65 Die sollen Familien- und Partnerschaftsbeziehungen entlasten. Sie sind das Hilfs-Ich zur Bewältigung großer Krisen und kleiner Ärgernisse und schon einmal auch Prestige-Dekoration. Aber der Anspruch ringt mit der Wirklichkeit, denn ein Leben im Freundeskreis ist oft nicht einfacher und belastungsärmer als jenes in Ehe und Familie. Trotzdem liebäugeln vor allem ergraute Alt-68er mit dem Comeback der Kommune, so wie der ehemalige Bürgermeister und Senator von Bremen. Henning Scherf wohnt mit seiner Ehefrau und

70 Freunden/-innen in einer Altersgemeinschaft in getrennten Wohnungen unter einem Dach, „gemeinsam und selbstbestimmt" und mit gegenseitiger Hilfe im Notfall.

Freunde kannst du dir aussuchen, Verwandte nicht

„In meinem Bekanntenkreis haben zwei Freundinnen beschlossen, miteinander das Grab zu teilen", illustriert Alfred Pritz, Psychoanalytiker und Leiter der Sigmund-Freud-Privatuniversität, wie Wahlverwandtschaft

75 die Blutsverwandtschaft ersetzt. Eine Folge der Industrialisierung, so Girtler: „Als die Arbeit aus dem eigenen Heim verlegt wurde, kam es zwangsläufig zur Begegnung mit anderen Menschen."

> *„Freunde kannst du dir aussuchen, Verwandte nicht." Die Wahlfreiheit der Kontakte – das ist ein sozialer Luxus der Demokratie: Im Gegensatz zu traditionellen Gesellschaften, wo das soziale Leben innerhalb der vorgefügten familiären Netze streng geregelt bleibt. Freundschaftsfähigkeit, erst ein männliches Konzept,*
> 80 *wird seit zwei Jahrhunderten auch Frauen zugetraut. Gemeinschaftssinn, Zuwendung und Intimität waren schon immer ihre Stärke. Genau das wünscht sich zunehmend eine Jugend, die andere Lebenswerte fordert: Reichtum neu definieren – nicht nach Besitz, sondern nach Zeit für sich, Familie und Freunde.*
>
> Sibylle Fritsch, Salzburger Nachrichten, 23.4.2020

a) Sie finden nun einen stichwortartigen **Erwartungshorizont** zu den Arbeitsaufträgen. Beachten Sie die folgenden Tipps zur Vorbereitung auf das Schreiben Ihrer Zusammenfassung:

- Die wichtigsten Informationen aus dem Text sind unten angeführt. Überprüfen Sie mit der Textbeilage, ob Sie diese so verwenden können oder ob sie im Sinne der Eigenständigkeit neu formuliert werden müssen.
- Manche Informationen kommen doppelt vor (diese sind im Erwartungshorizont unterstrichen), da sie inhaltlich zwei unterschiedlichen Arbeitsaufträgen zugeordnet werden können. In der Planung des Schreibens muss entschieden werden, wo sie am besten angeführt werden können. Markieren Sie die im Erwartungshorizont angeführten Informationen in der Textbeilage mit unterschiedlichen Farben. Dadurch wird sichtbar, wie verstreut die Informationen zu den einzelnen Arbeitsaufträgen sind.
- Wenn Sie die angegebene Wortanzahl einhalten wollen, werden Sie möglicherweise nicht alle angeführten Informationen aus dem Text verwenden können. Streichen Sie jene, die Ihnen für die Darstellung des Inhaltes am wenigsten relevant erscheinen. Überprüfen Sie auch, ob die angeführten Beispiele neue und den Sachverhalt ergänzende Informationen einbringen.

Arbeitsauftrag 1: beschreiben

- Voraussetzungen: Vertrauen, Zuneigung ohne Zwänge, ausgewogenes Geben und Nehmen, seelische, geistige und oft örtliche Nähe
- Freundschaften sollen Familie und Partnerschaftsbeziehungen entlasten.
- Freundschaft braucht Raum und Zeit sowie spontanes Beisammensein und Beziehungspflege.
- Sie sind manchmal das Hilfs-Ich zur Bewältigung großer Krisen und kleiner Ärgernisse.
- Aus dem/der besten Freund/in werden manchmal Teilfreundschaften für unterschiedliche Lebensbereiche und Themen.
- Hoher Stellenwert der Arbeit: Aus privaten Freundschaften werden berufliche Seilschaften.
- In Kulturen der Armut waren bzw. sind Freundschaften für das Überleben wichtig.
- In der Hocharistokratie dienten Freundschaften der Sicherung von Macht.

Arbeitsauftrag 2: wiedergeben

Digitale Freundschaften
- Dank Facebook wird Freundschaft zur Ware und inflationär.
- Das Ich wird zur Marke, das Selbst zum Vermögenswert – je mehr Likes, je mehr Follower/innen, desto intensiver ist die Selbstbestätigung, egal ob man die Liker/innen kennt.
- Freundschaft wird dadurch entwertet, dass die Intensität von Beziehungen weniger wichtig ist als die Anzahl der Freundschaften.
- Soziale Medien sind durchaus nützlich, viele Menschen kommunizieren häufiger mit Bekannten und Kolleginnen/Kollegen.
- Dennoch hat sich der Hype um die sozialen Medien als „einsam-asozialer" Akt erwiesen.

Analoge Freundschaften
- Freundinnen/Freunde gehen gemeinsam durch dick und dünn.
- Voraussetzungen: Vertrauen, Zuneigung ohne Zwänge, ausgewogenes Geben und Nehmen, seelische, geistige und oft örtliche Nähe
- vermindern die psychische Belastung und entspannen Körper und Geist
- geringe Anzahl, beschränkt sich in Österreich durchschnittlich auf vier Personen
- wichtigste Aspekte: füreinander da sein, gemeinsame Interessen, Verlässlichkeit
- Freundschaft braucht Raum und Zeit sowie spontanes Beisammensein und Beziehungspflege.

Arbeitsauftrag 3: nennen

- Freundschaft ist gefährdet durch unsere Lebensverhältnisse.
- Örtliche Trennung und berufliche Mobilität erschweren das Pflegen von Freundschaften und Beziehungen.
- Sozialstaat, Kirche und Familien lösen sich auf.
- Berufliche Netzwerke und Seilschaften sind zerbrechlich.
- Fast jede zweite Ehe wird in Österreich geschieden.
- Ein Fünftel der Frauen bleibt ohne Kinder.
- Im Alter fürchtet man Krankheit und Pflegebedarf und die damit einhergehende Vereinsamung.
- Eine Strategie gegen die Vereinsamung im Alter ist die Bildung von Altersgemeinschaften unter einem Dach in getrennten Wohnungen und mit wechselseitiger Unterstützung.

b) Gestalten Sie im nächsten Schritt Ihren **Einleitungssatz.**

c) **Verfassen Sie nun Ihre Zusammenfassung.** Überarbeiten Sie sie anschließend.

Text 2

Verfassen Sie eine Zusammenfassung.

Situation: Sie befassen sich im Unterricht mit dem Themenbereich „Optimierung von Bildung". Für Ihre Mitschüler/innen fassen Sie das Interview „Die Halbtagsschule ist nicht vernünftig" zusammen.

Lesen Sie das Interview „Die Halbtagsschule ist nicht vernünftig", geführt von Sebastian Hofer und Edith Meinhart mit Bildungsforscherin Barbara Herzog-Punzenberger, erschienen in der Wochenzeitschrift „profil" am 29. November 2020 (Textbeilage 1).

Verfassen Sie nun die **Zusammenfassung** und bearbeiten Sie dabei die folgenden Arbeitsaufträge:

- **Beschreiben** Sie den Zusammenhang zwischen sozialer Schicht und höchstem erreichtem Schulabschluss.
- **Geben** Sie **wieder,** wie das Bildungssystem dem „Vererben von Bildung" gegensteuern kann/könnte.

Schreiben Sie zwischen 270 und 330 Wörter. Markieren Sie Absätze mittels Leerzeilen.

Textbeilage 1

„DIE HALBTAGSSCHULE IST NICHT VERNÜNFTIG"

Die Bildungsforscherin Barbara Herzog-Punzenberger über Lehrerinnen und Lehrer, die vom Leben ihrer Schüler keine Ahnung haben, über bildungsferne Nachmittage und Kindergärten, die nicht so wirken, wie sie sollen.

5 *profil: Unser Bildungssystem kennt Verlierer und Gewinner. Ist es ein Zwei-Klassen-System?*

Herzog-Punzenberger: Wir wissen, dass 20 bis 25 Prozent große Schwierigkeiten mit dem sinnerfassenden Lesen haben und dass es eine Gruppe von zehn bis 15 Prozent an frühen Bildungsabbrechern gibt. Das sind die echten Verlierer. So verlockend es ist, in zwei Polen zu denken, kann man diese Gruppe nicht allen anderen gegenüberstellen. Tatsächlich sehen wir eine Treppe. Die mittleren Leistungsdifferenzen springen nach
10 *den Bildungsabschlüssen der Eltern: Schülerinnen und Schüler mit Eltern, die Matura haben, schneiden deutlich schlechter ab als Akademikerkinder und deutlich besser als Kinder von Eltern mit einem Lehrabschluss.*

profil: Das ist gemeint, wenn man davon spricht, dass Bildung vererbt wird.

Herzog-Punzenberger: Ja, wobei das nicht deterministisch betrachtet werden darf. Natürlich gibt es beson-
15 *ders resiliente Kinder, die trotz vieler Risikofaktoren herausragende Abschlüsse schaffen. Die Frage ist jedoch,*

wie es den Zehntausenden im statistischen Mittel geht, wie hoch etwa die Wahrscheinlichkeit für Kinder von Eltern mit Lehrabschluss ist, an die Uni zu kommen. Entscheidend ist, dass sie je nach Bildungsabschluss der Eltern niedrigere oder höhere Hürden bewältigen müssen, wie es etwa die Journalistin Melissa Erkurt in ihrem Buch über die Bildungsverlierer beschrieben hat.

20 **profil:** *Wie kann das Bildungssystem hier gegensteuern?*

Herzog-Punzenberger: *Die Bildungs- und Berufsberatung in der Schule, aber auch außerhalb, ist ein ganz wichtiges Element, sonst starten Kinder mit unterschiedlichen Vorstellungen, was überhaupt möglich ist. Auch Eltern brauchen Beratung. Wer die Gesellschaft aus einer Perspektive von unten erlebt, ist oft unsicher, was der Sohn oder die Tochter schaffen kann und ob die Anstrengung sich später lohnt. Auch der Milieu-*

25 *wechsel ist oft ein Problem. Wie stellen Kinder, die plötzlich anders reden, sich anders geben, die Loyalität zu ihrer Herkunftsfamilie sicher?*

profil: *Die Eltern müssen also mitspielen, sonst funktioniert es nicht?*

Herzog-Punzenberger: *Seit 20 Jahren zeigt sich in allen Programmen, dass sie einbezogen werden müssen, und zwar nicht mit Vorwürfen und Strafandrohungen, sondern mit Interesse für ihre Lebensrealität. Es reicht*

30 *nicht, einen Elternabend zu machen und danach enttäuscht zu sein, dass manche nicht gekommen sind.*

profil: *Ist an der Ungleichheit in der Bildung die Einwanderung schuld?*

Herzog-Punzenberger: *Dafür gibt es keinerlei Belege. Es geht aus der Statistik ganz klar hervor, dass nicht der Migrationshintergrund, sondern die soziale Schicht eine übergroße Rolle spielt und in Österreich sogar deutlich mehr als in anderen Ländern. Einer der Gründe dafür ist, dass wir mit der Halbtagsschule sehr viel*

35 *an die Eltern delegieren.*

profil: *Ein nur leicht zugespitztes Szenario: Am Nachmittag sitzen die Kinder aus der Bildungsschicht im Geigenunterricht oder im Mathematik-Labor. Andere fahren währenddessen die Rolltreppen im Einkaufszentrum auf und ab. Ist die Halbtagsschule ein Treiber der Ungleichheit?*

Herzog-Punzenberger: *Natürlich ist sie zu diskutieren, auch im Vergleich mit anderen Ländern. Die Halb-*

40 *tagsschule ist nicht vernünftig, aber sie ist nicht der einzige Treiber. Es zeigt sich auch, dass je schwieriger die soziale Ausgangslage an einem Standort ist, desto höher ist der Anteil an Schulleiterinnen und Lehrkräften, die sich von vornherein sagen: Die Kinder haben keine Chance, egal, was wir machen.*

profil: *Ist es Zeit für eine neue Gerechtigkeitsdebatte?*

Herzog-Punzenberger: *Auf jeden Fall. Der Unterricht muss aus meiner Sicht im Zentrum stehen. Unsere*

45 *Lehrkräfte haben keinerlei soziologische Grundbildung und wissen nicht, wie Gesellschaft jenseits ihres eigenen Milieus oder über den „Tatort"-Krimi hinaus aussieht. Den Studierenden muss klargemacht werden, dass es auch Systemerhalter gibt, die keinen akademischen Abschluss haben. Wir müssen ihnen sagen: Das sind eure Kinder, für die die Schule gut genug sein muss. Es geht nicht nur um die bürgerliche Mitte, das sind 16 Prozent der Bevölkerung. Es geht um 100 Prozent.*

50 **profil:** *Was würde ein Unterricht, der näher an den Lebenswelten der Kinder dran ist, ändern?*

Herzog-Punzenberger: *Aus lerntheoretischer Sicht ist völlig klar, dass die Ergebnisse besser sind, wenn die Inhalte mit ihrer Lebenswirklichkeit zu tun haben. Sie sind dann auch motivierter, am Nachmittag noch die Hausübungen zu machen.*

profil: *Warum haben wir bis jetzt noch gar nicht über die gemeinsame Schule der 10- bis 14-Jährigen gere-*

55 *det?*

Herzog-Punzenberger: *Weil sie schon so gut ausgeleuchtet ist, sich aber politisch nichts bewegt. Es ist Teil des Problems, dass es – abgesehen von Vorarlberg, wo der schulpolitische Diskurs seit jeher mehr an Fakten orientiert ist – in fast allen Bundesländern an Leadership fehlt. Bis heute gibt es im ganzen Land weder eine Universitätsprofessur für Bildungssoziologie noch für Bildungspolitik. Das ist ein Skandal.*

60 **profil:** *Was ist Ihre wichtigste Botschaft als Predigerin in der Wüste?*

Herzog-Punzenberger: *Wir müssen zwei Dimensionen unterscheiden: Das eine ist die Leistung, das andere sind die Bildungsabschlüsse. Wir sehen, dass Kinder, die zum Beispiel in Mathematik genau gleich abschneiden, unterschiedliche schulische und berufliche Wege einschlagen, und zwar abhängig von den Bildungsabschlüssen ihrer Eltern.*

65 *profil:* Allerspätestens seit den 1990er-Jahren müsste klar sein, dass Österreich ein Einwanderungsland ist. Wie kann es sein, dass Lehrer und Lehrerinnen immer noch für eine Gesellschaft ausgebildet werden, die es schon lange nicht mehr gibt?

Herzog-Punzenberger: Der Diskurs hält hartnäckig daran fest, dass Maßnahmen wie verpflichtende Kindergartenjahre oder Strafen für Eltern, die daheim nicht Deutsch sprechen, sicherstellen, dass alle SchülerIn-
70 nen gleich starten. Aber schon die Kindergärten funktionieren nicht, wie sie sollten – und zweitens wandern Kinder natürlich auch noch in jedem anderen Alter zu.

profil: Woran fehlt es in den Kindergärten?

Herzog-Punzenberger: Studien zeigen, dass Kinder aus den eher bildungsfernen Milieus davon weniger profitieren als jene aus höheren Schichten. Unser Kindergarten gleicht sprachliche, inhaltliche und soziale
75 Unterschiede zu wenig aus. Damit meine ich nicht Lesen, Schreiben, Rechnen, sondern inhaltliche Konzepte. Manche Kinder sind jeden Sommer am Meer, kennen Muscheln, Seesterne, Wellen und Sand, andere waren noch nie dort und haben keine Vorstellung davon. In den USA stellt man ein Planschbecken auf, um das Konzept von Strandurlaub gezielt zu besprechen, weil klar ist, dass Kindergärten diese Aufgabe haben.

profil: Wie sehr setzt sich in der Bildung eine urbane, kosmopolitische Mittelschicht nach oben ab?

80 *Herzog-Punzenberger:* Der Anteil jener, die sich in ihrer eigenen Wahrnehmung nach oben in die Privatschulen absetzen, liegt um die zehn Prozent. Noch einmal: Wesentlich ist die Dynamik der 70 bis 80 Prozent in der Mitte, was eine gemeinsame Schule und qualitativ hochwertige Ganztagsschule betrifft.

Sebastian Hofer und Edith Meinhart, profil 49, 29.11.2020

Tipps und Anregungen zur Bearbeitung der Arbeitsaufträge:

■ **Beschreiben** Sie den Zusammenhang zwischen sozialer Schicht und höchstem erreichtem Schulabschluss.
  ▶ Machen Sie sich vorab deutlich, was unter „sozialer Schicht" und „höchstem erreichtem Schulabschluss" (dieser Ausdruck kommt im gesamten Interview nicht vor) zu verstehen ist.
  ▶ Die Informationen, die Sie zur Bearbeitung dieses Arbeitsauftrags benötigen, sind nicht in einem Absatz zu finden, sondern über das gesamte Interview verteilt.
■ **Geben** Sie **wieder,** wie das Bildungssystem dem „Vererben von Bildung" gegensteuern kann/könnte.
  ▶ Die Informationen, die Sie zur Bearbeitung dieses Arbeitsauftrags benötigen, sind nicht ausschließlich in der Antwort auf die Interviewfrage „Wie kann das Bildungssystem hier gegensteuern?" zu finden.
■ Achten Sie darauf, dass die Einleitung alle bibliografischen Angaben enthält.
■ Formulieren Sie sachlich, vermeiden Sie Ausdrücke, die emotional oder subjektiv wertend klingen. Sie geben nur Inhalte wieder, Ihre persönliche Meinung zur angesprochenen Problematik darf nicht deutlich werden.

Text 3

Verfassen Sie eine Zusammenfassung.

Situation: Für eine Podiumsdiskussion recherchieren Sie Informationen zum Thema „Frau – Beruf – Karriere" und fassen den Bericht „Weibliches Kapital – eine Verschwendung" zusammen.

Lesen Sie den Bericht „Weibliches Kapital – eine Verschwendung" von Madlen Stottmeyer und Jeannine Hierländer, erschienen in der Tageszeitung „Die Presse" am 1. November 2020 (Textbeilage 1).

Verfassen Sie nun die **Zusammenfassung** und bearbeiten Sie dabei die folgenden Arbeitsaufträge:

■ **Beschreiben** Sie nicht bzw. wenig genutztes weibliches Kapital in unserer Gesellschaft.
■ **Nennen** Sie Frauen entgegengebrachte Vorurteile bzw. Gründe, durch die sie von einer Berufstätigkeit abgehalten werden.
■ **Geben** Sie die spezifische Situation von Frauen bezüglich der Berufstätigkeit und Karriere in Österreich **wieder.**

Schreiben Sie zwischen 270 und 330 Wörter. Markieren Sie Absätze mittels Leerzeilen.

Textbeilage 1

WEIBLICHES KAPITAL – EINE VERSCHWENDUNG

Berufstätige Frauen sind der verlässliche Antrieb des Wirtschaftswachstums. Bleiben sie zu Hause, sind nicht nur sie die Verliererinnen, sondern auch die Länder, in denen sie leben. Leider tun viele inmitten einer Rezession genau das. Dabei gibt es einfache Lösungen.

Die Länder, in denen Frauen am meisten in den Arbeitsmarkt integriert sind, weisen die höchsten Pro-Kopf-
5 Einkommen auf. Umgekehrt sind die Länder, wo mehrheitlich Frauen zu Hause unbezahlt arbeiten, auch
die ärmsten. Würden weltweit mehr Frauen arbeiten, nähmen sie Männern nicht etwa die Arbeit weg,
wie von Männern oft befürchtet, sondern würden mehr Wohlstand erwirtschaften, sagt Linda Scott. Die
Wirtschaftsprofessorin an der Universität Oxford lässt sich in ihrem Buch „Das weibliche Kapital" von der
Frage leiten, warum die Politik nicht schon längst bessere Bedingungen für Frauen geschaffen hat, obwohl
10 sie mit der Überwindung der Armut schon viel weiter wäre, wenn überall auf der Welt mehr Frauen berufs-
tätig wären. Dennoch: 99 Prozent des grenzüberschreitenden Handels werden von Firmen abgewickelt, die
in Männerhand sind.

Scott trägt viele Gründe dafür zusammen. Nicht nur die Politik hat Schuld. Kulturelle und gesellschaftliche
Faktoren spielen eine Rolle, und vor allem jede Menge Vorurteile. So traue man Frauen immer noch nicht
15 zu, gut rechnen oder wirtschaften zu können. Dabei gebe es „keine leistungsbasierenden oder neurowissen-
schaftlichen Beweise" für diese Annahme. „Keine. Null."

Chauvinistische Bräuche halten Frauen zurück. Linda Scott hat neben ihrer Lehrtätigkeit in den vergangenen Jahrzehnten an vielen Projekten in Afrika und Asien gearbeitet, die Frauen zur wirtschaftlichen Eigenständigkeit verhelfen wollen. Scotts Schilderungen zum Umgang mit Witwen in einigen afrikanischen Ländern
20 gehen einem besonders nahe. Sie müssen einen Verwandten des verstorbenen Ehemanns heiraten, wenn sie
nicht mit ihren Kindern verhungern wollen. Arbeitsstellen sind knapp und Männern vorbehalten. Das Erbe
steht ihnen nicht zu. In Uganda hat Scott vielfach die sogenannte Witwenreinigung angetroffen. Ein meist
sozial ausgestoßener Mann vergewaltigt die Witwe. Sein Sperma, so die Vorstellung, entfernt den Geist des
Ehemanns aus der Witwe und reinigt sie so, dass sie für ihren neuen Mann akzeptabel ist, schreibt sie.

25 Gebräuche wie diese zeigen, dass Frauen auch im 21. Jahrhundert vor allem in armen Teilen der Welt noch
wie Sklavinnen leben. Dabei rühmt sich die Entwicklungspolitik, Frauenrechte bei der Mittelvergabe zu
berücksichtigen. Doch nur selten würden Frauen selbst gefragt, ob die Hilfen ihnen wirklich nützen. Es sind
Männer, die die politischen Abkommen schließen.

Erst das Geschäft, dann das Bordell. Auch in den Industrienationen existieren Gepflogenheiten, die Frauen
30 an der Gleichberechtigung hindern. Etwa der japanische Brauch, nach Geschäftstreffen gemeinsam auszu-
gehen – ohne Frauen, denn ein Bordellbesuch ist der krönende Abschluss. Weil Männer dies ungern aufge-
ben möchten, wollen sie keine Frauen in Führungspositionen.

Die Wissenschaftlerin hat auch beobachtet, dass ihr eigenes Fach, die Ökonomie, noch weitgehend eine
Männerdomäne ist. Deshalb würden Fragen nach der Wirtschaftskraft, die verloren geht, weil Frauen nicht
35 arbeiten gehen oder sich davor scheuen, eine eigene Firma zu führen, gar nicht erst gestellt. Sie nennt
die weibliche Wirtschaftskraft die „XX-Ökonomie". Daher leitet sich auch der englische Originaltitel „The
Double X Economy" ab. Im Deutschen wollte man sich wohl an die Theorie von Karl Marx anlehnen.
Dabei geht es weniger um politische Strömungen als um einfache Rechnungen, die die Verschwendung des
Potenzials der weiblichen Arbeitskraft offenlegen.

40 Frauen erhalten beispielsweise weniger Kredite. Scott zitiert eine Studie vom US Senate Commitee on
Small Business and Entrepreneurship: Nach 50 Jahren „geschlechtsblinden" Bankwesens gingen 95 Prozent

der konventionellen Unternehmenskredite und 22 von 23 Dollar eines jeden Geschäftsdarlehens an Männer. Frauen besitzen circa ein Drittel der kleinen bis mittelgroßen Betriebe in den USA, erwirtschaften jährlich drei Billionen
45 Dollar für die US-Wirtschaft und beschäftigen 23 Millionen Menschen. „Angesichts der schieren Größe dieser Zahlen muss es dem Wachstum der Volkswirtschaften spürbar schaden, wenn Banken Unternehmerinnen Kapital vorenthalten dürfen."

Männer haben die Kontrolle über das Kapital. Frauen besitzen im Durchschnitt nur 19 Prozent des Grund-
50 besitzes. Im Mutterland der Industrialisierung, Großbritannien, sind es sogar nur 13,7 Prozent. Dort fehle es vor allem an Kinderbetreuung, kritisiert Scott. Das sei der Hauptgrund für ungleiche Entlohnung und eine stagnierende weibliche Partizipation am Arbeitsmarkt. Kinderbetreuung würde durch ein steigendes Bruttoinlandsprodukt für sich selbst zahlen.

Traditionsbewusstes Österreich. Auch in Österreich ist Kinderbetreuung meist Frauensache. Wie ungleich
55 die frühkindliche Betreuung ausfällt, zeigt ein Rechnungshofbericht zum Kinderbetreuungsgeld. So entfielen im letzten Jahr nur 4,5 Prozent der genehmigten Anspruchstage auf Männer. Die Verteilung der beanspruchten Tage zwischen Frauen und Männern sei „extrem ungleich", die effektive Entlastung von Frauen und eine gleichmäßigere Aufteilung der Betreuungspflichten seien „nicht erreicht" worden, kritisieren die Experten. Vollzeit arbeitende Mütter sind hierzulande die Ausnahme. Während Väter in der Regel weiter in
60 ihrem gewohnten Stundenausmaß arbeiten. Die Hälfte der erwerbstätigen Frauen in Österreich hat einen Teilzeitjob, aber nur zehn Prozent der Männer.

Das hat grobe Auswirkungen auf die Karriere, das Lebenseinkommen und später die Pension. Die Ökonomin Monika Köppl-Turyna, neue Leiterin des Wirtschaftsforschungsinstituts Eco Austria, spricht deshalb von einem „Motherhood Gap": Bis zur Geburt des ersten Kindes gibt es kaum Einkommensunterschiede
65 zwischen den Geschlechtern. „Und plötzlich verdienen die Frauen im Lauf der Jahre zwischen 30 und 50 Prozent weniger als die Männer mit der gleichen Ausbildung."

Mütter, die Vollzeit arbeiten, gaben im Frühjahr doppelt so häufig wie Männer an, mehr Zeit mit Kinderbetreuung zu verbringen. Das weise darauf hin, dass Mütter mit demselben hohen Erwerbsausmaß wie Väter „ihre Arbeitszeit stärker an die Familienerfordernisse anpassen (müssen)", so Berghammer. Petra Draxl,
70 Chefin des Wiener Arbeitsmarktservice, berichtete unlängst von einer gewissen Zurückhaltung von Frauen bei der Suche nach einem Arbeitsplatz. Es sei „schwer, Frauen zu motivieren", sagte sie.

Lösung des Problems ist offensichtlich. Laut Linda Scott erhöht die Inklusion von Frauen in das Finanzsystem die institutionellen Gewinne, senkt die Risiken und bringt der Wirtschaft mehr Stabilität. Wenn Frauen Geld haben, kultivieren sie mit ihren Ausgaben Humankapital sowie Investitionen in die Gemeinschaft.
75 Neben universeller Kinderbetreuung spricht sie sich für das Erlassen aller Studienschulden und eine gleichberechtigte Beteiligung an allen Infrastrukturprojekten aus.

Wirtschaftskonferenzen wie G20 fassen das Thema nur scheinheilig an. Sie will eine unabhängige internationale Organisation zum Einsatz für die wirtschaftlichen Interessen von Frauen. Auf die WTO sollte mehr Druck ausgeübt werden, auf Gleichberechtigung zu achten. Investoren könnten dezidiert frauenfreundliche
80 Firmen unterstützen. Um im Arbeitsumfeld Frauen zu stärken, sei kein aufwendiges Mentoringprogramm nötig. „Schon eine geringe Stärkung des Selbstbewusstseins kann Wunder bewirken."
Scott warnt aber auch vor der Wut mancher Männer, weil die sich nicht von dem traditionellen Bild von Männlichkeit verabschieden können. „Ihre Wut wird gefährlich sein."

MADLEN STOTTMEYER UND JEANNINE HIERLÄNDER, DIE PRESSE, 1.11.2020

Text 4

Verfassen Sie eine Zusammenfassung.

Situation: Für ein Kunst- und Kulturprojekt recherchieren Sie Informationen zum Thema „Buchmarkt" und fassen den Bericht „Literaturbetrieb: verdrängt und verschollen" zusammen.

Lesen Sie den Bericht „Literaturbetrieb: verdrängt und verschollen" von Anton Thuswaldner, erschienen in der Wochenzeitung „Die Furche" am 21. Oktober 2020 (Textbeilage 1).
Verfassen Sie nun die **Zusammenfassung** und bearbeiten Sie dabei die folgenden Arbeitsaufträge:

- **Beschreiben** Sie die Leistungen von großen und kleinen Verlagen für Autorinnen/Autoren und Buchmarkt.
- **Geben** Sie die Bedeutung der Medien für den Literaturbetrieb **wieder**.

Schreiben Sie zwischen 270 und 330 Wörter. Markieren Sie Absätze mittels Leerzeilen.

Textbeilage 1

LITERATURBETRIEB: VERDRÄNGT UND VERSCHOLLEN

Der Literaturbetrieb ist ungerecht. Bücher werden zuerst geschrieben und dann gemacht – mithilfe schlagkräftiger Verlage. Es wäre an der Zeit, die Gewichtungen zu verschieben.

Es ist ein Gerücht, dass sich das durchsetzt, was von Belang ist. Das ist im durchschnittlichen Leben nicht
5 anders als in der Literatur. Der Betrieb sorgt dafür, dass Bücher und deren Verfasser ins Gespräch kommen oder ignoriert werden. Damit fängt die Ungerechtigkeit an. Bücher werden zuerst geschrieben und dann gemacht – oder eben nicht gemacht. Unterhaltungsliteratur findet ihr Publikum, um sie kümmern sich Verlage, die schlagkräftig genug sind, allgegenwärtig zu sein. Solche Bücher stapeln sich in Buchhandlungen, sie finden sich im Supermarkt und im Bahnhofsshop, man nimmt sie im schnellen Vorbeigehen, auf
10 die Auswahl kommt es nicht an. Es handelt sich um Austauschbarkeitsware, gearbeitet nach Mustern, die niemanden vergrämt oder zum Denken bringt.

Daneben arbeiten Verlage, denen ein hehrer Anspruch nachgesagt wird. Sie bringen jene Literatur unter die Leute, die einen Mehrwert aufweist: an Gedankenfülle, Sprachbewusstsein, Geschichtswissen, Normenauflösung und den Eigensinn eines Autors, einer Autorin, den Fluchtweg ins Allbekannte zu verlassen, um
15 sich einer anderen, womöglich unerprobten Wirklichkeit zu stellen. Literatur, die diskutiert werden will und es nicht darauf anlegt, zu gefallen, hat es selbstverständlich schwer, sich Gehör zu verschaffen. Sie tritt ja fordernd in Erscheinung, nimmt Einspruch billigend in Kauf, nur Gleichgültigkeit verträgt sie gar nicht.

Kämpfe um Deutungshoheit
Literatur per se ist ein politisches Unterfangen. Selbst sprachreflexive, weltabweisende Literatur ist politisch,
20 weil gerade sie den Sprechblaseneffekt populistischer Färbung aufdeckt. Und Politik mischt sich in Literatur ein. Autoritäre Systeme verbieten, wenn es schlimmer kommt, verjagen kritische Texte. Die Geschichte des Nationalsozialismus weist eine dramatische Fülle solcher Fälle auf. Im Grunde müssten Literaturgeschichten ständig umgeschrieben werden, weil, was einmal genehm war, heute unbedeutend ist und uns ehemals Verfemtes als erhellend und beglückend erscheinen mag.

25 Allein ein Blick auf die Nachkriegsszene in Österreich macht schnell deutlich, wie Kämpfe um Deutungshoheit und ästhetische Vorherrschaft Sieger und Verlierer hinterlassen. Es dauert Jahrzehnte, bis die im Verborgenen gesichtet werden und als Entdeckung neu präsentiert werden. Wenn etwas Glück im Spiel ist, bekommen sie eine kurz aufflackernde Aufmerksamkeit, um alsbald wieder ins Vergessensloch zu stürzen. Es läge an der literarischen Kritik und den Universitäten, Gewichtungen zu verschieben. Die Österreicher Oskar Jan
30 Tauschinski oder Arthur Rundt verdienen es nicht, es nicht einmal zum Geheimtipp gebracht zu haben.

Späte Resonanz

Die kroatische Literatur weist Miroslav Krleža auf, einen Schriftsteller von weltliterarischem Format. Er hatte nicht nur einen schweren Stand im eigenen Land, wo er als politisch unzuverlässig galt. In den 1930er Jahren verstieß er gegen die Doktrin des sozialistischen Realismus, später geriet er mit Tito in Konflikt, um nach dem Ende des sozialistischen Experiments von den Kroaten zwanzig Jahre lang als Marxist ignoriert zu werden. Sie hätten wahrhaft schon früher stolz sein dürfen auf einen der herausragenden Intellektuellen und fulminanten Erzähler. Im deutschen Sprachraum unternahm der Wieser Verlag bedeutende Anstrengungen, dieses Werk übersetzen und drucken zu lassen. Das Verhängnis des Miroslav Krleža war, dass er, erschienen in einem Kleinverlag, schwer Aufmerksamkeit auf sich lenken konnte.

Ein deutscher Kritiker ließ den Verleger Lojze Wieser einmal wissen, dass, wenn sich ein großer Verlag wie Hanser oder Suhrkamp des Werks angenommen hätte, er zweifelsfrei einer Rezension würdig wäre. Erst als das monumentale Epos „Die Fahnen" nach jahrzehntelanger Vorarbeit in vier Bänden vorlag, wurde darauf reagiert. „Die Resonanz war gut", sagt Lojze Wieser, was heißt, dass 1500 Stück verkauft worden sind. Ein Bestseller sieht anders aus, eine Normenverschiebung auch. Natürlich haben sich einzelne Persönlichkeiten der Verdrängten und Verschollenen angenommen, aber das genügt nicht. Um mit einiger Durchschlagskraft in die Öffentlichkeit vorzudringen, sind konzertierte Aktionen notwendig, wie es bei allen großen Namen der Fall ist.

Der neue Handke erscheint, und alle Medien reagieren umgehend. Wer zu spät ist, hat verloren, steht unter Rechtfertigungszwang. Die Gegenwart ist listenselig geworden. Es gibt keinen größeren Literaturpreis, ohne dass im Vorfeld Longlists und Shortlists veröffentlicht werden. Aus einer Fülle von Neuerscheinungen schaffen es eine Handvoll Titel, dort aufzuscheinen. Wie stets sind die Großverlage im Besitz der besseren Karten, um berücksichtigt zu werden. Es ist gut, dass Diskussionen darüber entbrennen, wie gelungen die Auswahl ist, was fehlt, was ungerechtfertigt reingerutscht ist. Im Gespräch aber bleiben jene, die für wert befunden wurden, ihre Verkaufschancen sind auch deutlich besser. Immerhin gelten Jurorinnen und Juroren als Experten, ungeachtet des Umstands, dass sie nicht dazu da sind, für endgültige Wertungen zu sorgen. Dass damit Ungerechtigkeiten verbunden sind, ist naheliegend.

Erstaunlich ist es schon, dass im vorigen Jahr Susanne Gregor und ihr politisch brisanter, sprachlich glänzend durchgearbeiteter und formal klug aufbereiteter Roman „Das letzte rote Jahr" es weder auf die Liste für den deutschen noch den österreichischen Buchpreis geschafft hat.

Soll man deshalb Juroren-Bashing betreiben? Keineswegs. Das ist nur ein Zeichen dafür, dass innerhalb eines Jahres doch eine stattliche Anzahl von Büchern erscheint, über die sich ernsthaft reden lässt. Also gut, Ausrutscher gehören dazu. Regelmäßig wird mindestens ein Titel genannt, den zu fördern es keinen vernünftigen Grund gibt. Aber kein Anlass zum Ärgern, diesen Spielraum soll es geben!

Die kleinen und unabhängigen Verlage haben sich nicht aufs Jammern verlegt, wenn ihnen unangenehm aufstößt, dass die Großen bevorzugt werden, wobei sie doch so oft die Vorarbeit für literarische Karrieren leisten. Viele Autorinnen und Autoren werden von kleinen, engagierten Verlagen entdeckt, und sobald ruchbar wird, dass in ihnen Potenzial für die Zukunft steckt, werden sie, häufig mit Geld, weggelockt. Das bringt den Vorteil mit sich, dass, wenn es sich um einen deutschen Verlag handelt, ein deutlich größerer Markt in Aussicht steht. Die PR-Maschine arbeitet sowieso erheblich effektiver.

Eine unabhängige Jury

Um dem etwas entgegenzusetzen, wurde die Idee der Hotlist entwickelt. Zwanzig Verlage aus Deutschland, Österreich und der Schweiz, darunter der Folio Verlag und die Edition Korrespondenzen, waren 2009 daran beteiligt, herausragende Neuerscheinungen herauszugreifen, um eine Liste zu erstellen, aus der eine unabhängige Jury dann jedes Jahr einen Preisträger kürt. 170 Einsendungen wurden in diesem Jahr verzeichnet. Der Preis geht an den cass verlag aus Bad Berka, den wichtigsten Vermittler japanischer und koreanischer Literatur, und den Roman „Aufzeichnungen eines Serienmörders" von Kim Young-ha. Es sollte Wirbel gemacht werden um solche Ereignisse, den Nutzen trägt der Leser.

ANTON THUSWALDER, DIE FURCHE, 21.10.2020

Text 5

Verfassen Sie eine Zusammenfassung.

Situation: Für ein Projekt zum Themenbereich „Vom Umgang miteinander" fassen Sie ein Interview zusammen.

Lesen Sie das Interview „Das ist alles ziemlich schamlos" von Judith Hecht mit Robert Pfaller, erschienen in der Tageszeitung „Die Presse" am 7. Juni 2022 (Textbeilage 1).
Verfassen Sie nun die **Zusammenfassung** und bearbeiten Sie dabei die folgenden Arbeitsaufträge:

- **Beschreiben** Sie die tugendhaften Seiten von Scham.
- **Geben** Sie die Funktionen, die Pfaller unserer derzeitigen Schamkultur zuspricht, **wieder**.

Schreiben Sie zwischen 270 und 330 Wörter. Markieren Sie Absätze mittels Leerzeilen.

Textbeilage 1

„DAS IST ALLES ZIEMLICH SCHAMLOS"

Anstatt uns Beschämungen zu ersparen, zeigen wir ständig mit dem Finger aufeinander, sagt der Philosoph Robert Pfaller. Warum wir das machen, schreibt er in seinem neuen Buch „Zwei Enthüllungen über die Scham".

__Die Presse:__ Als der griechische Philosoph Diogenes von Sinope einen Jüngling erröten sah, sagte er:
5 *„Mut, mein Sohn, das ist die Farbe der Tugend." Gegenwärtig werden wir dauernd rot, sagen Sie, denn die Scham habe Hochkonjunktur. Ist unsere Gesellschaft demnach tugendhafter als früher?*
__Robert Pfaller:__ Das Tugendhafte an der Scham ist das Schamgefühl. Es soll uns durch zarte Signale, etwa leichtes Erröten, vor dem Ausbruch des vernichtenden Schamaffekts schützen. Zum Beispiel, indem es uns dazu motiviert, großzügig, stolz und mutig aufzutreten. Der Umstand, dass bei uns ständig der Scham-
10 *affekt ausbricht, zeigt im Gegenteil, dass uns besonders viel von dieser Tugend fehlt. Wir behandeln unsere Scham auch nicht schamhaft, indem wir sie zu verbergen versuchen, sondern protzen mit ihr, ähnlich wie Neureiche mit ihrer Rolex. Und anstatt anderen Beschämung zu ersparen, wie es in einer Schamkultur, etwa der japanischen, üblich ist, zeigen wir ständig mit dem nackten Finger auf angezogene Menschen und verkünden lautstark, dass wir uns für sie schämen. Das ist alles eben ziemlich schamlos.*

15 *„Schäm dich!" oder „Ich schäme mich für dich" ist so das Schlimmste, was einem als Kind gesagt werden kann. Als Erwachsene sind wir mit dem Schämen nicht mehr so zimperlich. Wer sagt, er schäme sich für andere oder gar für sich selbst, wirkt reflektiert und woke. Warum ist das so?*
Die postmoderne Kultur verteilt gern kleine Privilegien an Menschen, die geschickt ihre Verletzlichkeit oder ihre Scham in den Vordergrund stellen. Mit dieser Waffe versuchen vor allem jüngere Aktivisten ältere linke
20 *Konkurrenten zu beseitigen. Man behauptet, sich für jemanden zu schämen, und meint: Die ältere, oft besser qualifizierte Person soll einfach von der Bildfläche verschwinden. Dann kann man selbst deren Stelle einnehmen. Dieser Zug ist sehr typisch für die Scham – und aufschlussreich für ihre Theorie: Bei der Scham muss immer etwas weg – anders als bei der Schuld, bei der immer Fehlendes herbeigeschafft werden muss, etwa in Form von Nachzahlungen oder Kompensationsleistungen wie sozialer Arbeit.*

25 *Sie sagten vorhin, dass wir ständig mit dem Finger aufeinander zeigen. Ein Blick auf Twitter oder Facebook belegt Ihre These. Warum haben wir so eine Freude daran, andere vorzuführen und an den Pranger zu stellen?*
Weil wir einerseits damit versuchen, uns mithilfe behaupteter Fremdscham als etwas Besseres darzustellen. Man kann daran ablesen, dass die Konkurrenz- und Distinktionskämpfe in der Gesellschaft härter gewor-
30 *den sind. Andererseits zeigt sich daran, dass wir offenbar etwas Entscheidendes vergessen haben: Denn die Scham fordert nicht nur, dass wir uns keine Blöße geben, sondern sie fordert auch, dass wir, falls jemand anderes sich eine Blöße gibt, gnädig darüber hinwegsehen und so tun, als würde sie nicht existieren. Dies ist eine weitere tugendhafte Seite der Scham – ihre solidarische Seite.*

Ich nehme nicht an, dass Sie dafür plädieren, über alles gnädig hinwegzusehen. Das hieße ja, gesell-
35 schaftliche Missstände und politisches Fehlverhalten zu vertuschen, anstatt sie aufzuzeigen. Die Frage
ist nur, ab wann das kritische Hinsehen ins Destruktive kippt und zur reinen Sensationslust wird.
Die erste Gefahr besteht auf der Ebene der Inhalte: Die enorme Leidenschaft, mit der wir voyeuristisch
und schadenfroh auf winzige Kleinigkeiten blicken, lenkt uns davon ab, Fragen nach dem zu stellen, was
politisch wirklich relevant ist. Wir erregen uns zum Beispiel über minimale vermeintliche Verfehlungen von
40 Politikern in ihrer Wortwahl, anstatt zu überlegen, für welche Interessen und Ziele sie kämpfen. Die zweite Gefahr betrifft die Form der Diskussion. Die klassische Linke hat immer die Diskussion gesucht. Denn
sie hat darauf vertraut, die besseren Argumente zu besitzen. Die woke Pseudolinke dagegen argumentiert
nicht. Sie glaubt, im Besitz einer exklusiven, gefühlten Wahrheit zu sein, von der sie gar nicht möchte, dass
auch andere sie erkennen können.

45 **Mitunter gewinnt man den Eindruck, dass hinter der Aufforderung „Schäm dich!" – gerade in der
Politik – eine Taktik steht. Ist das so?**
Es handelt sich tatsächlich um eine neue Taktik. Das ist äußerst bequem: Denn man braucht sich nicht
mehr um sachliche Argumente zu bemühen. Und es ist vernichtend: Der Gegner wird beschädigt, ohne
jegliche Möglichkeit der Rechtfertigung.

50 **Mit der Cancel Culture gehen auch Sie hart ins Gericht. Finden Sie, dass sie Ausdruck unserer Schamkultur ist?**
Was in unserer Kultur vorherrscht, ist nicht die Scham, sondern etwas in Wahrheit ziemlich Schamloses, das
nur in manchen Punkten der Scham ähnlich sieht. Etwa darin, dass jemand – wie in der Cancel Culture
üblich – ohne Aussicht auf faire Beurteilung einfach von der Bildfläche verschwinden muss: Die Kabarettis-
55 tin darf nicht auftreten, der Historiker nicht vortragen, der Essay nicht erscheinen, das Denkmal soll weg.
Das Neue in unserer Kultur besteht darin, dass ein solches Höchstmaß an Verurteilung – vor allem in den
offenbar zynischerweise sogenannten sozialen Medien – möglich ist, bei einem Minimum an dafür erforder-
lichen Beweisen. Es genügt, dass es jemandem gelingt, Erregung gegenüber einer Person zu schüren; und
klarerweise sind immer diejenigen die Erregtesten, die am wenigsten über die Sachlage wissen.

60 **Tatsache ist, dass es damals wie heute sexistische und rassistische Kunst und Künstler gegeben hat und
gibt. Wie begegnet man solchen Künstlern Ihrer Meinung nach richtig?**
Zunächst muss man sorgfältig prüfen, ob diese schwerwiegenden Vorwürfe wirklich zutreffen. Gerade in der
Kunst, oft aber auch im Alltagsleben, haben wir es mit einem komplexen System aus Zitat, indirekter Rede,
Ironie, fiktivem Sprechen, Parodie etc. zu tun. Da sagt ja nur in den seltensten Fällen jemand einfach das,
65 was er wirklich meint. Die Empörten sind darum nicht selten diejenigen, die nicht genau zugehört haben.
Oder die, die anderen nicht zutrauen, dass sie imstande wären, genau zuzuhören. Aber selbst wenn eine
bestimmte Kunst problematisch sein sollte oder wenn die Sache nicht entscheidbar erscheint, so ist die beste
Waffe gegen solche Kunst immer die bessere andere Kunst. Wenn die Schriftstellerin blöd schreibt oder der
Rapper verächtlich singt, dann muss man eben blöd dagegenschreiben und dagegensingen.

70 **Zurück zur Scham: Werden wir es irgendwann satthaben, uns für alles schämen zu müssen? Dauernd
beschämt zu sein macht ja auch wütend.**
Das ist wohl wahr. Doch ein Faktor scheint mir dabei noch eine entscheidende Rolle zu spielen. Wir leben,
nach dem Wort des Soziologen Oliver Nachtwey, in einer „Abstiegsgesellschaft". Den meisten Menschen
sind jegliche Zukunftsperspektiven verloren gegangen; sie arbeiten und kämpfen, um in der Zukunft etwas
75 Besseres zu sein, als sie gerade sind. Aber es fällt ihnen schwer, sich selbst als das zu imaginieren. Etwas
Größeres, Stolzeres in sich zu vermuten als das, was sie im Moment zu sein glauben, wird ihnen wohl erst
dann gelingen, wenn sie auch wieder eine Zukunft vor sich sehen.

JUDITH HECHT, DIE PRESSE, 7.6.2022 – GEKÜRZT

Selbstevaluation

Schätzen Sie sich selbst ein und beurteilen Sie Ihr eigenes Können. Nehmen Sie dazu Ihren selbst verfassten Text zur Hand und analysieren Sie ihn.

Name: _____	1	2	3	4	5
ZUSAMMENFASSUNG					
Aufgabenerfüllung aus inhaltlicher Sicht					
Schreibhandlungen im Sinne der Textsorte und der Angabe umgesetzt					
Wortanzahl eingehalten					
alle Arbeitsaufträge erfüllt					
Wesentliches wird von Unwesentlichem unterschieden					
Vollständigkeit der bibliografischen Informationen					
sachlich richtig, logisch nachvollziehbar					
Textstruktur					
Gliederung					
Kohärenz (Verknüpfungsmittel, frei von Gedankensprüngen)					
Einleitungssatz					
Absätze					
Stil und Ausdruck					
Wortwahl (sachlich, präzise, Verwendung von Fachausdrücken)					
Satzstruktur (Abwechslung, komplex)					
eigenständige Formulierungen					
Verwendung verschiedener Mittel der Redewiedergabe					
Sprachrichtigkeit					
Rechtschreibung					
Grammatik					
Zeichensetzung					

Gesamtbeurteilung	

1 = weit über das Wesentliche hinausgehend erfüllt
2 = über das Wesentliche hinausgehend erfüllt
3 = das Wesentliche zur Gänze erfüllt

4 = das Wesentliche überwiegend erfüllt
5 = das Wesentliche nicht erfüllt

Textanalyse

Die Textanalyse ist die Beschreibung eines nichtfiktionalen Textes nach vorausgegangener Analyse vor allem sprachlicher und formaler, aber auch inhaltlicher Aspekte.

Die sachliche Darstellung der Analyse erfolgt anhand der Analysekriterien und Ergebnisse unter Bezugnahme auf den analysierten Text (Texthinweise, Verwendung von Zitaten und Beispielen), verzichtet jedoch auf eine Interpretation.

BMBWF: TEXTSORTENKATALOG ZUR SRDP IN DER UNTERRICHTSSPRACHE

Textanalyse

Verfassen Sie eine Textanalyse.

Lesen Sie Sybille Hamanns Glosse „Online einkaufen war gestern – Heute gehen wir echtzeitshoppen", erschienen in der Tageszeitung „Die Presse" am 18. April 2018 (Textbeilage 1).

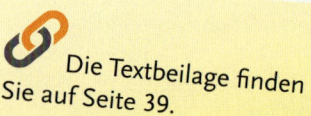

Die Textbeilage finden Sie auf Seite 39.

Verfassen Sie nun die **Textanalyse** und bearbeiten Sie dabei die folgenden Arbeitsaufträge:

- **Geben** Sie die Kernthese von Sybille Hamanns Glosse **wieder.**
- **Erschließen** Sie den Aufbau der Glosse und Hamanns Intention.
- **Untersuchen** Sie die Wortwahl, den Satzbau und die rhetorischen Mittel, die die Autorin zur Verdeutlichung ihrer Meinung einsetzt.

Schreiben Sie zwischen 540 und 660 Wörter. Markieren Sie Absätze mittels Leerzeilen.

Textanalyse: Online einkaufen war gestern – Heute gehen wir echtzeitshoppen

Die Glosse „Online einkaufen war gestern – Heute gehen wir echtzeitshoppen", verfasst von Sybille Hamann und erschienen am 18. April 2018 in der „Presse", handelt von der ironischen Darstellung des Onlineshoppens und der völlig neuen Entdeckung des Einkaufens in einem Geschäft. Sybille Hamanns Intention ist es, mit vielen Übertreibungen und schon fast absurden Beispielen zu zeigen, wie nervenaufreibend und auch zeitaufwändig
5 das Einkaufen im Internet sein kann, obwohl es ja genau für das Gegenteil bekannt ist. So sieht es die Autorin am Ende ihres Textes als nahezu ideal an, Einkäufe in echten Geschäften zu tätigen.

Hamann schreibt aus einer Perspektive, aus der das Onlineshoppen die Normalität ist, thematisiert nach und nach jedes einzelne Problem des Einkaufens im Internet und setzt hier gezielt das Stilmittel der Klimax ein. Sie beginnt mit dem Bestellprozess, indem sie den schwierigen Preisvergleich, die Vertrauenswürdigkeit der Händ-
10 ler, aber auch die Beschaffenheit der Produkte, die man nicht ausprobieren, angreifen oder nicht direkt betrachten kann, thematisiert. Anschließend beschreibt sie auf übertriebene ironische Art das Warten auf die Sendung, das sich so weit zuspitzt, dass man tagelang nicht mehr aus dem Haus oder duschen geht, um ja nicht den Paketdienst zu verpassen. Da dies meist doch passiert, muss das Paket kilometerweit entfernt selbst abgeholt werden. Nun probiert man die Produkte aus und schickt die, die nicht passen oder gefallen, wieder zurück. Die
15 Lösung des Problems ist gleichzeitig die Pointe und findet sich am Ende des Textes. Es ist das Einkaufen in echten Geschäften, sie nennt es „Analogshopping". Der inhaltliche Aufbau der Glosse verstärkt Schritt für Schritt den Eindruck, dass die Handlungen einer Onlinekundschaft letztlich vollkommen absurd sind. So gelingt es Hamann mit dieser Dramatisierung, unser Onlinekaufverhalten der Lächerlichkeit preiszugeben.

In der sprachlichen Analyse zeigt sich, dass sehr viele (rhetorische) Fragen in die Glosse eingebaut sind. Beispie-
20 le dafür sind: „Wie wohl die Farbe in echt ausschaut? Ob sie zum blauen Sommerrock passt?" (Z. 14). Hiermit schafft es die Autorin, dass sich die Leser/innen in die beschriebene Situation hineinversetzen können, da sich eine solche Frage schon jede Onlinekundin/jeder Onlinekunde einmal gestellt hat. Als weiteres rhetorisches Mittel findet sich zum Beispiel folgende Metapher: „Oft war der Preisvergleich schon eine Wissenschaft" (Z. 10). Damit wird die Komplexität eines Prozesses betont, welcher im herkömmlichen Kaufprozess eine zumeist bana-
25 le Tätigkeit darstellt.

Darüber hinaus verwendet die Autorin einen Ton, der zum Teil umgangssprachlich bzw. jugendsprachlich ist. Dies kann man anhand des folgenden Beispiels erkennen: „Denn wir wissen ja, was für ein beschissener Job das war, scheinselbstständig, ausgebeutet" (Z. 28–29). Einerseits findet sich darin ein Vulgärausdruck, andererseits eine Ellipse, beides typisch für Jugendsprachen. Mit diesen Stilmitteln wird darauf abgezielt, das Dargestellte
30 zu verstärken und sich ins Einvernehmen mit der Leserschaft zu setzen. Mit den Wortneuschöpfungen „Analog-shopping" (Z. 44) und „Stationären Real-Life-Retail" (Z. 44) verwendet die Autorin hypermoderne Begriffe für eine uralte Sache, was eine belustigende Wirkung hervorrufen soll.

In Bezug auf die verwendeten Satzstrukturen fällt auf, dass vorwiegend Hauptsatzreihen, also ein überwiegend parataktischer Stil, verwendet werden. Dies passt gut zu dieser nervenaufreibenden Tätigkeit des Onlineshoppens, wo nichts schnell genug gehen kann, obwohl laut Autorin eigentlich gar nichts schnell geht. Diese Gegenläufigkeit zwischen inhaltlicher Darstellung und sprachlicher Realisierung verstärkt den Eindruck der Absurdität des Onlineeinkaufs.

Manche Textstellen sind inhaltlich so übertrieben, dass sie absurd und deshalb komisch wirken, insbesondere wenn die Autorin meint, dass man, um die Botin/den Boten nicht zu verpassen, sich am besten eine Woche freinehmen bzw. nicht duschen sollte (Vgl. Z. 20–22). Dann müsse man der Botin/dem Boten noch die Daumen drücken, dass sie/er einen guten Tag habe, einen Parkplatz finde etc. (Vgl. Z. 26).

Sybille Hamann schafft es sowohl inhaltlich durch die Darstellung der negativen Aspekte des Onlineshoppens und die Betonung der positiven Seiten des Einkaufens in Geschäften als auch sprachlich durch die Verwendung vieler (rhetorischer) Fragen sowie der teilweise umgangssprachlichen Wortwahl, ihr Thema perfekt auszubreiten. Hamanns neue Entdeckung, die eigentlich allen bekannt ist, scheint eine gute Lösung zu sein, um dem Stress, der sich durch das Onlineshoppen ergibt, zu entkommen.

(653 Wörter)

Textanalyse eines nichtfiktionalen Textes WERKZEUG

Im Folgenden finden Sie Kriterien, nach denen eine Textanalyse zu einem nichtfiktionalen Text verfasst werden kann. Abhängig ist die Darstellung der Inhalte natürlich immer von den Arbeitsaufträgen.

Teile der Textanalyse und inhaltliche Kriterien

Einleitung
In der Einleitung werden der Titel, der/die Autor/in, die Textsorte, die Quelle, das Erscheinungsdatum und die Thematik des Textes angeführt. Eine Kurzdarstellung des Inhaltes kann erforderlich sein, um die Thematik zu präzisieren.

Hauptteil
Die im Hauptteil einer Textanalyse erarbeiteten Inhalte werden in beschreibender Manier ohne Wertung bzw. Deutung dargestellt und mithilfe von Texthinweisen bzw. Zitaten belegt.

Inhalte des Hauptteils	
Analyse formaler, textstruktureller und inhaltlicher Aspekte eines Textes	**Analyse sprachlicher und stilistischer Besonderheiten eines Textes**
■ Analyse des formalen bzw. argumentativen Aufbaus ■ Analyse der inhaltlichen Strukturierung des Textes ■ Werden die Kriterien der Textsorte eingehalten oder modifiziert? ■ Darstellung textexterner Faktoren („Titelei") ■ Darstellung zentraler Aussagen des Textes ■ Intention der Autorin/des Autors	■ im Text eingesetzter Wortschatz ■ verwendete Satzstrukturen ■ Aussagemodus: Indikativ, Konjunktiv ■ zum Einsatz kommende Stilebene(n) ■ rhetorische Figuren, sprachliche Metaphorik ■ auffällige Besonderheiten im Vergleich zu anderen ähnlichen Texten

Schluss

- Zusammenfassend kann dargestellt werden, inwiefern sich der Text von den allgemeinen Kriterien der jeweiligen Textsorte entfernt oder diesen entspricht.
- Ebenso kann nochmals auf sprachliche, stilistische und inhaltliche Besonderheiten eingegangen werden.
- Auch die Darstellung einer möglichen Schreibintention kann den Schluss einer Textanalyse bilden.
- Entfallen kann der Schluss dann, wenn im Hauptteil der Arbeit die geforderten Arbeitsaufträge bereits erfüllt worden sind.

Formale und sprachliche Kriterien

Gliederung	Einleitung, Hauptteil und Schluss werden durch Absätze voneinander getrennt. Auch innerhalb des Hauptteils werden einzelne Analyseteile mittels Absätzen gekennzeichnet.
Zeit	Verwendung der Gegenwartsstufe (Präsens, Perfekt etc.)
Sprache und Stil	sachlich, knapp, prägnant, informierend, anschaulich, Einsatz von Fachwortschatz
Schreibhandlungen	zusammenfassen, beschreiben, erläutern
Umfang bei der SRDP	405–495 oder 540–660 Wörter

Formulierungshilfen

Analyse von Inhalt, Aufbau und Argumentation

- Der Bericht/Kommentar ... thematisiert ...
- Die Autorin/Der Autor setzt sich mit der Frage/dem Problem ... auseinander, ob ...
- Die Autorin/Der Autor erörtert die Frage nach ...
- Die Autorin/Der Autor kritisiert/zeigt sich befremdet darüber, dass ...
- Die zentrale These ist ...
- In diesem Zusammenhang geht die Autorin/der Autor auf folgende Sachverhalte ein: ...
- Der Sachverhalt wird mithilfe von ... erklärt/erläutert/illustriert.
- Die Autorin/der Autor untermauert/veranschaulicht ihre/seine Forderung nach ...
- Die Autorin/der Autor erläutert ihre/seine Position, indem ...
- An folgendem Beispiel verdeutlicht sie/er, ...
- Diese Textstelle belegt/veranschaulicht, dass ...
- Die Thesen werden von Expertinnen/Experten gestützt/infrage gestellt ...

Analyse der sprachlichen Gestaltung

- Die Glosse/Der Kommentar etc. ist sprachlich anspruchsvoll/leicht verständlich/betont einfach gehalten. (Beispiel anführen!)
- Die Ausdrucksweise ist insgesamt sachlich/emotional/ironisch ...
- Die Argumentation wird/Die Gedanken werden in Form umfangreicher Hypotaxen/Parataxen entwickelt. Das bewirkt ...
- Der Bericht etc. ist mit vielen Fremdwörtern/Fachvokabeln gespickt (Beleg nicht vergessen!), was den Eindruck erweckt, ...
- Häufig wird auf rhetorische Figuren wie ... zurückgegriffen, was ... bewirkt/verstärkt/deutlich macht, dass ...
- Auffällig ist die Verwendung von Begriffen aus dem Wortfeld ..., was ... unterstreicht.
- Die Autorin/Der Autor verwendet häufig (rhetorisches Mittel und Textbeleg einsetzen). Dies wirkt ... /erweckt den Eindruck, dass ...

Schritte zur Textanalyse im Detail

Schritt ❶: Erarbeitung der Textbeilage – LESEN

- Am Beginn steht das Lesen der Textbeilage und der Aufgabenstellung, am besten in Form eines orientierenden, überfliegenden Lesens.
- Im nächsten Schritt ist genaues Lesen erforderlich:
  - ▶ Klären Sie den schwierigen Wortschatz.
  - ▶ Markieren Sie Inhalte, die sich auf einzelne Arbeitsaufträge beziehen (jeder Arbeitsauftrag bekommt eine Farbe zugeordnet).

Tipp/SRDP: Klären Sie ab, ob Thema und Aufgabenstellung beider Aufgaben des jeweiligen Themenpakets für Sie bewältigbar sind – eine eventuelle Umentscheidung auf ein anderes Themenpaket ist hier noch möglich.

Verfassen Sie eine Textanalyse.

Lesen Sie Sybille Hamanns Glosse „Online einkaufen war gestern – Heute gehen wir echtzeitshoppen", erschienen in der Tageszeitung „Die Presse" am 18. April 2018 (Textbeilage 1).

Verfassen Sie nun die **Textanalyse** und bearbeiten Sie dabei die folgenden Arbeitsaufträge:

- **Geben** Sie die Kernthese von Sybille Hamanns Glosse **wieder.**
- **Erschließen** Sie den Aufbau der Glosse und Hamanns Intention.
- **Untersuchen** Sie Wortwahl, Satzbau und rhetorische Mittel, die die Autorin zur Verdeutlichung ihrer Meinung einsetzt.

Schreiben Sie zwischen 540 und 660 Wörter. Markieren Sie Absätze mittels Leerzeilen.

Textbeilage 1

ONLINE EINKAUFEN WAR GESTERN – HEUTE GEHEN WIR ECHTZEITSHOPPEN

Nervt es Sie auch schon gewaltig, den Paketzustellern hinterherzulaufen? Dann wird es Zeit für einen neuen heißen Trend: den echten Laden im echten Leben.

Einkaufen war bisher eine mühsame Angelegenheit. Egal, ob man einen Duschvor-
5 *hang brauchte, neue Frühlingssandalen oder ein Buch: Man musste sich, statt sich gemütlich aufs Sofa zu lümmeln, spätabends noch an den Computer setzen und Websites durchblättern. Was sich bisweilen durchaus zu harter Arbeit auswuchs. Schließlich musste man zahllose Kundenbewertungen miteinander abgleichen (klingt das Lob echt oder gekauft?), Versandhändler nach Vertrauenswürdigkeit sortieren (schickt der das echte Produkt oder eine billige Fälschung?).*

10 *Oft war der Preisvergleich schon eine Wissenschaft. Denn Preise konnten – je nach Tageszeit und Computerstandort – schwanken. Unterschiedliche Steuersätze waren ebenso zu berücksichtigen wie unterschiedliche Bearbeitungs- und Versandkosten. Wenn man Pech hatte, waren Letztere teurer als das eigentliche Produkt.*

Eine komplexe Aufgabe war auch, sich das Ding, das man kaufen wollte, in allen Details auszumalen, allein per Imagination. Wie wohl die Farbe in echt ausschaut? Ob sie zum blauen Sommerrock passt? Wie würde
15 *Produkt X in der Hand liegen, wie schwer ist es, wie weich, und wie wirkt es im direkten Vergleich zum Produkt Y? Speziell bei Kleidungsstücken war der Spielraum riesig: Passt es, oder zwickt es? Zu kurz oder zu weit? Ist es schmeichelhaft, oder schau ich darin total bescheuert aus? Und ob es wohl dem Mann/der Tochter/der Tante Mizzi gefällt?*

Nach der Bestellung begann die Phase bangen Wartens. Und der fehlschlagenden Zustellversuche. Welche
20   Firma würde es denn sein, die Post oder eine mit drei Buchstaben? Bedeutet „drei Tage" tatsächlich drei Tage,
oder sollte man sich besser die ganze Woche freinehmen – ohne je zu duschen, um nur ja die Klingel nicht zu
verpassen? Was natürlich, wie wir alle wissen, keine Garantie war, nicht trotzdem einen gelben Zettel im Brief-
kasten zu finden.

Blanke Nerven, quengelnde Kinder, die fragen, wo ihr Geschenk bleibt, genervte Anrufe beim Kundenservice,
25   routinierte Abwimmlerinnen am Telefon, Onlinetracking des Sendungsverlaufs. Wir fieberten mit dem Boten
mit, drückten ihm die Daumen, dass er einen guten Tag hat, einen Parkplatz findet, nicht allzu schlecht gelaunt
ist, dass sein Knie gerade nicht schmerzt, sodass er sich in den dritten Stock hinauftraut. „Wir haben uns leider
verpasst" – ja, das haben wir. Eigentlich immer. Mit schlechtem Gewissen unsererseits. Denn wir wissen ja, was
für ein beschissener Job das war, scheinselbstständig, ausgebeutet.

30   Hatte man das Paket schließlich von einem Postpartner, Copyshop oder
sonst einem zwielichtigen Etablissement in zehn Kilometern Entfernung
abgeholt (erst am nächsten Werktag!), ging es mit Auspacken, Anprobieren,
Wiedereinpacken, Zur-Post-Fahren und Zurückschicken weiter. Denn als
routinierter Konsument hatte man selbstverständlich verschiedene Größen
35   und Farben gleichzeitig bestellt, um die richtige aussuchen zu können.
Insgesamt muss man sagen: Es waren mühsame Zeiten.

Doch es gibt für geplagte Konsumenten Licht am Horizont. Ein neues Vertriebsmodell spricht sich herum, das
damit lockt, das Einkaufen auf einen Schlag effizienter, bequemer und schneller zu machen. Es eignet sich für
beinahe alle Konsumgüter, von Duschvorhängen über Sandalen bis hin zu Büchern, und geht so: Spezialisier-
40   te Händler sitzen nicht in weit entfernten Logistikzentren, sondern mieten ebenerdige Verkaufsräume in der
Nähe. Dort halten sie ähnliche Produkte von verschiedenen Produzenten zur Auswahl bereit. Dies bietet für den
Konsumenten ungeahnte Vorteile, denn er kann Produkte, die ihn interessieren, anschauen und miteinander
vergleichen. Gleich bezahlen. Und sein Ding sofort mit nach Hause nehmen. So schnell ging das noch nie!

Man kann diesen neuen Trend Analogshopping nennen. Stationären Real-Life-Retail. Oder einfach: einen La-
45   den. Ich glaube, das hat Zukunft.

Sybille Hamann, Die Presse, 18.4.2018

Schritt ❷: Erarbeitung der Textbeilage – ANALYSIEREN

- Übertragen Sie das folgende Schema zur weiteren Verwendung. Sollten Sie nicht mit einem Textverarbeitungs-
  programm, sondern mit Papier und Stift arbeiten, achten Sie darauf, dass Sie für die einzelnen Analysekategorien
  ausreichend Platz lassen.
- Kennzeichnen Sie in diesem Schema jene Analyseaspekte, die in den Arbeitsaufträgen gefordert werden.
- Analysieren Sie die Textbeilage und füllen Sie den Analysebogen stichwortartig aus.
- Vergessen Sie nicht, Beispiele für Ihre Befunde aus der Textbeilage zu notieren.
- Überprüfen Sie, ob in den Arbeitsaufträgen weitere Analyseaspekte, die nicht durch den Raster abgedeckt werden,
  gefordert sind. Wenn ja, erarbeiten Sie diese.

Kategorie	Ergebnis der Analyse
1. Bibliografische Angaben: Autor/in, Titel, Textsorte, Quelle	
2. Thematik, Kernthese(n)	
3. Titelei	
4. Formale und inhaltliche Analyse: ■ Textaufbau ■ Inhalte ■ Argumentation(en)	
5. Sprachliche Gestaltung: ■ Stilebene(n) ■ Satzstrukturen ■ Wortwahl (Wortfelder, Wortarten) ■ rhetorische Stilmittel	
6. Intention (Was soll mit dem Text vermutlich erreicht werden?)	

Schritt ❸: Schreiben – EINLEITUNG

In der Einleitung werden der/die Autor/in, der Titel, die Textsorte, die Quelle, das Erscheinungsdatum und die Thematik des Textes angeführt. Eine Kurzdarstellung des Inhaltes kann erforderlich sein, um die Thematik zu präzisieren.

Arbeitsaufgabe „Einleitung"

■ Lesen Sie nochmals die Einleitung des BEISPIEL-Textes (S. 36). Verfassen Sie nun eine andere Variante einer Einleitung.

Schritt ❹: Analysieren und Schreiben – HAUPTTEIL und SCHLUSS

Oft lassen sich die Arbeitsaufträge der Reihe nach erarbeiten. Grundsätzlich bleibt es aber Ihnen überlassen, das, was Sie ausdrücken wollen, frei zu arrangieren. Immer wieder können die Arbeitsaufträge auch gleichzeitig ausgeführt werden (etwa Inhaltswiedergabe und formale Analyse).

Analyseaufgaben „Hauptteil"

1. Markieren Sie im Hauptteil des BEISPIEL-Textes (S. 36) die Realisierung der Arbeitsaufträge mit unterschiedlichen Farben.

2. Stellen Sie fest, in welcher Reihenfolge die Arbeitsaufträge im BEISPIEL-Text erarbeitet wurden.

3. Analysieren Sie, mit welchen (sprachlichen bzw. inhaltlichen) Mitteln Zusammenhänge zwischen den Absätzen hergestellt werden.

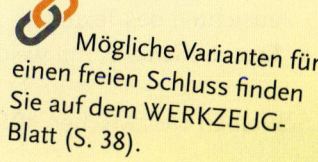

Mögliche Varianten für einen freien Schluss finden Sie auf dem WERKZEUG-Blatt (S. 38).

Überprüfen Sie, ob sich ein Arbeitsauftrag für die Gestaltung des Schlusses Ihrer Textanalyse anbietet. Ist dies nicht der Fall, dann sollten Sie bereits alle Arbeitsaufträge im Hauptteil bearbeitet haben.

Analyseaufgabe „Schluss"

■ Stellen Sie fest, welche Art von Schluss im BEISPIEL-Text vorliegt, z. B. die Erarbeitung eines Arbeitsauftrages, die Darstellung einer möglichen Schreibintention etc.

Arbeitsaufgaben „Hauptteil und Schluss"

1. Überlegen Sie zuerst, wie Sie Ihren Schluss gestalten wollen und ob ein Arbeitsauftrag in diesem Teil der Textanalyse bearbeitet werden soll.

2. Verfassen Sie nun den Hauptteil mit Ihren Analyseergebnissen aus Schritt ❷ und den Schluss Ihrer Textanalyse und stellen Sie die schon verfasste Einleitung voran.

Schritt ❺: Schreiben – BEWERTEN und ÜBERARBEITEN

Abschließend ist es wichtig, die Qualität Ihrer Textanalyse anhand der folgenden Kriterien zu überprüfen:

■ Sind die typischen Kriterien der Textsorte eingehalten?
■ Sind alle Arbeitsaufträge umfassend erarbeitet?
■ Sind die einzelnen Absätze in sich zusammenhängend?
■ Sind die einzelnen Absätze inhaltlich und auch sprachlich (Verweiswörter, Konnektoren etc.) miteinander verknüpft?
■ Ist die vorgegebene Wortanzahl eingehalten?
■ Ist die Textanalyse frei von orthografischen und grammatikalischen Fehlern?

 Werden die Arbeitsaufträge nur der Reihe nach abgearbeitet und die Inhalte nicht miteinander verknüpft, ist kein roter Faden gegeben.

Arbeitsaufgabe „Bewerten und überarbeiten"

■ Überprüfen Sie die Qualität Ihrer Textanalyse anhand der oben genannten Kriterien und bearbeiten Sie sie anschließend entsprechend.

Arbeitsaufgaben „Textanalyse"

Text 1

Verfassen Sie eine Textanalyse.

Lesen Sie den Kommentar „Ungleichheit für alle" von Philipp Wagner, erschienen in der Tageszeitung „Der Standard" am 2. Jänner 2018 (Textbeilage 1).

Verfassen Sie nun die **Textanalyse** und bearbeiten Sie dabei die folgenden Arbeitsaufträge:

■ **Geben** Sie die im Kommentar erhobene Forderung **wieder**.
■ **Analysieren** Sie die Wortwahl, den Satzbau und die rhetorischen Mittel im Hinblick auf mögliche Wirkungsabsichten des Textes.
■ **Erschließen** Sie, mit welchen Argumenten der Autor seine Leser/innen überzeugen möchte.

Schreiben Sie zwischen 405 und 495 Wörter. Markieren Sie Absätze mittels Leerzeilen.

Textbeilage 1

UNGLEICHHEIT FÜR ALLE

Ein Plädoyer für eine Schule, die auf die Fähigkeiten der Kinder eingeht.

Kein Schulabschluss, kein Job und Schulden. Ein Leben ohne Ziel, einfach dahinvegetieren – ohne Ziele und Zukunftsperspektiven. Das Leben „genießen". Konsumieren, kaufen, vom neuen Auto träumen – auf „Pump"
5 *leben. Klingt absurd? Leider ist das die bittere Wahrheit für viele junge Menschen, die irgendwann in ihrem Leben entschieden haben, dass eine Ausbildung unwichtig sei.*

Sie sind Schulabbrecher, arbeitslos und leben von der Mindestsicherung. Sie verbringen ihr ganzes Leben in einer einzigen Spirale, drehen sich immer im Kreis – ein Entkommen scheint außer Reichweite zu sein
10 *und alle Träume schwinden dahin. Ob es nun Schulden sind, oder ein Job, der einen täglich frustriert, bei den betroffenen Menschen sorgt dies für Verlust von Perspektiven und Hoffnungen auf ein besseres Leben. Die Hürden wirken aus dem Blickwinkel der Betroffenen unüberwindbar.*

Der Ursprung des Problems liegt in einer Entscheidung: der aktiven Entscheidung gegen eine qualifizierte und fundierte Ausbildung. Das schnelle Geld ist verlockender als die Aussicht auf viele lernintensive und
15 *mühevolle Ausbildungsjahre. Und so beenden viele Jugendliche ihre Schullaufbahn nach den gesetzlich geforderten Pflichtschuljahren. Doch das alleine ist noch nicht ausschlaggebend für diesen unüberwindbaren Teufelskreis. Die Schule wird nicht ausschließlich aus finanziellen Gründen frühzeitig abgeschlossen. Die Ausbildung wird beendet, weil sie als zu schwer erscheint, oder als zu mühsam erachtet wird.*

Oft sehen die Jugendlichen einfach keinen Sinn in einer jahrelangen Schulbildung, obwohl die Ausbildung
20 *das Kapital der Zukunft darstellt. Dies ist die Folge eines Bildungssystems, in dem Schüler nicht nach Stärken, sondern nach Schwächen beurteilt werden.*

Die Schullaufbahn ist für viele ein Kampf gegen demotivierende Einflüsse – anstatt neue Wege aufzuzeigen, zwingt sie viele zur Kapitulation.

Das Schulsystem beruht auf „Gleichheit für alle" und lässt keinen Spielraum zur individuellen Entfaltung
25 *der Stärken. Die Jugendlichen sollten motiviert sein, Neues zu erfahren und sich in gewissen Gebieten, wo die Stärken liegen, zu vertiefen. Kinder sollten von klein auf gezielt gefördert und ihre persönlichen Stärken entdeckt und weiterentwickelt werden, so hat man Ziele und strebt nach Selbstverwirklichung. Beim Lernen muss es auch erlaubt sein, Fehler zu machen, durch Fehler zu lernen und auf bestimmten Gebieten Schwächen zu haben.*

30 *Wer eine gute Ausbildung hat, der verfügt über eine Eintrittskarte ins erfolgreiche Berufsleben. Eine gute Ausbildung erhöht die Chancen, am Arbeitsmarkt erfolgreich zu sein. Die Arbeitgeber suchen qualifizierte und motivierte Mitarbeiter, die auch im Berufsleben ihre Stärken einbringen. Wenn Jugendliche ihre Stärken erkennen und auch entfalten können, werden sie mit Freude ihrer Arbeit nachgehen und für die Sache brennen. Zufriedene und motivierte Mitarbeiter sind der Motor eines Unternehmens.*

35 *Eine gute Ausbildung bringt aber auch eine gute Bezahlung mit sich und dadurch wird es auch möglich, sich seine Wünsche und Träume zu verwirklichen, ohne in die Schuldenfalle zu tappen. Letztendlich sind dann alle Gewinner. Die Lehrer, die motivierte Schüler unterrichten. Die Arbeitgeber, die gut ausgebildete Fachkräfte erhalten, und die Jugendlichen, die durch die Bildung ihren Horizont erweitern, ihre Chancen verbessern und letztendlich ihre Zukunft gestalten.*

PHILIPP WAGNER, DER STANDARD, 2.1.2018

Philipp Wagner (BHAK Wien 10) hat mit diesem Text den Schreibwettbewerb des Vereins „Zeitung in der Schule" (ZiS) und des Debattierclubs „Misch dich ein" zum Thema „Ausbildung wozu? Lohnt sich Ausbildung? Wofür gehe ich in die Schule?" gewonnen. Er stach aus zahlreichen Einsendungen heraus und hat die Jury im Hinblick auf Originalität, Relevanz, sprachliche Gewandtheit, Innovationsgehalt, Quellentransparenz sowie die richtige Verwendung einer journalistischen Textsorte überzeugt.

a) Sie finden nun ein ausgefülltes **Schema zur Analyse** des Beilagentextes. Um die vorgegebene Wortanzahl einhalten zu können, werden Sie vermutlich nicht alle Informationen aus dem Raster verwenden können. Markieren Sie jene, die Ihnen besonders wichtig erscheinen.

Kategorie	Ergebnis der Analyse
1. Bibliografische Angaben: Autor/in, Titel, Textsorte, Quelle	Autor: Philipp Wagner Titel: Ungleichheit für alle Textsorte: Kommentar Quelle: Der Standard, 2. Jänner 2018
2. Thematik und Kernthese(n)	Jugendliche brechen ihre Schulausbildung ab, weil sie mit dem System, in dem nicht nach Stärken, sondern nach Schwächen beurteilt wird, nicht zurechtkommen.
3. Titelei	Ungleichheit für alle → gibt im Knappen die Forderung des Autors wieder

4. Formale und inhaltliche Analyse:
■ Textaufbau
■ Inhalte
■ Argumentation(en)
	■ Schlagzeile: siehe Titelei
	■ Lead: präzisiert noch einmal das Thema
	■ Rahmen: Situation von Schulabbrecherinnen und -abbrechern (1. Absatz) sowie Situation der Jugendlichen, wenn Forderungen des Autors erfüllt sind (letzter Absatz)
	■ Hauptteil: Gründe, die Schule abzubrechen
	  ▶ Wunsch, schnelles Geld zu verdienen, bzw. Schule wird als mühsam erlebt
	  ▶ weiterer Grund: Schülerinnen/Schülern fehlt die Einsicht in den Sinn einer längeren Schulausbildung; Demotivation
	  ▶ Demotivation wird argumentiert: kein Spielraum zur individuellen Entfaltung von Stärken; schlechter Umgang mit Schwächen bzw. Fehlern
	  ▶ Sinnhaftigkeit einer guten Ausbildung: Eintrittskarte ins Berufsleben → gute Bezahlung

5. Sprachliche Gestaltung:
■ Stilebene(n)
■ Satzstrukturen
■ Wortwahl (Wortfelder, Wortarten)
■ rhetorische Stilmittel
	■ **Stilebene:** standardsprachlicher Stil
	■ **Satzstrukturen:**
	  ▶ großteils überschaubare Hypotaxen,
	  z. B. „Leider ist das die bittere Wahrheit für viele junge Menschen, die irgendwann in ihrem Leben entschieden haben, dass eine Ausbildung unwichtig sei." (Z. 5–7)
	  ▶ aber auch Parataxen,
	  z. B. „Und so beenden viele Jugendliche ihre Schullaufbahn nach den gesetzlich geforderten Pflichtschuljahren. Doch das alleine ist noch nicht ausschlaggebend für diesen unüberwindbaren Teufelskreis." (Z. 15–17) → erleichtert Lesbarkeit
	  ▶ bis auf einen Fragesatz (siehe rhetorische Frage) ausschließlich Aussagesätze
	■ **Wortwahl:** moderater Einsatz gebräuchlicher Fremdwörter,
	  z. B. „dahinvegetieren" (Z. 3), „fundierte" (Z. 14), „Kapitulation" (Z. 23)

Kategorie	Ergebnis der Analyse
5. Sprachliche Gestaltung: ■ Stilebene(n) ■ Satzstrukturen ■ Wortwahl (Wortfelder, Wortarten) ■ rhetorische Stilmittel	■ **Rhetorische Mittel:** ▶ Ellipsen z. B. „Kein Schulabschluss, kein Job und Schulden. Ein Leben ohne Ziel, einfach dahinvegetieren – ohne Ziele und Zukunftsperspektiven. Das Leben ‚genießen‘. Konsumieren, kaufen, vom neuen Auto träumen – auf ‚Pump‘ leben. Klingt absurd?" (Z. 1–5) ➡ Prägnanz, Zuspitzung; häufig in Kommentaren eingesetztes Stilmittel ▶ Aufzählungen z. B. „Kein Schulabschluss, kein Job und Schulden. Ein Leben ohne Ziel, einfach dahinvegetieren – ohne Ziele und Zukunftsperspektiven." (Z. 1–2), „Konsumieren, kaufen, vom neuen Auto träumen – auf ‚Pump‘ leben." (Z. 4–5), „Sie sind Schulabbrecher, arbeitslos und leben von der Mindestsicherung. Sie verbringen ihr ganzes Leben in einer einzigen Spirale, drehen sich immer im Kreis" (Z. 8–9) ➡ dienen der Anschaulichkeit ▶ Rhetorische Frage z. B. „Klingt absurd?" (Z. 5) ➡ Mittel der Beeinflussung, regt zum Nachdenken an ▶ Metaphern z. B. „Sie verbringen ihr ganzes Leben in einer einzigen Spirale" (Z. 8–9), „Kapital der Zukunft" (Z. 20), „Eintrittskarte ins erfolgreiche Berufsleben" (Z. 30), „Motor eines Unternehmens" (Z. 34), „in die Schuldenfalle tappen" (Z. 36) ➡ dienen der Veranschaulichung ▶ Alliterationen z. B. „ohne Ziele und Zukunftsperspektiven" (Z. 3), „Konsumieren, kaufen" (Z. 4) ▶ Antithesen z. B. „nicht nach Stärken, sondern nach Schwächen" (Z. 20–21), „anstatt neue Wege aufzuzeigen, zwingt sie viele zur Kapitulation" (Z. 22–23), „Das Schulsystem beruht auf ‚Gleichheit für alle‘ und lässt keinen Spielraum zur individuellen Entfaltung der Stärken." (Z. 24–25) ➡ betonen gegensätzliche Haltungen, Zuspitzung
6. Intention (Was soll mit dem Text vermutlich erreicht werden?)	(Aus-)Bildung für alle: Durch das Aufzeigen der Folgen eines Schulabbruchs bzw. einer guten Ausbildung wird eine Veränderung des Schulsystems dahingehend gefordert, dass die Stärken der Jugendlichen gefördert werden sollen. ➡ Verminderung von Schulunlust

Eine Liste an rhetorischen Stilmitteln finden Sie im Anhang auf Seite 162.

b) Überlegen Sie, in welcher **Reihenfolge** Sie die **Arbeitsaufträge** in Ihrer Textanalyse bearbeiten möchten bzw. welche Arbeitsaufträge sich „kombinieren" lassen. So lässt sich z. B. der erste Arbeitsauftrag in die Einleitung einbauen und der zweite Arbeitsauftrag sowohl als Schluss als auch als Beginn Ihres Hauptteils verwenden. Machen Sie sich Notizen.

c) **Verfassen Sie nun Ihre Textanalyse.** Überarbeiten Sie sie anschließend.

Text 2

In der folgenden Aufgabenstellung finden Sie dieselben Arbeitsaufträge wie bei Text 1, allerdings müssen Sie dieses Mal den Raster selbst ausfüllen und anschließend den Aufbau Ihrer Textanalyse eigenständig festlegen.

Verfassen Sie eine Textanalyse.

Lesen Sie den Kommentar „Hunde, Katzen sind Seelentröster, aber auch Umweltschädlinge" von Gudula Walterskirchen, erschienen in der Tageszeitung „Die Presse" am 8. Jänner 2018 (Textbeilage 1).

Verfassen Sie nun die **Textanalyse** und bearbeiten Sie dabei die folgenden Arbeitsaufträge:

- **Geben** Sie die Kernthesen **wieder.**
- **Analysieren** Sie die Wortwahl, den Satzbau und die rhetorischen Mittel im Hinblick auf mögliche Wirkungsabsichten des Textes.
- **Erschließen** Sie, mit welchen Argumenten die Autorin ihre Leser/innen überzeugen möchte.

Schreiben Sie zwischen 405 und 495 Wörter. Markieren Sie Absätze mittels Leerzeilen.

Textbeilage 1

HUNDE, KATZEN SIND SEELENTRÖSTER, ABER AUCH UMWELTSCHÄDLINGE

Der ökologische Fußabdruck unserer vierbeinigen Lieblinge ist beträchtlich: Futter, Verpackung und Hinterlassenschaften. Tierliebe wird oft falsch verstanden.

Auch heuer wieder wurden sie zu Abertausenden zu Weihnachten verschenkt, in Medien und der Werbung sind sie sehr beliebt: Süße Kätzchen und treue Hundeaugen rühren allerorts die Herzen. Kaum ein Politiker,
5 *der sich nicht als Tierliebhaber geriert.*

Hunde oder Katzen nicht zu mögen macht im allgemeinen Verständnis unserer Gesellschaft unsympathisch. Dabei gibt es viele Länder und Kulturen, in denen Hunde als unrein gelten und sich Katzen ihr Futter selbst besorgen müssen. Niemand käme auf die Idee, sie ins Haus oder gar ins eigene Bett zu nehmen.

In Österreich leben etwa 750.000 Hunde und 1,6 Millionen Katzen, in der Relation sogar mehr als in
10 *Deutschland, wo diese Haustiere ebenfalls sehr beliebt sind. Man könnte also mit Fug und Recht behaupten, Österreicher seien Tierfreunde. Und sie kümmern sich sehr um ihre Lieblinge: Es gibt in den Städten eigene Hundeparks, Geschäfte mit Haustierzubehör und Tierfutter schießen aus dem Boden, es gibt Hundecoaches, Hundepsychologen und ein wachsendes Netz an gut ausgebildeten Tierärzten. Der Bereich ist mit Futtermitteln und Dienstleistungen längst ein Milliardengeschäft geworden.*

15 *Gleichzeitig gelten die Österreicher als besonders umweltbewusst. Wir sind Weltmeister im Sammeln von Altstoffen und der Mülltrennung, in erneuerbarer Energie und beim Biolandbau. Viele Menschen, die sich als tierlieb bezeichnen, sind gleichzeitig Naturliebhaber und umweltbewusst. Doch passen Heimtiere und Umweltschutz wirklich zusammen?*

Ein kürzlich erschienenes Buch hat den ökologischen Pfotenabdruck untersucht und kommt zu interessan-
20 *ten Schlüssen. So etwa gefährdet die zunehmende Zahl an Katzen die Biodiversität. Da Katzen von Natur aus „Killermaschinen" seien, würden freilaufende Hauskatzen die Artenvielfalt bei Singvögeln und Nagern gefährden. Es gibt aber noch weitere Gefahren für die Umwelt: So werden für Hunde- und Katzenfutter Tonnen an Fleisch, Fisch und Getreide benötigt. Dabei handelt es sich keineswegs nur um Abfälle: Vom Rind bis zum Bio-Reis und feinen Fischfilets wollen Tierbesitzer zunehmend nur das Beste für ihre Lieblinge.*
25 *Das alles verbraucht wertvolle Ressourcen. Die teilweise aufwendigen Verpackungen verbrauchen ebenfalls viele Rohstoffe und sind ein Müllproblem.*

Nicht nur ärgerlich, sondern auch umweltschädigend sind die Hinterlassenschaften von Hunden, vor allem für Kinder und ältere Menschen, wenn sie nicht entsorgt werden. Hundekot ist nicht nur durch den direkten Kontakt gefährlich, sondern auch wenn er trocknet und in die Atemluft gelangt. Für viele Hundehalter ist
30 das lässige Wegsehen noch immer ein Kavaliersdelikt.

Der Preis für den Seelentrost für die Umwelt ist also hoch. Vielen „Tierliebhabern" fehlt auch das Verständnis für eine artgerechte Tierhaltung. Ganztägig berufstätige Menschen legen sich einen Hund zu und sperren ihn den ganzen Tag in der Wohnung ein. Dies ist dann eher der Kategorie Tierquälerei statt Tierliebe zuzuordnen. Auch ist fraglich, ob sich Katzen, die ausschließlich in einer Wohnung gehalten werden, wirk-
35 lich wohlfühlen.

Hunde reagieren gestresst auf das Großstadtleben, der Lärm und die Vielzahl an Gerüchen überfordern sie. Mancher Hundebesitzer lässt den Hund beim Spaziergang im Wald von der Leine, und dieser folgt seinem Trieb und hetzt das Wild. Ist das Tierliebe?

Die Nutztierhaltung ergibt Sinn, weil Fleisch und Milch benötigt werden. Dennoch gilt inzwischen als unbe-
40 stritten, dass wir unseren Fleischkonsum reduzieren sollten, um die Umwelt zu schützen und Treibhausgase zu vermeiden. Zugleich nehmen die Beliebtheit von Heimtieren und die Hundehaltung in den westlichen Ländern zu. Das passt nicht zusammen. Die beste Form der Tierliebe ist daher mitunter, auf ein Haustier zu verzichten. Man kann ja auch den Nachbarhund streicheln oder ausführen.

GUDULA WALTERSKIRCHEN, DIE PRESSE, 8.1.2018

Übertragen Sie das folgende Schema auf ein Blatt Papier und achten Sie darauf, dass Sie genügend Platz für alle Aspekte Ihrer Analyse zur Verfügung haben.

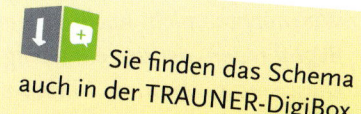 Sie finden das Schema auch in der TRAUNER-DigiBox.

Kategorie	Ergebnis der Analyse
1. Bibliografische Angaben: **Autor/in, Titel, Textsorte, Quelle**	
2. Thematik, Kernthese(n)	
3. Titelei	
4. Formale und inhaltliche Analyse: ■ Textaufbau ■ Inhalte ■ Argumentation(en)	
5. Sprachliche Gestaltung: ■ Stilebene(n) ■ Satzstrukturen ■ Wortwahl (Wortfelder, Wortarten) ■ rhetorische Stilmittel	
6. Intention (Was soll mit dem Text vermutlich erreicht werden?)	

Text 3

Verfassen Sie eine Textanalyse.

Lesen Sie die Glosse „‚Wortkunde': Gratiszeitung" von Karl Fluch, erschienen in der Tageszeitung „Der Standard" am 19. Februar 2017 (Textbeilage 1).

Verfassen Sie nun die **Textanalyse** und bearbeiten Sie dabei die folgenden Arbeitsaufträge:

- **Geben** Sie die zentrale(n) Aussage(n) der Glosse **wieder.**
- **Untersuchen** Sie den gedanklichen Aufbau der Glosse.
- **Analysieren** Sie die sprachliche Gestaltung und die stilistischen Besonderheiten der Glosse.
- **Erschließen** Sie mögliche Intentionen des Autors.

Schreiben Sie zwischen 405 und 495 Wörter. Markieren Sie Absätze mittels Leerzeilen.

Textbeilage 1

„WORTKUNDE": GRATISZEITUNG

Ob sie nur nichts kosten oder gar umsonst sind, darüber gehen die Meinungen auseinander

Wir möchten nicht hochnäsig erscheinen, aber wir müssen über einen Begriff reden, der uns ein wenig betrifft. Es geht um Gratiszeitungen. Diese sind sogenannte Mitbewerber. So sagt man heute, weil irgendwer
5 *das Wort Konkurrent als zu kriegstreiberisch empfand. Was sind Gratiszeitungen? Es sind Zeitungen, die nichts kosten. Österreich, das Land, hat mehrere solcher Hefte, viele davon sind Bezirks- oder Stadtzeitungen, mitunter verdiente Blätter.*

Die zwei bekanntesten heißen „Österreich" und „Heute". Neu sind beide nicht, und da ist nicht nur das
10 *gestrige „Heute" gemeint, sondern das Phänomen der Gratiszeitung als solches. 1906 soll das erste derartige Periodikum in Australien erschienen sein. Auch in Österreich, dem Land, sind derlei Blätter nicht neu. Aber früher gab es die Gratiszeitung nur am Wochenende, wohingegen „Österreich", die Zeitung, und „Heute" heutzutage immer gratis sind.*

Ob sie nur nichts kosten oder gar umsonst sind, darüber gehen die Meinungen auseinander. Gut, das
15 *korrekte Datum findet sich fast immer in diesen Blättern, und das ist nicht nichts, das muss man neidlos zugeben. Doch anerkennt man seriöse Information als Währung des Alltags, kommt man als Leserin oder Leser sehr schnell auf der Sollseite zu liegen. Immerhin, die Kinder erfreuen sich dieser Hefte. Kindern im Vorschulalter gelten sie als beliebtes Bastelmaterial, wohlfeil, schön bunt, das freut die Kleinen. Sobald sie lesen können, sollte man sie aber von diesen Periodika fernhalten. Doch das gelingt nicht immer, das zeigt*
20 *eine Studie.*

Österreich, das Land, ist unter den Gratiszeitungslesern Weltmeister. Das erklärt den Zustand des Landes, sind derlei Skandalisierungs- und Erregungsblätter doch nur in homöopathischen Dosen oder zum Zwecke der Satire als halbwegs unbedenklich einzustufen.

Sogar der Wald leidet. Unter heimischen Bäumen, das zeigt eine andere Studie, gilt es als schlimmster Alb-
25 *traum, als „Österreich" oder „Heute" wiedergeboren zu werden. Sogar Rindenmulch oder das Brett vorm Kopf genießen unter Fichten und Tannen höhere Sympathiewerte.*

KARL FLUCH, DERSTANDARD.AT, 19.2.2017

das Periodikum = in regelmäßigen Abständen erscheinende Zeitung oder Zeitschrift

Text 4

Verfassen Sie eine Textanalyse.

Lesen Sie die Glosse „Guten Appetit" von Andreas Schwarz, erschienen in der Tageszeitung „Kurier" am 7. April 2019 (Textbeilage 1).

Verfassen Sie nun die **Textanalyse** und bearbeiten Sie dabei die folgenden Arbeitsaufträge:

- **Geben** Sie die zentrale(n) Aussage(n) der Glosse **wieder**.
- **Untersuchen** Sie den gedanklichen Aufbau der Glosse.
- **Analysieren** Sie die Wortwahl, den Satzbau und die rhetorischen Mittel im Hinblick auf mögliche Wirkungsabsichten des Textes.
- **Erschließen** Sie mögliche Intentionen des Autors.

Schreiben Sie zwischen 405 und 495 Wörter. Markieren Sie Absätze mittels Leerzeilen.

Textbeilage 1

GUTEN APPETIT!

Kein Fleisch, keine Avocado, Zucker ist sowieso das neue Rauchen – kann Essen, bitte, auch Freude machen?

Kürzlich lasen wir mit Schreck eine Studie, wonach jeder fünfte Todesfall auf falsche Ernährung zurückzuführen ist (ob richtige Ernährung für die
5 anderen vier verantwortlich ist, wurde nicht erhoben): Transfette, zu viel Salz, zu wenig Gemüse …

Nicht neu? Eh nicht in Zeiten, da jede Woche eine andere Wirwissenwasduessenmusst-Sau durchs Dorf getrieben wird: Fleisch ist pfui, Produktion und Verzehr bringen die Welt um; Avocado ist gesund, braucht aber Wasser und bringt die Welt um; vegan wird gehypt und bringt Menschen schneller um, weil es ihnen an viel
10 mangelt (dagegen hilft auch veganes Beuschel nicht, ja, das gibt's!); Zucker ist grad mega-pfui, quasi das neue Rauchen!

Was essen wir dann heute? Vorschlag: Was jeder mag, frei nach dem Motto Speisekarte statt Speisestudie. Vielleicht ein saftig-knuspriges Sonntagsbraterl mit Knödel und Salat und einen g'staubten Apfelstrudel hernach? Guten Appetit zu wünschen! Ohne schlechtes Gewissen.

ANDREAS SCHWARZ, KURIER, 7.4.2019

Text 5

Verfassen Sie eine Textanalyse.

Lesen Sie den Kommentar „Plädoyer für mehr Höflichkeit" von Ariadne von Schirach, erschienen im Magazin „Der Pragmaticus" am 4. Juli 2022 (Textbeilage 1).

Verfassen Sie nun die **Textanalyse** und bearbeiten Sie dabei die folgenden Arbeitsaufträge:

- **Geben** Sie die Kontexte **wieder,** anhand derer der Begriff „Höflichkeit" thematisiert wird.
- **Analysieren** Sie die Wortwahl, den Satzbau und die rhetorischen Mittel im Hinblick auf mögliche Wirkungsabsichten des Textes.
- **Erschließen** Sie mögliche Intentionen der Autorin.

Schreiben Sie zwischen 540 und 660 Wörter. Markieren Sie Absätze mittels Leerzeilen.

Textbeilage 1

PLÄDOYER FÜR MEHR HÖFLICHKEIT

Die Schatten der vielen Krisen – von Krieg bis Klimawandel – führen zu einer Verrohung im Alltag. Besonders deutlich wird das im Umgang der Menschen miteinander in sozialen Medien und per E-Mail. Höflichkeit schützt uns voreinander und vor uns selbst.

5 *Der Krieg dauert. Viel länger, als ich gedacht habe, entsetzlich lange. Und zugleich stumpft man ab, die Problemchen des frühen Sommers belegen einen mit Beschlag – darf man Sprühsonnencreme nehmen, geht die alte Fliegersonnenbrille noch?*

Ich leide an diesen Widersprüchen. Ich schäme mich, wenn ich daran denke, dass gerade so viele Menschen fliehen müssen, hungern, ertrinken, während ich mir über den richtigen Sonnenhut Gedanken mache. Wobei: In diesem Jahr habe ich mich für ein fesches Cap entschieden, falls es jemanden interessiert.

10 *Ich leide an der Scham, aber ich bin ihrer auch überdrüssig, und langsam beschleicht mich der Gedanke, dass sie falsch ist. Wollen nicht alle Menschen über solche süßen Nichtigkeiten nachdenken, wollen wir nicht alle mit unseren Lieben in der Sonne sitzen, Eis schlecken und über unsere Familie reden, über ein gutes Buch oder eine schlechte Serie, über unsere Vorsätze, unser Scheitern, unsere Sommerfrisur?*

Die verdammte Barbarei schmerzt

15 *Das Schwererträgliche ist ja nicht, dass wir wenigen das können – sondern dass so viele von uns es nicht können. Dafür, dass sich das ändert, gilt es zu kämpfen, das sind der Frieden und die Gerechtigkeit, deren Mangel hineinschmerzt in meine privilegierten Sommertage. Und die verdammte Barbarei. Die schmerzt auch. Als wäre alles immer roher geworden, gröber, als würden alle guten Geister uns verlassen: die Höflichkeit, der Anstand, das Zartgefühl.*

20 *Der Krieg ist ja stets der Endpunkt solcher Entwicklungen; in ihm zeigt die Menschheit ihre hässlichste Fratze – eine, die es einem manchmal schwer macht, kleinen Kindern in Sommerkleidern zuzulächeln, weil die ja auch erwachsen werden. Sie werden Menschen wie wir – solche, die zu so etwas fähig sind, wobei unsere Kriege in Deutschland und Österreich schon etwas zurückliegen, aber allzu lange eben nicht.*

Verlieren wir in der digitalen Welt die Fasson?

25 *An diese Dinge denke ich, während mein ganz normales Leben ganz normal weitergeht. Noch, denke ich, noch. Denn der Ausnahmezustand wird lauter, dringlicher. Ich traue mich schon gar nicht mehr, an das Klima zu denken, nur an den brennenden Amazonas denke ich ab und zu, und dann möchte ich weinen.*

30 Aber, wie gesagt: Das Leben geht ja einfach weiter, die E-Mails, die Arbeit, das Internet, aber auch dort finden sich natürlich die Schatten der Krisen unserer Tage und – das ist mir schon länger aufgefallen – der Verrohung. Ich finde, die Leute werden online immer gröber.

Ist Ihnen das auch aufgefallen? Macht uns das Internet unhöflich, oder machen wir das Internet unhöflich? Ist das nur eine Reaktion auf eine Welt, die aus den Fugen geraten ist, oder tragen die Anonymität, aber auch die inhärente Beschleunigung des Digitalen dazu bei, dass wir vollends die Fasson verlieren?

35 Denn, lassen Sie mich darauf zurückkommen: Wenn es letztlich wirklich darum geht, dass es sich dafür zu kämpfen lohnt, dass wir alle mit lieben Menschen, mit alten und jungen, mit Kleinfamilienversuchern und Nichtbinären und solchen, die auf der Suche sind, an einem Sommertag an einem Tisch sitzen und miteinander plaudern können, über Nichtiges und Gewichtiges, dann sind liebenswürdige Umgangsformen und existenzielles Taktgefühl unverzichtbar. Sie sind auch sonst unverzichtbar, weil wir Menschen alle komische Gesellen sind, empfindlich und „aus krummem Holz geschnitzt", wie Immanuel Kant notierte.

40 Die Höflichkeit schützt uns – vor uns selbst und voreinander, weil der Mensch ein Wesen ist, das sich nicht sich selbst überlassen darf. In jedem von uns ist das Ganze – Güte und Gier, Großmut und Geiz, und wer sich keine Regeln gibt, lässt oft genug die dunklen Kräfte gewinnen.

Das lässt sich auch im Internet beobachten. Ich meine jetzt nicht nur die Shitstorms, die uns heimsuchen wie biblische Plagen, noch die irren Paralleluniversen der coronaleugnenden Neonazis und Putinversteher, 45 sondern auch die ganz normale Kommunikation, der wir alle ausgesetzt sind.

Schweigen ist effizient, aber unhöflich
Vor ein paar Jahren ist mir aufgefallen, dass es vor allem in der beruflichen Kommunikation eine Art Paradigmenwechsel gegeben hat, den ich mir so vorstelle: Okay, wir werden diese Emojis nicht mehr los, und wir erlauben auch in Business-E-Mails ab und zu einen Smiley, dafür verzichten wir aber fortan bei allen 50 E-Mails auf die letzte Schleife, also auf Dank und Bestätigung.

Lassen Sie mich das an zwei Beispielen konkretisieren: Ich bestätige meinem Gegenüber einen Terminvorschlag. Früher: Danke, freu mich, bis dann. Heute: Schweigen, Termin steht aber. Oder: Ich schicke etwas an jemanden. Früher: Danke, ist angekommen. Heute: Schweigen, wurde aber empfangen.

Dieses Schweigen ist ungemein effizient, es reduziert die E-Mail-Flut, an der wir alle leiden, aber es ist 55 nicht höflich, im Gegenteil. Am Anderen zu sparen heißt, Beziehungen auf ihren Nutzen zu reduzieren. Und wenn man immer weiter spart, schreibt man irgendwann nur noch LG oder HG, die Kürzel von „liebe Grüße" oder „herzliche Grüße", was so ungefähr das Liebloseste ist, was ich mir am Ende einer E-Mail vorstellen kann.

Zeit für herzliche Grüße
60 Überhaupt das Ende. Auch hier werden Beziehungen empfunden, und auch hier lohnt es sich, über eine rücksichtsvollere Welt nachzudenken. Man denke nur an die Unsitte der changierenden Abrede. Manchmal sitze ich vor einem hingeworfenen „viele Grüße" und grüble, was aus dem „herzlich" der letzten E-Mail wurde – und ob das etwas mit mir zu tun hat. Hat es wahrscheinlich nicht – aber man kann nie wissen.

Um diesen immer auch bedrückenden Ungewissheiten vorzubeugen, habe ich selbst irgendwann beschlos-65 sen, im beruflichen Kontext einfach immer „herzliche Grüße" zu schreiben. Was das Zeit spart, mir selbst und meinem Gegenüber. Und gerade in Zeiten wie diesen, in denen wir alle darum kämpfen müssen, an den Menschen zu glauben, an uns zu glauben, sind solche kleinen Akte gegenseitiger Anteilnahme wertvoller, als es auf den ersten Blick scheinen mag. Denn die Welt, von der wir träumen, ist eine höfliche Welt.

Die Menschen, die so etwas dringend brauchen, sind nicht nur die am anderen Ende der Welt – sondern 70 auch die am anderen Bildschirm.

Ariadne von Schirach, Der Pragmaticus, 4.7.2022

Selbstevaluation

Schätzen Sie sich selbst ein und beurteilen Sie Ihr eigenes Können. Nehmen Sie dazu Ihren selbst verfassten Text zur Hand und analysieren Sie ihn.

Name: _____	1	2	3	4	5
TEXTANALYSE					
Schreibhandlungen im Sinne der Textsorte und der Angabe umgesetzt					
Wortanzahl erreicht					
alle Arbeitsaufträge erfüllt:					
■ Arbeitsauftrag 1:					
■ Arbeitsauftrag 2:					
■ Arbeitsauftrag 3:					
■ Arbeitsauftrag 4:					
sprachliche/stilistische und inhaltliche Analyse am Text belegt					
sachliche Darstellungen frei von Interpretationen					
Textbeilage korrekt zitiert					
Textstruktur					
■ Einleitung (bibliografische Angaben, Thema) ■ Hauptteil ■ Schluss (Zusammenfassung der Analyse und Darstellung möglicher Intentionen der Autorin/des Autors)					
Gliederung					
Kohärenz (Verknüpfungsmittel, frei von Gedankensprüngen)					
Stil und Ausdruck					
Wortwahl (sachlich, präzise, Verwendung von Fachausdrücken)					
Satzstruktur (Abwechslung, komplex)					
Zitate passend in den Fließtext eingebaut					
Sprachrichtigkeit					
Rechtschreibung					
Grammatik					
Zeichensetzung					

Gesamtbeurteilung	

1 = weit über das Wesentliche hinausgehend erfüllt
2 = über das Wesentliche hinausgehend erfüllt
3 = das Wesentliche zur Gänze erfüllt

4 = das Wesentliche überwiegend erfüllt
5 = das Wesentliche nicht erfüllt

Textinterpretation

Die Textinterpretation ist die Deutung eines literarischen Textes auf der Grundlage der Untersuchung von Textmerkmalen.

Texteigenschaften und Wirkungen, insbesondere Zusammenhänge zwischen formalen, sprachlichen und inhaltlichen Aspekten, die zu einem möglichst umfassenden Textverständnis führen, werden erklärt. Die Textinterpretation bedient sich der Mittel der Textanalyse, um auf dieser Basis interpretativ den Text zu erschließen.

BMWF: Textsortenkatalog zur SRDP in der Unterrichtssprache

Textinterpretation

Verfassen Sie eine Textinterpretation.

Lesen Sie Jakob van Hoddis' Gedicht „Morgens" aus dem Jahr 1914 (Textbeilage 1). Verfassen Sie nun die **Textinterpretation** und bearbeiten Sie dabei die folgenden Arbeitsaufträge:

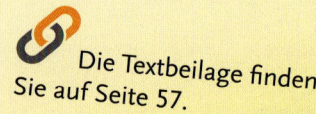

Die Textbeilage finden Sie auf Seite 57.

- **Beschreiben** Sie die Situation, die im Gedicht dargestellt wird.
- **Analysieren** Sie die inhaltliche Gliederung sowie die formale und sprachliche Gestaltung des Gedichts.
- **Deuten** Sie das Gedicht im Hinblick auf das Verhältnis von Mensch, Natur und Stadt.
- **Beurteilen** Sie die Aktualität des Gedichts.

Schreiben Sie zwischen 540 und 660 Wörter. Markieren Sie Absätze mittels Leerzeilen.

Textinterpretation: Morgens (Jakob van Hoddis)

„Morgens" von Jakob van Hoddis ist ein Gedicht, das 1914 verfasst worden ist, der Epoche des Expressionismus zuzurechnen ist und das gewöhnliche Treiben in einer Großstadt während der Morgendämmerung beschreibt.

Ein lyrisches Ich beobachtet von einem erhöhten Aussichtspunkt das Erwachen einer Großstadt. Der inhaltliche Aufbau umfasst drei Teile: Im ersten Teil (V. 1–9) wird eine Stadt beschrieben, die gerade von den ersten Sonnen-
5 strahlen des Tages getroffen wird, und eine Morgendämmerung, welche den graublauen Himmel in helle rote Farbe taucht. Im mittleren Teil (V. 10–13) herrscht in der Stadt müdes Treiben und auf den Straßen sind nur Frauen zu sehen, die sich auf dem Weg zur Arbeit befinden. Gegen Ende des Gedichts (V. 14–18) wandert der Blick über die Grenzen der Stadt hinaus und es wird die Schönheit der wilden, ungezähmten Natur beschrieben.

Das Gedicht besteht aus einer einzelnen Strophe mit 18 Versen. Auffallend ist, dass neben vielen ungereimten
10 Versen auch mehrere Reimpaare wie „Züge – Engelpflüge" (V. 5/6), „Strom – Dom" (V. 8/9) und „gehn – wehn" (V. 10/11) zu finden sind. Eine Besonderheit ist der gezielte Einsatz von Adjektiven. Mit „rußig", „bleich", „schmutzig", „verdrossen", „verwittert" und „mürrisch" wird das Bild einer kalten und trostlosen Großstadt vermittelt. Die Adjektive „stark", „zärtlich" und „wild" hingegen werden verwendet, um die Natur im Kontrast zur Stadt zu charakterisieren. Der antithetische Charakter des Gedichts ist in mehrfacher Hinsicht erkennbar: Nacht
15 versus beginnender Tag, Frau versus Mann, Technik versus Mensch.

Unterschiedliche rhetorische Mittel werden in diesem Gedicht gezielt eingesetzt, um zumeist die schon erwähnten Antithesen zu intensivieren. Das Erwachen der Stadt beginnt mit der Personifikation „Ein starker Wind sprang empor" (V. 1). Mit ihr wird die beginnende Lebendigkeit der Natur, die etwas Leichtes und Beschwingtes an sich hat, verstärkt. Im Gegensatz dazu vermitteln am schmutzigen Strom „erwachende Dampfer und Kräne"
20 (V. 8) oder „verdrossen klopfende Glocken" (V. 9) eine negative Grundstimmung und eine mechanische Schwere. Diesen schwerfälligen Eindruck verstärken auch die beiden im Gedicht vorkommenden Alliterationen „mürrischem Mühen" (V. 13) und auf „Dämmen donnernde Züge" (V. 5).
Die Metapher „des eisernen Himmels blutende Tore" (V. 2) beschreibt die Morgenröte am Himmel. Sie verbindet einerseits die Kälte des Morgens mit jener des erkalteten Eisens. Kontrastiert wird diese Kälte mit den
25 glühend heißen Sonnenstrahlen, die auf glühend heiß geschmolzenes Eisen verweisen.
Mit der Metapher „Durch Wolken pflügen goldne Engelpflüge" (V. 6) werden die ersten Sonnenstrahlen, die sich ihren Weg durch den Himmel bahnen, verbildlicht. Das Pflügen steht hier ebenso für den Morgen, das Feld des Tages wird vorbereitet, das Leben kann beginnen, Großes, Heiliges kann oder könnte sich ereignen. Doch im Kontrast dazu erscheint die Morgensonne auch rußig, verdunkelt durch von Fabriksschloten ausgestoßenen Ruß
30 und Dreck.
Die Stadt wirkt mit dem Aufgehen der Sonne als Ort der Ruhelosigkeit und des mechanischen Treibens. Die Männer sind nicht greifbar und vielleicht im Krieg, denn im Gedicht kommen nur Frauen vor, die sich träge durch die Stadt zu ihrer Arbeit bewegen und diese mürrisch verrichten. Die Wildheit der Nacht, die beim Tanzen wehenden Röcke erinnern an die Wildheit und Ungezähmtheit der Natur – gehören aber der Vergangenheit an, da die Frauen
35 gezwungen sind, der Erwerbsarbeit in Fabriken nachzugehen. Die Frau erscheint dem lyrischen Ich dadurch nicht

mehr weiblich, nicht mehr wild, sondern farblos und grau. Den Gegensatz dazu bildet die Natur – die als unbeeindruckt vom mechanischen Treiben der Großstadt wild und zugleich zärtlich wahrgenommen wird. Der Mensch der Großstadt wird dargestellt, als hätte er sich weit von der Natur entfernt.

40 Der Inhalt des Gedichts ist nach wie vor aktuell. Zum einen muss sich der Mensch ständig an die Neuerungen der Technik und an veränderte Lebensumstände anpassen, was er oft nur unter Murren und großer Abwehr tut. Zum anderen sind manche Frauen damals wie heute in mehreren Rollen gefordert. Sie müssen für den familiären Lebensunterhalt sorgen, unter erschwerten Bedingungen die Kinder erziehen und sollen zudem den erotischen Fantasien der Männer entsprechen. Wohin die Männer, die bei den alltäglichen Tätigkeiten unterstützen sollen, verschwunden sind, ist manchmal ebenso unklar wie in diesem Gedicht.

(659 Wörter)

Textinterpretation

WERKZEUG

Unter der **Interpretation** eines Textes versteht man die detaillierte Erklärung und Einordnung des Textes, um seine Botschaft, die nicht immer klar auf der Hand liegt, entschlüsseln zu können. Diese Botschaft kann zu unterschiedlichen Zeiten und aus unterschiedlichen Perspektiven jeweils eine andere sein. Wesentlich ist, dass die Deutungen plausibel, argumentierbar und am Text belegbar sind.

⚠ Bei der SRDP sind für die Textinterpretation literarische Textbeilagen und für die Textanalyse Sachtexte zu bearbeiten.

Teile der Textinterpretation und inhaltliche Kriterien

Einleitung
Der/Die Autor/in, die Textsorte, der Titel des Werks, die Entstehungszeit und das Thema werden in der Einleitung genannt und der Inhalt kann kurz zusammengefasst werden. Je nach Aufgabenstellung können auch biografische Angaben oder die Darstellung jener Inhalte, die der Textstelle vorausgehen bzw. dieser folgen, erforderlich sein.

Hauptteil
- Die **Analyse** und die **Interpretation** eines literarischen Textes müssen stets Hand in Hand gehen, weil die Aussage eines geschriebenen Textes nur über den Inhalt, die Sprache und die Form ermittelt werden kann.
- Wie bei allen anderen Textsorten auch liegt das Augenmerk in erster Linie auf den **Arbeitsaufträgen.** Einer dieser Arbeitsaufträge wird von Ihnen eine Analyse der Form und der Sprache der Textbeilage verlangen.
- Die stilistischen Mittel (Metapher, Alliteration etc.), Motive, die Wortwahl und formale Besonderheiten (je nach Textsorte unterschiedlich) sind von dem/der Autor/in bewusst eingesetzt und haben eine Bedeutung, die einer **Entschlüsselung** bedarf. Das Ergebnis dieser Analyse muss mit dem Inhalt in Beziehung gesetzt werden, weil dadurch entschlüsselt werden kann, was im Text **„zwischen den Zeilen"** steht.
- Neben der Entschlüsselung der Aussagen eines Textes ist seine (mögliche) **Wirkung** auf die Rezipientin/den Rezipienten ein zentraler Aspekt jeder Interpretation. Diese subjektiven Leseeindrücke werden in der Interpretation angeführt und mithilfe von nachvollziehbaren Analysen **am Text belegt.** Eine solche Vorgangsweise ermöglicht ein nachvollziehbares Interpretationsergebnis und kann es der Interpretin/dem Interpreten erlauben, einen eigenen „umfassenden" Gesamteindruck vom Text zu formulieren.
- Weitere Wegweiser zur Entschlüsselung der Aussage bzw. Botschaft eines literarischen Textes können historische und literaturgeschichtliche Informationen, biografische Details aus dem Leben einer Autorin/eines Autors sowie deren/dessen Lebenswelt bzw. gesellschaftlicher Realität sein, in der sie/er gelebt hat, während der Text geschrieben wurde. Bei der SRDP finden Sie Hinweise dazu meist in der Infobox unter der Textbeilage. Mithilfe dieser Hinweise können Sie Ihr **historisches und literaturgeschichtliches Wissen** aktivieren und es in Ihre Interpretation einbeziehen.

Schluss
Sollte sich kein Arbeitsauftrag für die Gestaltung des Schlusses eignen, fassen Sie Ihre Interpretationsergebnisse knapp zusammen.

Formale und sprachliche Kriterien

Gliederung	Einleitung, Hauptteil und Schluss werden durch Absätze voneinander getrennt. Auch innerhalb des Hauptteiles wird bei der Darstellung jedes neuen Gedankenganges ein Absatz gemacht.
Zeit	Verwendung der Gegenwartsstufe (Präsens, Perfekt etc.)
Sprache und Stil	▪ sachlich, knapp, prägnant ▪ Einsatz von Fachwortschatz ▪ informierend, vergleichend, wertend
Schreibhandlungen	zusammenfassen, beschreiben, argumentieren, kommentieren, analysieren, interpretieren
Umfang bei der SRDP	540–660 Wörter

Formulierungshilfen

Analyse von Inhalt und Aufbau
▪ Die Erzählung/Kurzgeschichte ... thematisiert ...
▪ Die Autorin/Der Autor setzt sich mit der Frage/dem Problem ... auseinander, ob ...
▪ Die Autorin/Der Autor kritisiert/zeigt sich befremdet darüber, dass ...
▪ In diesem Zusammenhang geht die Autorin/der Autor auf folgende Sachverhalte ein: ...
▪ Diese Textstelle belegt/veranschaulicht, dass ...

Analyse der sprachlichen Gestaltung
▪ Die Erzählung/Das Gedicht etc. ist sprachlich anspruchsvoll/leicht verständlich/betont einfach gehalten. (Textbeleg anführen)
▪ Die Ausdrucksweise ist insgesamt sachlich/emotional/ironisch ...
▪ Die Gedanken werden in Form von umfangreichen Hypotaxen/Parataxen entwickelt. Das bewirkt ...
▪ Häufig wird auf rhetorische Figuren wie ... zurückgegriffen, was ... bewirkt/verstärkt/deutlich macht, dass ...
▪ Auffällig ist die Verwendung von Begriffen aus dem Wortfeld ..., was ... unterstreicht.
▪ Die Autorin/Der Autor verwendet häufig ... (Stilmittel nennen und Textbeleg anführen). Dies wirkt ... /erweckt den Eindruck, dass ...

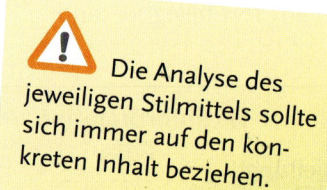

Die Analyse des jeweiligen Stilmittels sollte sich immer auf den konkreten Inhalt beziehen.

Interpretation und Aufzeigen der Wirkung
▪ Ein Beleg für diese Deutung ist z. B. in Zeile XY zu finden, ...
▪ Dies lässt sich als ... deuten/interpretieren.
▪ In der Textstelle ... wird deutlich, dass ...
▪ Daraus lässt sich ableiten, dass ...
▪ Dies deutet darauf hin, dass ...
▪ Die Wortwahl/Der Hinweis ... in Zeile XY stützt diese Deutung. Dort heißt es nämlich ...
▪ Eine formale Besonderheit, die in diesem Gedicht etc. auffällt, ist ... Diese korrespondiert auf der inhaltlichen Ebene mit ...
▪ ... (Stilmittel nennen) dient der Verstärkung von ...
▪ ... (Stilmittel nennen) veranschaulicht ...
▪ ... (Stilmittel nennen) lässt das Bild entstehen, dass ...
▪ Die Aussage wird durch ... (Stilmittel nennen) gestützt.
▪ Diese inhaltliche Wende spiegelt sich in ... (Stilmittel nennen) wider.
▪ ... (Stilmittel nennen) macht deutlich, dass ...
▪ Die Aussage ... wird durch ... untermauert/abgeschwächt.
▪ Die Verben/Adjektive enthalten eine negative/positive Wertung.
▪ In dieser Szene veranschaulicht die wiederholte Verwendung von ..., dass ...
▪ Zur Betonung ihrer/seiner Aussage verwendet sie/er folgende Stilmittel:

Schritte zur Textinterpretation im Detail

Schritt ❶: Erarbeitung der Textbeilage – LESEN

- Am Beginn steht das Lesen der Textbeilage und der Aufgabenstellung, am besten in Form eines orientierenden, überfliegenden Lesens.
- Im nächsten Schritt ist genaues Lesen erforderlich:
  - ▸ Klären Sie den schwierigen Wortschatz.
  - ▸ Markieren Sie Inhalte, die sich auf einzelne Arbeitsaufträge beziehen (jeder Arbeitsauftrag bekommt eine Farbe zugeordnet).

> 💡 **Tipp/SRDP:** Klären Sie ab, ob Thema und Aufgabenstellung beider Aufgaben des jeweiligen Themenpakets für Sie bewältigbar sind – eine eventuelle Umentscheidung auf ein anderes Themenpaket ist hier noch möglich.

Verfassen Sie eine Textinterpretation.

Lesen Sie Jakob van Hoddis' Gedicht „Morgens" aus dem Jahr 1914 (Textbeilage 1).

Verfassen Sie nun die **Textinterpretation** und bearbeiten Sie dabei die folgenden Arbeitsaufträge:

- ■ **Beschreiben** Sie die Situation, die im Gedicht dargestellt wird.
- ■ **Analysieren** Sie die inhaltliche Gliederung sowie die formale und sprachliche Gestaltung des Gedichts.
- ■ **Deuten** Sie das Gedicht im Hinblick auf das Verhältnis von Mensch, Natur und Stadt.
- ■ **Beurteilen** Sie die Aktualität des Gedichts.

Schreiben Sie zwischen 540 und 660 Wörter. Markieren Sie Absätze mittels Leerzeilen.

Textbeilage 1

Jakob van Hoddis
MORGENS (1914)

Ein starker Wind sprang empor.
Öffnet des eisernen Himmels blutende Tore.
Schlägt an die Türme.
Hellklingend laut geschmeidig über die eherne Ebene der Stadt.
5 Die Morgensonne rußig. Auf Dämmen donnern Züge.
Durch Wolken pflügen goldne Engelpflüge.
Starker Wind über der bleichen Stadt.
Dampfer und Kräne erwachen am schmutzig fließenden Strom.
Verdrossen klopfen die Glocken am verwitterten Dom.
10 Viele Weiber siehst du und Mädchen zur Arbeit gehn.
Im bleichen Licht. Wild von der Nacht. Ihre Röcke wehn.
Glieder zur Liebe geschaffen.
Hin zur Maschine und mürrischem Mühn.
Sieh in das zärtliche Licht.
15 In der Bäume zärtliches Grün.
Horch! Die Spatzen schrein.
Und draußen auf wilderen Feldern
singen Lerchen.

Jakob van Hoddis,
deutscher Dichter (1887–1942)

> **das Weib** = veralteter, nicht negativ konnotierter Begriff für „Frau"

IN: CONRADY: DAS BUCH DER GEDICHTE VON DEN ANFÄNGEN BIS ZUR GEGENWART. CORNELSEN

Schritt ❷: Erarbeitung der Textbeilage – ANALYSIEREN

- Übertragen Sie das folgende Schema zur weiteren Verwendung. Sollten Sie nicht mit einem Textverarbeitungs-programm, sondern mit Papier und Stift arbeiten, achten Sie darauf, dass Sie für die einzelnen Analysekategorien ausreichend Platz lassen.
- Kennzeichnen Sie in diesem Schema jene Analyseaspekte, auf die Sie laut den Arbeitsaufträgen das Hauptaugen-merk zu legen haben.
- Analysieren Sie die Textbeilage und füllen Sie den Analysebogen stichwortartig und vollständig aus. Je mehr Er-kenntnisse Sie über einen Text gewinnen, desto leichter wird Ihnen das Interpretieren fallen.
- Vergessen Sie nicht, Beispiele für Ihre Befunde aus der Textbeilage zu notieren.
- Überprüfen Sie, ob in den Arbeitsaufträgen weitere Analyseaspekte, die nicht durch den Raster abgedeckt werden, gefordert sind. Wenn ja, erar-beiten Sie diese.
- Zudem können Sie weitere inhaltliche und/oder formale Aspekte des Ge-dichts zur Sprache bringen, auch wenn dies in den Arbeitsaufträgen nicht gefordert ist. Achten Sie jedoch darauf, die vorgegebenen Arbeitsaufträge dadurch nicht zu vernachlässigen.

> Schemata für lyrische, epische und dramatische Texte finden Sie im Anhang und in der TRAUNER-DigiBox.

ANALYSE- UND INTERPRETATIONSBOGEN: LYRISCHE TEXTE		
	ANALYSEERGEBNIS	BOTSCHAFT/WIRKUNG
Inhaltliche Aspekte		
Thema/Motiv		
Inhalt		
inhaltliche/gedankliche Gliederung		
Bezug Titel – Gedicht		
Situation des lyrischen Ich		
Zeit und Ort		
Formale Aspekte		
Strophen/Verse		
Versfuß/Versmaß		
Reim(-schema)		
Kadenzen		
Gedichtform		
Sprachliche Aspekte		
Satz-/Versbau		
Stilmittel/Sprachbilder (und deren Bedeutung)		
Wortwahl		
Weitere geforderte Aspekte		

Schritt ❸: Schreiben – EINLEITUNG

- In der Einleitung werden angeführt: Autor/in, Titel, Textsorte, Entstehungsjahr und Thematik des Textes.
- Der Inhalt kann kurz zusammengefasst werden.
- Je nach Aufgabenstellung können auch biografische Angaben oder die Darstellung jener Inhalte, die der Textstelle vorausgehen bzw. dieser folgen, erforderlich sein.

 Arbeitsaufgabe „Einleitung"

- Lesen Sie die Einleitung des BEISPIEL-Textes (S. 54). Verfassen Sie nun eine andere Variante einer Einleitung.

Schritt ❹: Analysieren und Schreiben – HAUPTTEIL und SCHLUSS

Oft lassen sich die Arbeitsaufträge der Reihe nach erarbeiten. Grundsätzlich bleibt es aber Ihnen überlassen, das, was Sie ausdrücken wollen, frei zu arrangieren. Immer wieder können die Arbeitsaufträge auch gleichzeitig ausgeführt werden.

 Analyseaufgaben „Hauptteil"

1. Markieren Sie im Hauptteil des BEISPIEL-Textes (S. 54) die Realisierung der Arbeitsaufträge mit unterschiedlichen Farben.
2. Stellen Sie fest, in welcher Reihenfolge die Arbeitsaufträge im BEISPIEL-Text erarbeitet wurden.
3. Analysieren Sie, mit welchen (sprachlichen bzw. inhaltlichen) Mitteln Zusammenhänge zwischen den Absätzen hergestellt werden.

Überprüfen Sie, ob sich ein Arbeitsauftrag für die Gestaltung des Schlusses Ihrer Textinterpretation anbietet. Sollte dies nicht der Fall sein, müssen Sie alle Arbeitsaufträge im Hauptteil bearbeiten. Im Schluss stellen Sie in diesem Fall Ihre Erkenntnisse zusammenfassend dar.

 Analyseaufgabe „Schluss"

- Stellen Sie fest, welche Art von Schluss im BEISPIEL-Text vorliegt.

 Arbeitsaufgabe „Hauptteil und Schluss"

- Verfassen Sie nun den Hauptteil mit Ihren Analyse- und Interpretationsergebnissen aus Schritt ❷ sowie den Schluss Ihrer Textinterpretation und stellen Sie die schon verfasste Einleitung voran.

Schritt ❺: Schreiben – BEWERTEN und ÜBERARBEITEN

Abschließend ist es wichtig, die Qualität Ihrer Textinterpretation anhand der folgenden Kriterien und jener aus Schritt ❷ zu überprüfen.

- Sind die typischen Kriterien der Textsorte eingehalten?
- Sind alle Arbeitsaufträge umfassend erarbeitet?
- Sind die einzelnen Absätze in sich zusammenhängend?
- Sind die einzelnen Absätze inhaltlich und auch sprachlich (Verweiswörter, Konnektoren etc.) miteinander verknüpft?
- Ist die vorgegebene Wortanzahl eingehalten?
- Ist die Textinterpretation frei von orthografischen und grammatikalischen Fehlern?

> 💡 Werden die Arbeitsaufträge nur der Reihe nach abgearbeitet und die Inhalte nicht miteinander verknüpft, ist kein roter Faden gegeben.

Arbeitsaufgabe „Bewerten und überarbeiten"

■ Überprüfen Sie die Qualität Ihrer Textinterpretation anhand der oben genannten Kriterien und jener aus dem Raster von Schritt ❷ und bearbeiten Sie Ihre Textinterpretation anschließend auf Basis Ihres Befundes.

Arbeitsaufgaben „Textinterpretation"

Text 1

Verfassen Sie eine Textinterpretation.

Lesen Sie die Parabel „Auf dem Balkon" (1936) von Alfred Polgar (Textbeilage 1).
Verfassen Sie nun die **Textinterpretation** und bearbeiten Sie dabei die folgenden Arbeitsaufträge:

■ **Geben** Sie den Inhalt der Parabel **wieder.**
■ **Analysieren** Sie den Aufbau, die Erzählperspektive und die sprachliche Gestaltung.
■ **Deuten** Sie, wofür der Balkon und die Festgesellschaft stehen könnten.
■ **Beurteilen** Sie die Aktualität der Aussage der Parabel. Berücksichtigen Sie dabei insbesondere die Reaktion der Festgäste auf das Zugunglück.

Schreiben Sie zwischen 540 und 660 Wörter. Markieren Sie Absätze mittels Leerzeilen.

Textbeilage 1

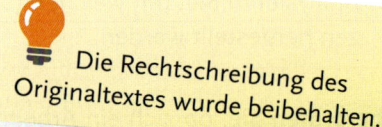
Die Rechtschreibung des Originaltextes wurde beibehalten.

Alfred Polgar
AUF DEM BALKON (1936)

Auf dem Balkon des hoch überm See gelegenen friedevollen Häuschens, dessen Fenster die Sommer-Abendsonne spiegelten (wie in ruhigen Atemzügen entließ der Schornstein Rauch), tranken gute Menschen guten Wein. Es war eine Gesellschaft von geistig anspruchsvollen Leuten, bewandert in den Vergnügungen des Denkens, gewohnt, hinter die Dinge zu sehen, nicht nur aus dem Glauben, sondern
5 auch aus dem Zweifel Süßes zu schmecken und an der Wirklichkeit die Unwirklichkeit, die in ihr steckt, mit wahrzunehmen. Die auf dem Balkon waren nicht taub für den Jammer der Welt, und wenn ihr Herz auch zuweilen, müde des Gefühls, in harten Schlaf sank – die Natur fordert ihre Rechte, sagt man in solchem Fall –, so war es doch ein Schlaf, der sich mit qualifizierten Träumen ausweisen konnte, Träumen von Gutsein oder zumindest von Gutseinwollen.
10 Die Aussicht vom Balkon war zauberisch schön, besonders für den Hausherrn, der ein reicher Mann war, vor gemeinen Nöten sicher, soweit das die aus allen Fugen geratene Wirtschaft der aus allen Fugen geratenen Zeit zuließ. Er sah über den kleinen europäischen See hinüber bis nach Südafrika, wo ihm in blühenden Kupferminen die Dividende reifte.
Die Sonne war von dem Häuschen weggeglitten, sie färbte nur noch die westlichen Gipfel, und lang-
15 sam überschleierte das durchlässige Dunkel der Julinacht Tal und Berg. Man machte Licht. Gewiß wären die Falter hineingeflogen und verbrannt, wenn es nicht Licht von Glühbirnen gewesen wäre, die so poetischen Faltertod nicht ermöglichen. Das enttäuschte Kleingetier wurde lästig. „Die Natur hat leider ihre Mucken und Mücken", sagte jemand. Aber das verdarb den anderen die gute Laune nicht.
Unten kroch das Bähnlein aus der Erdhöhle. Putzig und lieblich war das. Der Dame fiel nichts dazu
20 ein, sie guckte mit stummer Frage den Schriftsteller an, der leicht und ein wenig beschämt die Achseln hob und wieder fallen ließ. Es kam jetzt von der entgegengesetzten Seite her auch ein Eisenbahnzug, in weiten Kehren bergabwärts. Er sah aus wie eine Schlange, hell punktiert, mit feuerroter Schwanzspitze. Man sprach von Greueltaten, im Nachbarland an Schuldlosen verübt, und von der Grausamkeit der Menschen, die machten, daß solches geschah. Man sprach nicht von der schauerlichen Seelenruhe
25 der andern anderswo, die es, ungestörten Schlafs und ungestörter Verdauung, geschehen ließen.
Tief unten, am andern Ufer des Sees, ringelte sich (ein gliederreiches Würmchen, jetzt Glühwürmchen)

der Eisenbahnzug die vorgezogene Spur entlang. Aus der weiten Schau betrachtet, kam er äußerst langsam vorwärts trotz seiner hundert Kilometer Geschwindigkeit.

Die Dame in der Gesellschaft fand, er sähe aus wie ein Spielzeug. Das konnte man wohl sagen, ja das

30 mußte geradezu gesagt werden.

Trotzdem nahm die Konversation eine Wendung ins Ernste. Man sprach vom Elend der Welt. Ein wenig passendes Thema für solch' freundliche Stunde. Sie machte es so leicht, fernes Elend zu vergessen, daß es fast wie Taktlosigkeit gegen sie erschien, sich seiner zu erinnern.

Unten am jenseitigen Seeufer schlupfte der Glühwurm-Expreß in ein Erdloch; man sah auf der andern

35 Lehne des Bergs das Loch, aus dem er wieder herauskommen mußte. „Wie ein Maulwurf gräbt er sich durch", sagte die Dame.

Der Schriftsteller unter den Gästen äußerte: „Wer seine Kinder liebt, setzt sie nicht in die Welt." ... „Zumindest nicht in diese", fügte ein anderer Gast hinzu.

Die Luft roch nach Sommer-Quintessenz, auch zart nach Gebratenem.

40 Dann geschah etwas Überraschendes. Die beiden Züge glitten nicht, wie zu erwarten war, aneinander vorbei, sondern geradewegs aufeinander los, Kopf gegen Kopf. Und plötzlich erloschen in beiden Zügen die Lichter. Abendschatten und Nebel über der Szene verhinderten zu sehen, was dort sich ereignet hatte.

Ein Unglück ohne Zweifel, ein Eisenbahnzusammenstoß. Der Gesellschaft auf dem Balkon schien es,

45 als wehe der Abendwind etwas von den Geräuschen des Krachens und Splitterns her, die solchen Vorfall begleiten. Alle waren aufgesprungen, standen an der Brüstung des Balkons, starrten, hoffnungslos bemühten Blicks, zu dem Schauplatz der Katastrophe hinüber. Wisse vielleicht jemand von einem ihm Nahestehenden, der Passagier eines der beiden Züge gewesen sein könnte? Nein, glücklicherweise. Nur ganz fremde Menschen – die Gesellschaft fühlte das mit Beruhigung und Dankbarkeit – fielen der

50 Katastrophe da unten zum Opfer. Vielleicht nicht einmal Landsleute. Man stellte sich vor: Tote und Verstümmelte – aber, gottlob, man sah sie nicht. Schmerz und Qual – aber man spürte sie nicht. Jammer und Hilferufe – aber man hörte sie nicht.

So verblaßten die Unglücksbilder bald wieder. Und der Wein in den Gläsern wurde durch sie nicht sauer. Lieber Himmel, wenn einen alles aufregen wollte, was Gott und die Menschen über die Menschen

55 verhängen! Man muß es hinnehmen und denken: Heute dir, morgen, hoffentlich erst übermorgen, oder womöglich gar niemals, mir.

„Von so weit gesehen", sagte die Dame, „schien selbst der Zusammenstoß eine Spielzeug-Affaire." Der Hausherr präzisierte den Eindruck ähnlich, etwa so, daß aus der Ferne auch das Grausige nicht grausig wirke. Damit kehrte das Gespräch zwanglos zu den früheren Themen, die eines politischen

60 Beigeschmacks nicht entbehrten, zurück.

IN: ALFRED POLGAR: IRRLICHT. KLEINE SCHRIFTEN. ROWOHLT

a) Sie finden nun ein ausgefülltes **Schema zur Interpretation** des Beilagentextes.

■ In einem ersten Schritt überprüfen Sie, welche (Teile der) Arbeitsaufträge nicht vom Schema zur Interpretation abgedeckt sind, und fügen weitere Zeilen an. In diesem Beispiel sind die hinzugefügten Zeilen grün markiert.

■ Überprüfen Sie, welche Kategorien des Analyseschemas für die Erarbeitung welcher Arbeitsaufträge wichtig sind. Markieren Sie diese mit unterschiedlichen Farben.

■ Um die vorgegebene Wortanzahl einhalten zu können, werden Sie vermutlich nicht alle Informationen aus dem Raster verwenden können. Markieren Sie jene, die Ihnen besonders wichtig erscheinen.

Kategorie	Ergebnis der Analyse und Interpretation
1. Quellenangaben	Alfred Polgar: Irrlicht. Kleine Schriften. Rowohlt
2. Textsorte	Parabel
3. Inhalt	Eine Festgesellschaft, die als gebildet und wohlhabend charakterisiert wird, genießt am Balkon eines Hauses den Ausblick und die Konversation. Als sie ein Zugunglück beobachtet, ist dies nur kurz von Interesse für sie. Sobald klar ist, dass keine der anwesenden Personen ein mögliches Opfer kennt, wenden sie sich wieder ihren Gesprächen zu.

4. Titelei	keine Besonderheiten
5. Thematik/Stoff/ (Leit-)Motive	■ Gleichgültigkeit gegenüber dem Unglück und Leid anderer ■ Egoismus ■ Oberflächlichkeit
6. Erzählperspektiven	Auktorialer Er-Erzähler/Auktoriale Sie-Erzählerin: ■ kennt die Gedanken und Gefühle der Figuren ■ steht außerhalb des Geschehens der Handlung ■ Distanz zwischen Erzähler/in und den Figuren
7. Figuren/ Charaktere	■ gehobene Gesellschaft (z. B. Z. 3–6) ■ Ausdrücklich erwähnt werden nur der Hausherr, der Schriftsteller und „die Dame" (z. B. Z. 10, Z. 19, Z. 20). ■ Die Personen werden als wohlhabend, gebildet und insgesamt positiv geschildert. Gleichzeitig wird durch ihre Handlungen deutlich, dass ihnen diese positiven Eigenschaften nicht zugeschrieben werden können (Z. 2–9, 52–60).
8. Räume	■ Balkon des Hauses eines reichen Mannes ■ erhöhte Position ■ Geschehen in der Umgebung scheint weit entfernt ■ steht auch für die gefühlsmäßige Entfernung

9. Sprachliche Gestaltung	■ **Im Text eingesetzter Wortschatz:** zum Teil etwas antiquiert, unübliche Wörter, z. B.: „vor gemeinen Nöten sicher" (Z. 11), „auf der anderen Lehne des Bergs" (Z. 34–35), „der schauerlichen Seelenruhe" (Z. 24)
	■ **Zum Einsatz kommende Stilebene(n):** poetischer, gehobener Stil
	  ➜ verstärkt hier die Abgehobenheit der dargestellten Gesellschaft
	■ **Rhetorische Mittel:** alle im Wesentlichen zur Charakterisierung der Festgesellschaft und ihrer Reaktion auf das Unglück verwendet
	  ▶ Ironie zur Charakterisierung der Festgesellschaft, z. B.: „[...] wenn es nicht Licht von Glühbirnen gewesen wäre, die so poetischen Faltertod nicht ermöglichen." (Z. 16–17) ➜ zeigt, wie die Figuren tatsächlich denken; Poetisierung des Todes
	  ▶ Metapher, z. B.: „wo ihm in blühenden Kupferminen die Dividende reifte" (Z. 12–13) ➜ verstärkt den Eindruck, dass sich der Reichtum ohne Zutun seines Besitzers auf wundersame Weise vermehrt
	  ▶ Personifikation, z. B.: „[...] und wenn ihr Herz auch zuweilen, müde des Gefühls, in harten Schlaf sank" (Z. 6–7), Züge fahren „Kopf gegen Kopf" aufeinander los (Z. 41) ➜ wirkt, als ob zwei starke Individuen im Kampf gegeneinander antreten; erhöht die Lebendigkeit
	  ▶ Vergleich bezogen auf die Züge, z. B.: „ein Spielzeug" (Z. 29), „wie ein Maulwurf" (Z. 35), „Schlange" (Z. 22, häufig Symbol für etwas Negatives) ➜ Verbildlichung, Erweiterung des Bedeutungshorizontes
	  ▶ Anapher, z. B.: „Man sprach von Greueltaten [...]. Man sprach nicht von der schauerlichen Seelenruhe [...]" (Z. 22–24) ➜ verdeutlicht Desinteresse am Schicksal anderer; „Man sprach ..." bewirkt durch die (anaphorische) Wiederholung eine Verstärkung der beschriebenen Einigkeit unter den Gästen
	  ▶ Parallelismus, z. B.: „Tote und Verstümmelte – aber, gottlob, man sah sie nicht. Schmerz und Qual – aber man spürte sie nicht. Jammer und Hilferufe – aber man hörte sie nicht." (Z. 50–52) ➜ Betonung der Befindlichkeit der Festgesellschaft
	  ▶ Erlebte Rede, z. B.: „Wisse vielleicht jemand von einem ihm Nahestehenden, der Passagier eines der beiden Züge gewesen sein könnte? Nein, glücklicherweise."(Z. 47–48) ➜ nur was einen unmittelbar betrifft, ist von Relevanz;
	    „Lieber Himmel, wenn einen alles aufregen wollte, was Gott und die Menschen über die Menschen verhängen!" (Z. 54–55) ➜ Festgesellschaft fühlt sich jeglicher Verantwortung enthoben; bewirkt, dass der/die Erzähler/in spürbar wird, weil er/sie das Geschehene – hier auf ironische Art und Weise – kommentiert

10. Aufbau	■ Inhaltlich in **drei Abschnitte** gegliedert:
	  ▶ Charakterisierung bzw. Beschreibung der Figuren und der Situation
	  ▶ Gesprächsthemen verändern sich, die Konversation nimmt eine „Wendung ins Ernste" (Z. 31)
	  ▶ Zugkatastrophe und die Reaktion der Figuren darauf
	■ unvermittelter Einstieg
	■ klarer Schluss

11. Aktualität	Mögliche Beispiele, um Aktualität zu belegen, sind: ■ Unfälle ➡ Menschen filmen, statt zu helfen ■ große Katastrophen ➡ beschäftigen Menschen auch heute nur nachhaltig, wenn sie oder jemand, den sie kennen, betroffen sind ■ Flüchtlinge ➡ Blick auf deren Schicksal aus gesicherter Position

b) Überlegen Sie, in welcher **Reihenfolge** Sie die **Arbeitsaufträge** in Ihrer Textinterpretation bearbeiten möchten bzw. welche Arbeitsaufträge sich „kombinieren" lassen. So lässt sich z. B. der erste Arbeitsauftrag in die Einleitung einbauen und der vierte Arbeitsauftrag sowohl als Schluss verwenden als auch als Beginn Ihres Hauptteils. Wenn Sie diesen Aufbau wählen, müssen Sie am Ende Ihrer Textinterpretation wieder auf den ersten Arbeitsauftrag Bezug nehmen. Auch ließen sich die Wiedergabe des Inhalts (Arbeitsauftrag 1) und die Analyse des Aufbaus (Arbeitsauftrag 2) kombinieren. Machen Sie Notizen.

c) **Verfassen Sie nun Ihre Textinterpretation.** Überarbeiten Sie sie anschließend.

Text 2

Verfassen Sie eine Textinterpretation.

Lesen Sie das Dramolett „Rohrohrzucker" (2019) von Antonio Fian (Textbeilage 1).
Verfassen Sie nun die **Textinterpretation** und bearbeiten Sie dabei die folgenden Arbeitsaufträge:

■ **Fassen** Sie die Handlung des Dramoletts kurz **zusammen.**
■ **Untersuchen** Sie die Verhaltensweisen der Charaktere.
■ **Erschließen** Sie, wie die satirische Wirkung des Textes erzeugt wird.
■ **Deuten** Sie den Text im Hinblick auf gegenwärtige Ernährungsgewohnheiten und -trends.

Schreiben Sie zwischen 540 und 660 Wörter. Markieren Sie Absätze mittels Leerzeilen.

Textbeilage 1

Antonio Fian
ROHROHRZUCKER (2019)

(Konditorei in der Wiener Innenstadt. An einem der Tische Klari, ein auffallend mageres fünfzehnjähriges Mädchen, mit seiner etwa fünfzigjährigen Mutter und deren gleichaltriger Freundin. Vor den beiden älteren Frauen Kaffee und Cremeschnitten, vor der Tochter, die mit ihrem Handy beschäftigt ist, eine Schale Kräutertee.)

5 *MUTTER* (zu Klari): *Willst du nicht auch was essen? Wir sind extra hierher gegangen, weil ich weiß, die backen mit Rohrohr-Zucker.*

KLARI: Vielleicht später. (Widmet sich wieder ihrem Handy.)

FREUNDIN (verwundert): *Rohrohr-Zucker? Ich nehme an, du meinst Roh- –*

MUTTER (gibt ihr durch einen Stoß mit dem Fuß zu verstehen, dass sie
10 schweigen möge): *Rohrohr-Zucker. Einen anderen verträgt die Klari nicht.*

KLARI (ohne aufzublicken): *Die Ernährungswissenschaftler sagen, normaler Zucker, ganz egal ob Rübe oder Zuckerrohr, wirkt wie Kokain.*

Antonio Fian, österreichischer Schriftsteller (geb. 1956)

FREUNDIN: *Schön wär's. Aber, na ja, besonders gesund ist er wahrscheinlich nicht. Habt ihr es schon einmal mit Birkenzucker probiert?*

15 MUTTER: *Da kriegt sie Ausschlag. Der einzige Zucker, den sie verträgt, ist Rohrohr-Zucker.*

FREUNDIN: *Und was ist das?*

KLARI: *Der kommt aus Afrika.*

MUTTER: *Von irgendeinem Kaktus oder so.*

KLARI: *Nein, das ist eine Agavenart. Mit so ohrwaschelartigen Blättern.* (Spricht ins Handy:) *Rohrohr.* (Hält
20 der Freundin das Handy hin.)

FREUNDIN (nimmt das Handy und betrachtet das Display): *Gemeines Rohrohr. Auris tubulata communis. Verbreitung West- und Zentralafrika. Nie gehört.* (Gibt das Handy zurück.)

KLARI (über das Display wischend): *Das produziert einen Zucker komplett ohne schädliche Wirkstoffe. Gibt's in fast allen Reformhäusern. Ist allerdings ziemlich teuer.* (Gibt der Freundin das Handy.) *Ich muss aufs
25 Klo.* (Steht auf und verlässt den Tisch.)

FREUNDIN (das Display betrachtend, zur Mutter): *Was soll der Blödsinn? Das ist ganz gewöhnlicher Roh-Rohrzucker. Gibt's bei jedem Billa.*

MUTTER: *Stimmt. Aber du siehst ja, wie sie ausschaut. Wir wissen schon nimmer, was wir tun sollen. Fleisch ist sowieso tabu, Eier und Käs' genauso, weißes Mehl lehnt sie auch ab, und seit sie im Fernsehen das mit dem
30 Zucker gehört hat ... Na ja, und irgendwann waren wir dann in einem Bioladen, und sie hat den Roh-Rohrzucker gesehen und falsch gelesen, Rohrohr-Zucker, und da ist dem Boris die Idee gekommen ... Er hat sogar bei Wikipedia diesen Eintrag untergebracht. War ein hartes Stück Arbeit, das kannst du mir glauben.*

FREUNDIN: *Ich verstehe.* (Isst ein Stück Cremeschnitte.) *Dir ist aber schon klar, dass sie's eines Tages herausfinden wird? Und dann wird sie ziemlich sauer sein.*

35 MUTTER (isst ebenfalls ein Stück Cremeschnitte): *Ich weiß. Da müssen wir durch. Beim Christkind war's auch nicht einfach.*

(Vorhang)

ANTONIO FIAN, DER STANDARD, 1.3.2019

Tipps und Anregungen zur Bearbeitung der Arbeitsaufträge:
- **Fassen** Sie die Handlung des Dramoletts kurz **zusammen.**
  - ▶ Kontrollieren Sie, inwieweit der am Beginn des Dramoletts befindliche Nebentext schon einen Teil der inhaltlichen Zusammenfassung darstellt. Verwenden Sie diese Informationen und erweitern Sie sie noch mit fehlenden inhaltlichen Aspekten.
- **Untersuchen** Sie die Verhaltensweisen der Charaktere.
  Überlegen Sie im Detail, nach welchen Prinzipien und Mustern die einzelnen Charaktere handeln.
  - ▶ Mutter:
    - – eine sich um die Gesundheit der Tochter sorgende Mutter
    - – genervt von den besonderen Bedürfnissen der Tochter
    - – stößt aufgrund des Verhaltens der Tochter an ihre Grenzen in der Erziehung
    - – täuscht mithilfe ihres Lebenspartners mit Erfolg die sehr von sich selbst eingenommene Tochter
    - – gibt sich letztlich als erfahren, da sie auch schon andere schwierige Erziehungssituationen gemeistert hat
  - ▶ Freundin: ...
  - ▶ Klari: ...
- **Erschließen** Sie, wie die satirische Wirkung des Textes erzeugt wird.
  - ▶ Klären Sie den Begriff „satirische Darstellungsweise".
  - ▶ Verspottung, An-den-Pranger-Stellen
  - ▶ Übertreibung/Untertreibung bis ins Lächerliche/Absurde
  - ▶ Markieren Sie alle Stellen im Text, an denen Sie eine Übertreibung/Untertreibung wahrnehmen, also humorvolle, ironische Passagen.
    - – Vergleich: weißer Zucker mit Kokain
    - – ...

▶ Hinweis zum Aufbau der Pointe:
  – als übertrieben dargestellte Aufgeklärtheit der Tochter durch Informationen aus dem Internet
  – Diese Haltung der Tochter wird entlarvt durch den von den Erwachsenen nur zur Täuschung erstellten Wikipedia-Eintrag. Der Eintrag wurde erstellt, damit sie diesen Zucker zu sich nimmt, was auch keine gesundheitlichen Beeinträchtigungen zur Folge hat.
  – Roh-Rohrzucker wird von beiden Frauen als die herkömmliche, allen bekannte Art von Zucker dargestellt, obwohl hierzulande der weiße Zucker der üblichste Zucker ist. Wenn zwar auch Rohrzucker allen bekannt sein dürfte, ist Roh-Rohrzucker möglicherweise nur wenigen ein Begriff.
  – Lesekompetenz der Tochter: Aus Roh-Rohrzucker wird aufgrund eines Lesefehlers Rohrohr-Zucker. Klari ruft den Lexikoneintrag mittels Spracheingabe auf, gibt das Handy weiter und lässt die Freundin der Mutter den Text selbst lesen.

■ **Deuten** Sie den Text im Hinblick auf gegenwärtige Ernährungsgewohnheiten und -trends.
  ▶ Vermittlung von (gesundheitsgefährdenden) Ernährungstrends im Internet (Influencer/innen)
  ▶ Schönheitsideale können zu problematischen Ernährungsgewohnheiten führen
  ▶ Verweigerung der Ernährungsgewohnheiten Erwachsener – hier die Cremeschnitten, im Weiteren der Fleisch- oder Tierprodukteverzehr
  ▶ Nahrungsmittelunverträglichkeiten scheinen mehr und mehr Mode zu werden

Text 3

Verfassen Sie eine Textinterpretation.

Lesen Sie das Gedicht „Bei den weißen Stiefmütterchen" (1969) von Sarah Kirsch (Textbeilage1).
Verfassen Sie nun die **Textinterpretation** und bearbeiten Sie dabei die folgenden Arbeitsaufträge:

■ **Beschreiben** Sie die Situation, in der sich das lyrische Ich befindet.
■ **Analysieren** Sie die inhaltliche Gliederung sowie die formale und sprachliche Gestaltung des Gedichts.
■ **Erläutern** Sie die letzte Verszeile des Gedichts.
■ **Kommentieren** Sie das im Gedicht gezeigte Frauenbild.

Schreiben Sie zwischen 540 und 660 Wörter. Markieren Sie Absätze mittels Leerzeilen.

Textbeilage 1

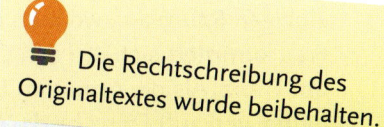
Die Rechtschreibung des Originaltextes wurde beibehalten.

Sarah Kirsch
BEI DEN WEISSEN STIEFMÜTTERCHEN (1969)

Bei den weißen Stiefmütterchen
Im Park wie ers mir auftrug
Stehe ich unter der Weide
Ungekämmte Alte blattlos
5   Siehst du sagt sie er kommt nicht

Ach sage ich er hat sich den Fuß gebrochen
Eine Gräte verschluckt, eine Straße
Wurde plötzlich verlegt oder
Er kann seiner Frau nicht entkommen
10 Viele Dinge hindern uns Menschen

Die Weide wiegt sich und knarrt
Kann auch sein er ist schon tot
Sah blaß aus als er dich untern Mantel küßte
Kann sein Weide kann sein
15 So wollen wir hoffen er liebt mich nicht mehr

Sarah Kirsch, deutsche Schriftstellerin (1935–2013)

IN: SARAH KIRSCH: SÄMTLICHE GEDICHTE. DEUTSCHE VERLAGSANSTALT

Text 4

Verfassen Sie eine Textinterpretation.

Lesen Sie die Kolumne „Franz und das Pferd Franz" aus der Sammlung „Eine warme Kartoffel ist ein warmes Bett" (1992) von Herta Müller (Textbeilage 1).

Verfassen Sie nun die **Textinterpretation** und bearbeiten Sie dabei die folgenden Arbeitsaufträge:

- **Geben** Sie die Handlung des Textes kurz **wieder.**
- **Analysieren** Sie die Kolumne hinsichtlich ihrer formalen und sprachlichen Gestaltung.
- **Erschließen** Sie die unterschiedlichen Bedeutungen, die die handelnden Personen Flucht zuschreiben.
- **Beurteilen** Sie die Aktualität der Kolumne.

Schreiben Sie zwischen 540 und 660 Wörter. Markieren Sie Absätze mittels Leerzeilen.

Textbeilage 1

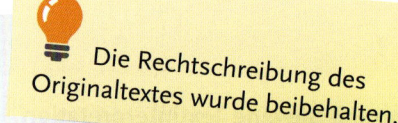

Die Rechtschreibung des Originaltextes wurde beibehalten.

Herta Müller
FRANZ UND DAS PFERD FRANZ (1992)

Zwei Söhne hat Franz. Zuerst sind sie aus dem Dorf hinaus, in die Stadt – dann aus der Stadt hinaus aus dem Land gegangen. Nach Deutschland. „Auswandern" nennt man das.

Franz ist Bauer in einem banatschwäbischen Dorf, in Rumänien.

Herta Müller, deutsche Schriftstellerin und Literaturnobel-
preisträgerin (geb. 1953)

5   Er hat jahrelang zwei Pferde und einen Wagen. Er fährt Kartoffeln und Rüben vom Feld, Sand und Steine vom Fluß, und Zement und Kalk aus der Kleinstadt ins Dorf. Franz lebt mit seiner Frau in einem zu großen Haus, seitdem die Söhne aus dem Haus gewachsen sind. „Und, wenn der Mensch älter wird, geht er nicht gerne von einem
10 Zimmer ins andere", sagt Franz, „viel lieber hält man sich in einem einzigen Raum auf, wo man kochen, essen und schlafen kann." Die Frau kümmert sich um den Garten, um das Geflügel, um die Wäsche und um das Essen – das heißt um Franz. Als die Armut im Land größer wird, die Pferde älter, die Felder öder und das Pferdefutter teurer, verkauft Franz beide Pferde und kauft sich ein junges Pferd. Und er nennt das junge Pferd:
15 Franz. Jeden Winter wird die Frau vom gleichen Husten überfallen. Der quält sie, daß sie von der Stirn bis zu den Zehen schwitzt. Der pfeift in den Lungen und stockt im Hals, daß in ihren Augen die Angst vor dem Ersticken steht. Der Husten kommt im Spätherbst mit den ersten kalten Nächten. Oft steht der Mais noch im Garten und sie liegt schon im Bett. Erst wenn nachts kein Frost mehr fällt, läßt der Husten sie los. Viele im Dorf „wandern aus". Zu nahen und fernen Verwandten. Und, wenn sie viel
20 Geld zum Bestechen haben, zu niemandem: mit sich selber dem Wunsch nach. Franz und seine Frau haben zwei Söhne in Deutschland. Und sie hat die Krankheit, die so sicher wie der Frost wiederkommt. Sie will zu ihren Kindern. Dort gibt es bessere Ärzte und Medikamente, sagt sie. Das sieht er ein, das ist er ihr schuldig. „Meine Kinder fehlen mir sehr", sagt Franz, „doch ohne das Pferd und den Hof kann
25 ich nicht leben." Das ist, die Leute lächeln, eine Art zu reden. Franz wiegt nur den Kopf. Er will nicht überzeugen. Er widerspricht nicht. Er weiß, daß er fühlt, was er sagt. Ob er das auch denkt, weiß er nicht. Er will nicht, daß er das fühlt, daß das sein Ernst ist, was er fühlt. Franz beantragt die Ausreise zu seinen Söhnen. Er füllt die Faltbögen aus. Wenn Tinte das Zögern in der Stirn zeigen könnte, wäre die Schrift sehr blaß. Franz tut, was er tut, halb. Schickt die Faltbögen ab und vergisst sie ganz. Es
30 kommen zwei Winter mit Kalk und Zement, zweimal das Frühjahr mit Sand aus dem Fluß, zwei Sommer mit Kartoffeln und Rüben im Feld. Dann kommt der Briefträger mit der Nachricht vom Paß. Franz verkauft die größeren, teuren Gegenstände im Haus. Dann die kleineren, dann den Kleinkram. Die Nachricht hat sich herumgesprochen, die Käufer kommen ins Haus. Sogar Scheren und Zangen

kaufen sie. Und viele sehen sich das Pferd Franz an. „Natürlich", sagt Franz, „natürlich verkauf ich das Pferd, ich bin doch kein Kind." Franz geht durch den Hof, sein Blick ist spitz und leer. Sein Mund
35 steht halboffen, nur um zu atmen, nicht um zu sprechen. Nicht Franz, die Frau verkauft schließlich das Pferd Franz. Franz nimmt den spitzen Blick zurück. Seine Augen werden stumpf. Er spricht wirr. Er irrt durchs Dorf und sucht das Pferd Franz, verwechselt Fremde mit seinen Söhnen. Er irrt über die Weide, fast schon am Wald. Leute sehen ihn und bringen ihn nach Hause. Franz erkennt seine Frau nicht. Auf der Reise nach Deutschland ist Franz ein Gepäckstück, seine Augen so abwesend, daß er beim Schau-
40 en die Lider nicht bewegt. Franz lebt drei Tage in Deutschland im Übergangsheim. Dann stirbt Franz, bevor die Faltbögen zu seiner Person ausgefüllt sind, an Hirnschlag.

Der Verkauf des Pferdes Franz war die Abgabe der Identität für den Bauern Franz. Die rücksichtslose Genauigkeit im Umgang mit sich selbst hat Franz nicht verkraftet. Das Wissen, er käme an ohne Pferd und sei in den Augen der Deutschen ein Mann, der zu einem Pferd gehört. Ja, Franz hatte Recht in
45 seiner Vorstellung, man hätte ihm das Pferd Franz angesehen.

Florin, dessen Bruder an der jugoslawischen Grenze auf der Flucht erschossen wird, versucht wenige Wochen danach, auf dem gleichen Weg zu fliehen. Er wird von den Grenzsoldaten gefaßt, geprügelt, mit Stiefeln getreten. Er wird verhaftet. Er verbringt zwei Jahre im Gefängnis. Aus dem Gefängnis entlassen, ist er wortkarg mit den Freunden, weicht den Blicken und den Fragen aus. Er ist 26 Jahre alt,
50 doch um seine Augen hängt geraffte Zeit, sein Haar ist schütter. Er hat sich von allen und allem weg-gelebt. Er ist ein gebrochener Mensch. Nur bei einem Satz wird er laut, eine Spur zu laut: „Ich flüchte wieder, auch wenn sie mich erschießen." Er weiß, daß er fühlt, was er sagt. Ob er das denkt, das weiß er nicht, er will ja nicht, daß er das fühlt, daß es sein Ernst ist, was er sagt.

Die Sturheit des Bleibens, die Sturheit des Gehens – beides, da wo der Nerv aus der Haut tritt, ist es
55 das Gleiche. Bezieht sich aufeinander, wie jeder Gegensatz.

Es gibt nichts Fremderes hinter der Stirn und unter den Füßen als „Heimat", die aushöhlt, die den Menschen aus dem Menschen herauszerrt – im Bleiben, im Gehen.

Auf dem Schiff im Hafen von Bari 14.000 Menschen, die flüchten.

Ein Schiff aus Menschen. Das Auge zuckt. Was sind das für Menschen, so unsinnig stur, in Badehosen
60 wie für zwei Stunden von zu Hause weggegangen. Und doch in ein anderes, fremdes Land. Wer nichts zu verlieren hat, den hält nichts. Und der Hunger treibt, bevor er lähmt.

Unsere Maßstäbe, unsere Ruhe in Westeuropa ist das, was wir haben und nicht brauchen. In der frem-dest gewordenen „Heimat" wird Flucht gegen alle Logik zur inneren Notwendigkeit. Auch die Furcht vor dem Gefühl flüchten zu müssen, wird wieder zur Flucht. Die fremden Albaner, das sind wir selber
65 in anderen Lebensumständen.

Oktober 1991

In: Herta Müller: Eine warme Kartoffel ist ein warmes Bett, Europäische Verlagsanstalt

Selbstevaluation

Schätzen Sie sich selbst ein und beurteilen Sie Ihr eigenes Können. Nehmen Sie dazu Ihren selbst verfassten Text zur Hand und analysieren Sie ihn.

Name: _____	1	2	3	4	5
TEXTINTERPRETATION					
Aufgabenerfüllung aus inhaltlicher Sicht					
Schreibhandlungen im Sinne der Textsorte und der Angabe umgesetzt					
Wortanzahl erreicht					
alle Arbeitsaufträge erfüllt:					
■ Arbeitsauftrag 1:					
■ Arbeitsauftrag 2:					
■ Arbeitsauftrag 3:					
■ Arbeitsauftrag 4:					
sprachliche/stilistische und inhaltliche Analyse/Interpretation am Text belegt					
Textbeilage korrekt zitiert					
Textstruktur					
■ Einleitung (bibliografische Angaben, Thema) ■ Hauptteil ■ Schluss (knappe Zusammenfassung des Interpretationsergebnisses)					
Gliederung					
Kohärenz (Verknüpfungsmittel, frei von Gedankensprüngen)					
Inhalt und Analyseteile sind zueinander in Beziehung gesetzt					
Stil und Ausdruck					
Wortwahl (sachlich, präzise, Verwendung von Fachausdrücken)					
Satzstruktur (Abwechslung, komplex)					
Zitate passend in den Fließtext eingebaut					
Sprachrichtigkeit					
Rechtschreibung					
Grammatik					
Zeichensetzung					
Gesamtbeurteilung					

1 = weit über das Wesentliche hinausgehend erfüllt
2 = über das Welsentliche hinausgehend erfüllt
3 = das Wesentliche zur Gänze erfüllt

4 = das Wesentliche überwiegend erfüllt
5 = das Wesentliche nicht erfüllt

Meinungsrede

Die Meinungsrede ist die Druckfassung einer Rede, die darauf abzielt, ein bestimmtes Publikum (situativer Kontext) von der eigenen Position zu einem aktuellen Thema/Problem zu überzeugen.

Die Rede bedient sich dabei vorwiegend der Mittel der Argumentation, betreibt aber in Hinblick auf die mündliche Kommunikationssituation klares Aufmerksamkeitsmanagement, adressiert das Publikum, setzt rhetorische Mittel ein und ist um Anschaulichkeit bemüht.

BMBWF: Textsortenkatalog zur SRDP in der Unterrichtssprache

Meinungsrede

Verfassen Sie eine Meinungsrede.

Situation: Sie als Schüler/in halten im Zuge eines Redewettbewerbs eine Meinungsrede zum Thema „Solidarität versus Selbstinszenierung". Ihr Publikum besteht aus Jurorinnen/Juroren, Schülerinnen/Schülern und Professorinnen/Professoren.

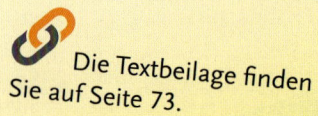
Die Textbeilage finden Sie auf Seite 73.

Lesen Sie den Bericht „Eine Generation voller Egos" von Sandra Jungmann, erschienen im Magazin „woman" am 16. Jänner 2020 (Textbeilage 1).

Verfassen Sie nun die **Meinungsrede** und bearbeiten Sie dabei die folgenden Arbeitsaufträge:

- **Geben** Sie die im Bericht dargestellte Problematik **wieder.**
- **Setzen** Sie die Aussage „Solidarität wird zusehends zur Mangelware, Selbstoptimierung, Selbstinszenierung stehen im Vordergrund" (Z. 6–7) mit Ihren Wahrnehmungen **in Beziehung.**
- **Nehmen** Sie **Stellung** zur Notwendigkeit von Selbstoptimierung und Selbstinszenierung, um innerhalb unserer Gesellschaft erfolgreich zu sein.

Schreiben Sie zwischen 540 und 660 Wörter. Markieren Sie Absätze mittels Leerzeilen.

Solidarität versus Selbstinszenierung

„Solidarität wird zusehends zur Mangelware, Selbstoptimierung, Selbstinszenierung stehen im Vordergrund." Dieser Vorwurf wird gegen uns Jugendliche erhoben im Bericht „Eine Generation voller Egos" von Sandra Jungmann, erschienen im Magazin „woman" am 16.1.2020. Nein, meine Damen und Herren, diese Aussage ist nicht nachvollziehbar! Das eine schließt das andere nicht aus! Hat man das Herz am rechten Fleck, so handelt man
5 oft auch solidarisch. Wer heutzutage aber von anderen bemerkt und bewundert werden möchte, der muss sich und sein Leben klug inszenieren.

Verehrtes Publikum, mein Name ist Yoko Ferobovic, ich bin Schülerin des 4. Jahrgangs einer berufsbildenden Schule und eine Selbstverwirklichungsjugendliche, da ich heute hier vor Ihnen stehe und besser sein möchte als alle anderen in meiner Altersgruppe. Im Rahmen dieses Redewettbewerbs setze ich mich im Folgenden mit dem Thema „Solidari-
10 tät versus Selbstinszenierung" auseinander und werde Ihnen meine Standpunkte zu diesem Thema näherbringen.

Im oben genannten Bericht werden wir als „Generation Ego", als Menschen, die der Entwicklung der eigenen Person besondere Wichtigkeit zusprechen, charakterisiert. Grund dafür sei, dass unsere soziale Herkunft für unseren Werdegang nicht mehr so wichtig wie in vorangegangenen Generationen sei, dass uns zugesprochen werde, selbst für unsere Zukunft verantwortlich zu sein, dass wir daher auch ständig an unserer Selbstoptimie-
15 rung arbeiten müssten.

Wir brauchen uns nichts vorzumachen, auch in den vorhergehenden Generationen waren meist jene erfolgreicher, die aus der Masse herausstachen. Selbstinszenierung stand also schon immer an der Tagesordnung und konnte ein Garant für Erfolg sein. Nur ist es heute so, dass wir in einer Zeit des rasenden Fortschritts leben. Um sozial und auch im Job vorne dabei zu sein, müssen wir tagtäglich bestrebt sein, die beste Version von uns
20 selbst zu sein, diese Version ständig zu verbessern und auch herzuzeigen.

Meine Damen und Herren, wer bekommt denn die besten Jobs? Wer zieht in die Führungsetagen von Firmen ein? Nicht immer Bewerber/innen, die das höchste Know-how besitzen, nein, oftmals die, welche die beste Selbstdarstellung abliefern. Heutzutage kann Performance unabhängig von Bewerbungsgesprächen sichtbar gemacht werden, nämlich über soziale Medien. Auf Instagram und Co. kann man seine Interessen und seine
25 „besten" Eigenschaften transparent darstellen. Und, verehrtes Publikum, da es in unserer Gesellschaft ein wichtiges Ziel ist, die Karriereleiter höher und höher zu steigen, ist es nun einmal notwendig, ein ganzheitliches Bild von der eigenen Persönlichkeit zu entwerfen, dieses zu verbessern und weiterzuentwickeln.

30 Diese Selbstoptimierung schließt aber nicht aus, dass man in vielen Lebensbereichen solidarisch handelt. Jugendliche gehen für den Umweltschutz auf die Straße, sie setzen sich für Menschenrechte ein (und werden auch dafür kritisiert). Sie engagieren sich in der Nachbarschaftshilfe, arbeiten freiwillig bei der Feuerwehr und Rettung mit und vieles mehr. Sind das nicht alles starke Zeichen von Solidarität? Solidarität mit Menschen, die Hilfe brauchen. Solidarität mit gesellschaftlich Benachteiligten. Solidarität zum Schutz unserer bedrohten Erde.

35 „Tu Gutes und sprich darüber" galt früher und gilt auch für uns – tun wir deswegen weniger Gutes? Geschätztes Publikum, in unserer medialen Welt arbeiten wir Tag für Tag an unserer Biografie, wir versuchen, uns im besten Licht darzustellen. Wir präsentieren unsere solidarischen Handlungen, wir präsentieren unsere (optimierten) Fotos, wir zeigen uns in Videos und machen Musik – aber eines sollte nun klar sein: Solidarität und Selbstoptimierung schließen einander nicht aus, ganz im Gegenteil, sie können das Bild von unserer Persönlichkeit komplettieren. Deshalb, liebes Publikum, verurteilen Sie jene nicht, für die Selbstdarstellung auf medialen Plattformen zu einem wichtigen Teil ihres Lebens geworden ist.

40 Herzlichen Dank für Ihre Aufmerksamkeit!

(559 Wörter)

Meinungsrede

WERKZEUG

Eine **Meinungsrede** (Überzeugungsrede) wird gehalten, um andere von der eigenen Meinung zu überzeugen bzw. zu einem bestimmten Tun zu veranlassen. Daher wird der eigene subjektive Standpunkt so pointiert wie möglich in argumentativer Form dargestellt. Das Augenmerk liegt auf der Präsentation der eigenen Meinung und der Untermauerung ihrer Richtigkeit.

Da mit der Meinungsrede überzeugt und motiviert werden soll, kann hier die Argumentation durchaus subjektiv und einseitig sein.

Teile der Meinungsrede und inhaltliche Kriterien

Die **Einleitung** umfasst drei Teile: die Begrüßung des Publikums, das Wecken des Interesses und die Überleitung zum Thema. Das Interesse können Sie z. B. mit einfachen Beispielen aus dem Alltag, einer humorvollen Geschichte, mit rhetorischen Fragen oder aktuellen Geschehnissen wecken. Zeigen Sie auch auf, welchen Zweck Sie mit Ihrer Rede verfolgen.

Im **Hauptteil** werden dem Publikum einzelne Argumente unter der möglichen Zuhilfenahme der folgenden Redestrategien nahegebracht:

- **Informieren** Sie Ihr Publikum über den Sachverhalt Ihrer Rede (Istzustand) und die möglichen Standpunkte, die eingenommen werden können.
- **Argumentieren** Sie Ihre subjektive Sichtweise der Thematik.
- Belegen Sie Ihre Ausführungen durch **Expertenmeinungen** und **Studien.**
- Sollte es häufig genannte **Argumente** geben, die Ihrem Standpunkt widersprechen, so versuchen Sie, diese zu **entkräften.**
- Der Hauptteil soll inhaltlich den Bogen vom Ziel der Rede, welches in der Einleitung formuliert wird, hin zum Appell im Schlussteil spannen („roter Faden" statt abgearbeiteter Operatoren).

Machen Sie zum **Schluss** Ihren Standpunkt noch einmal deutlich und führen Sie auch an, was Sie von Ihrem Publikum erwarten. Vergessen Sie nicht, sich von Ihrem Publikum zu verabschieden.

> Sollte ein Arbeitsauftrag das Anführen der Basisinformationen erfordern (z. B. weil Inhalte aus der Textbeilage wiedergegeben werden müssen), nennen Sie diese am besten in der Erarbeitung dieses Arbeitsauftrags.
>
> **Beispiel**
> So schreibt z. B. XY im am … in … erschienenen Bericht …

Formale und sprachliche Kriterien

Gliederung	Einleitung, Hauptteil und Schluss werden durch Absätze voneinander getrennt. Auch innerhalb des Hauptteils wird bei der Darstellung jeder neuen Argumentation ein Absatz gemacht.
Zeit	Verwendung der Gegenwartsstufe (Präsens, Perfekt, Futur etc.)
Sprache und Stil	<ul><li>sachlich, anschaulich, informativ, appellativ</li><li>Formulieren Sie zielgruppenadäquat, d. h. so, dass Ihre Zielgruppe Sie mühelos versteht.</li><li>Der Einsatz rhetorischer Mittel ist erwünscht.</li><li>Sprechen Sie die Zuhörer/innen mehrmals direkt an.</li></ul>
Schreibhandlungen	informieren, zusammenfassen, argumentieren, appellieren, werten
Umfang bei der SRDP	405–495 oder 540–660 Wörter

Formulierungshilfen

- Ich erzähle Ihnen eine kurze Geschichte: ...
- Bedenken Sie, meine Damen und Herren, ...
- Wenn jemand behauptet, dass ...
- Gemeinsam können wir in dieser Sache ...
- Es geht in dieser Sache nicht nur um ..., meine Damen und Herren, sondern ...
- Sie werden mir zustimmen, meine Damen und Herren, wenn ich behaupte, dass ...
- Lassen Sie mich dieses eine noch sagen: ...
- Stellen Sie sich Folgendes vor: ...
- Ich möchte mit Ihnen gemeinsam versuchen herauszufinden, warum ...
- Sicher ist es nicht neu für Sie, dass ...

Schritte zur Meinungsrede im Detail

Schritt ❶: Erarbeitung der Textbeilage – LESEN

- Am Beginn steht das Lesen der Textbeilage und der Aufgabenstellung, am besten in Form eines orientierenden, überfliegenden Lesens.
- Im nächsten Schritt ist genaues Lesen erforderlich:
  - ▸ Klären Sie den schwierigen Wortschatz.
  - ▸ Markieren Sie Inhalte, die sich auf einzelne Arbeitsaufträge beziehen (jeder Arbeitsauftrag bekommt eine Farbe zugeordnet).
  - ▸ Analysieren Sie die Situationsvorgabe.

> **Tipp/SRDP:** Klären Sie ab, ob Thema und Aufgabenstellung beider Aufgaben des jeweiligen Themenpakets für Sie bewältigbar sind – eine eventuelle Umentscheidung auf ein anderes Themenpaket ist hier noch möglich.

Verfassen Sie eine Meinungsrede.

Situation: Sie als Schüler/in halten im Zuge eines Redewettbewerbs eine Meinungsrede zum Thema „Solidarität versus Selbstinszenierung". Ihr Publikum besteht aus Jurorinnen/Juroren, Schülerinnen/Schülern und Professorinnen/Professoren.

Lesen Sie den Bericht „Eine Generation voller Egos" von Sandra Jungmann, erschienen im Magazin „woman" am 16. Jänner 2020 (Textbeilage 1).

Verfassen Sie nun die **Meinungsrede** und bearbeiten Sie dabei die folgenden Arbeitsaufträge:

- **Geben** Sie die im Bericht dargestellte Problematik **wieder**.
- **Setzen** Sie die Aussage „Solidarität wird zusehends zur Mangelware, Selbstoptimierung, Selbstinszenierung stehen im Vordergrund" (Z. 6–7) mit Ihren Wahrnehmungen **in Beziehung**.
- **Nehmen** Sie **Stellung** zur Notwendigkeit von Selbstoptimierung und Selbstinszenierung, um innerhalb unserer Gesellschaft erfolgreich zu sein.

Schreiben Sie zwischen 540 und 660 Wörter. Markieren Sie Absätze mittels Leerzeilen.

Textbeilage 1

EINE GENERATION VOLLER EGOS

Ich, ich, ich! Es wächst eine Generation heran, die vor allem eines ins Zentrum stellt: sich selbst. Warum wird die eigene Person immer wichtiger? Fazit einer Jugendforscherin: Der grassierende Selbstoptimierungswahn ist eine Falle.

5 *Das Gefühl, dass junge Menschen vor allem sich selbst zum Mittelpunkt ihrer Welt machen, kommt nicht von ungefähr. Solidarität wird zusehends zur Mangelmierung, Selbstinszenierung stehen im Vordergrund. Gerne wird die Generation, die gerade heranwächst, auch als „Generation Ego" tituliert. Dass es sich dabei aber nicht unbedingt um Egoismus im klassischen Sinne handelt, konstatiert Jugendforscherin und Universitätsprofessorin Natalia Wächter: „Es geht hier vielmehr um Ichbezo-*
10 *genheit, also die Wichtigkeit der Entwicklung der eigenen Person." Und dass die einen immer höheren Stellenwert einnimmt, hat vor allem gesellschaftliche Gründe: „Dafür ist die Individualisierung verantwortlich, von der wir seit den 70er-Jahren sprechen. Das heißt, dass die soziale Herkunft für unsere Chancen in der Gesellschaft nicht mehr zwingend so wichtig ist, wie sie einmal war. Die Klassenstrukturen verschwinden natürlich nicht, aber sie werden lockerer. Unser Lebenslauf wird dadurch nicht mehr zwingend vorbestimmt." Sprich: Früher*
15 *sind die Kinder viel öfter in die Fußstapfen der Eltern getreten, das ist mittlerweile fast gar nicht mehr so. Heute schreiben wir unsere Biografie quasi selbst. Das bringt aber nicht nur Positives mit sich: „Man muss sich heutzutage gut überlegen: Wer bin ich, was will ich sein und wo will ich hin?"*

Druck zur Selbstoptimierung

Und genau darin liegt die Herausforderung: „Die Tendenz zum Neoliberalismus – alles muss so effizient wie
20 *möglich gestaltet werden –, die sich mittlerweile bis in die privatesten Bereiche zieht, legt viel Verantwortung auf den Einzelnen. Das System suggeriert: Nur, wenn du ständig an dir arbeitest, egal in welchem Bereich, bist du gut genug." Wächter konkretisiert das anhand eines Beispiels: „Wenn man keinen Job hat und arbeitslos ist, liegt das nicht an der strukturellen Arbeitslosigkeit, sondern nur an dir." Ziel ist deshalb weniger, an der Gemeinschaft zu arbeiten, als an sich selbst, „weil es eben auch so vermittelt wird". Die Angst, nicht mithalten zu*
25 *können, zu scheitern, baut Druck auf, der in ständige Selbstoptimierung mündet. Logische Konsequenz: die Tendenz zu „alten Werten". „Die Familie hat den Freundeskreis wieder als Stellenwert abgelöst, sie nimmt definitiv an Bedeutung zu." Und welche Rolle spielen die sozialen Medien in dieser ganzen Entwicklung? „Klarerweise eine bedeutende. Denn dort geht es ja nur darum, sich selbst darzustellen, zu zeigen, wer man ist. Und dabei ständig auszuverhandeln: einerseits wie alle zu sein und nicht zu sehr aus der Masse herauszustechen – anderer-*
30 *seits sich trotzdem irgendwie abzuheben. Darin steckt viel Arbeit."*

Abgrenzung

Positiv bewertet Wächter, dass junge Menschen trotz allem eigene Ansprüche an die Zukunft formulieren: „In der Klimabewegung gibt es ein gesamtheitlicheres Bewusstsein." Wie wahrscheinlich es ist, dass sich die nächste Generation anders entwickelt? „Die Gesellschaft bleibt nie stehen, Abgrenzung findet immer statt. Wobei das
35 *zusehends schwieriger wird.*

SANDRA JUNGMANN, WOMAN, 16.1.2020

Schritt ❷: Erarbeitung der Situationsvorgabe – ANALYSIEREN

Analysieren Sie die Situationsvorgabe im Detail.

> 💡 Stellen Sie sich im Detail vor, wo und vor welchem Publikum Sie Ihre Rede halten.

Kategorie	Ergebnis der Analyse
Thema	
Publikum	
eigene Rolle	
Rahmen, in dem die Rede gehalten wird	
Zweck der Rede	

Schritt ❸: Erarbeitung der Textbeilage – INHALTE ERWEITERN

- Erstellen Sie auf einem Blatt Papier die unten angeführte Tabelle für jeden Arbeitsauftrag bzw. Operator.
- Tragen Sie oben den jeweiligen Operator ein und übertragen Sie die von Ihnen in der Textbeilage markierten und für die weitere Arbeit relevanten Informationen in die linke Spalte.
- Erweitern Sie diese Informationen in einem nächsten Schritt durch eigene Ideen, Gedanken und Thesen in der rechten Spalte.
- Legen Sie fest, in welchem Teil Ihrer Meinungsrede (Einleitung, Hauptteil, Schluss) Sie welchen Arbeitsauftrag bearbeiten wollen.

Arbeitsauftrag/Operator:

Brauchbare Infos aus dem Text:	Eigene Erweiterungen:

Schritt ❹: Schreiben – EINLEITUNG

Überlegen Sie, welche Möglichkeiten das Thema und die Textsorte zulassen, um eine Einleitung zu gestalten:
- Begrüßen Sie Ihr Publikum (muss nicht der erste Satz sein, muss aber in der Einleitung enthalten sein).
- Stellen Sie sich vor und klären Sie die Rolle, in der Sie zu Ihrem Publikum sprechen.
- Wecken Sie Interesse beim Publikum, indem Sie z. B. provokante Thesen, rhetorische Fragen, passende Zitate, Redensarten oder klischeehafte Aussprüche zum Thema formulieren.
- Beginnen Sie, wenn es sich anbietet, mit der Erarbeitung eines Arbeitsauftrages.

 Arbeitsaufgaben „Einleitung"

1. Analysieren Sie die Einleitung des BEISPIEL-Textes (S. 70) anhand der oben angeführten Kriterien und listen Sie ihren Aufbau und ihre inhaltliche Gestaltung auf.

2. Verfassen Sie nun Ihre eigene Einleitung zur Textbeilage „Eine Generation voller Egos" unter Berücksichtigung der oben angeführten Kriterien.

Schritt ❺: Analysieren und Schreiben – HAUPTTEIL und SCHLUSS

Oft lassen sich die Arbeitsaufträge der Reihe nach erarbeiten. Grundsätzlich bleibt es aber Ihnen überlassen, das, was Sie ausdrücken wollen, frei zu arrangieren. Immer wieder können die Arbeitsaufträge auch gleichzeitig ausgeführt werden.

Analyseaufgaben „Hauptteil"

1. Markieren Sie im Hauptteil des BEISPIEL-Textes (S. 70) die Realisierung der Arbeitsaufträge mit unterschiedlichen Farben.

2. Stellen Sie fest, in welcher Reihenfolge die Arbeitsaufträge im BEISPIEL-Text erarbeitet wurden.

3. Überlegen Sie, ob die Arbeitsaufträge auch in einer anderen Reihenfolge verknüpft werden können.

4. Analysieren Sie, mit welchen (sprachlichen bzw. inhaltlichen) Mitteln Zusammenhänge zwischen den Absätzen hergestellt werden.

5. Analysieren Sie den Einsatz sprachlicher Mittel im BEISPIEL-Text.

6. Untersuchen Sie den dialogischen Charakter der Rede (mehrmaliges Ansprechen des Publikums, Wir-Gefühl etc.).

Der Schluss Ihrer Rede macht das Ziel, auf das Sie hingearbeitet haben, nochmals dezidiert deutlich und beeinflusst damit auch die inhaltliche Gestaltung des Hauptteils.

Überlegen Sie daher vor dem Ausformulieren des Hauptteils, wie Sie den Schluss Ihrer Meinungsrede gestalten wollen und ob beispielsweise ein Arbeitsauftrag (z. B. appellieren) in diesem Teil bearbeitet werden soll.

Arbeitsaufgabe „Hauptteil und Schluss"

- Verfassen Sie nun den Schluss und den Hauptteil Ihrer Meinungsrede nach diesen Gesichtspunkten und stellen Sie die schon verfasste Einleitung voran.

Schritt ❻: Schreiben – BEWERTEN und ÜBERARBEITEN

Abschließend ist es wichtig, die Qualität Ihrer Meinungsrede anhand der folgenden Kriterien bzw. jener aus Schritt ❷ zu überprüfen:

- Sind die typischen Kriterien der Textsorte eingehalten?
- Sind alle Arbeitsaufträge umfassend erarbeitet?
- Sind die einzelnen Absätze in sich zusammenhängend?
- Sind die einzelnen Absätze inhaltlich und auch sprachlich (Verweiswörter, Konnektoren etc.) miteinander verknüpft?
- Ist die vorgegebene Wortanzahl eingehalten?
- Ist die Meinungsrede frei von orthografischen und grammatikalischen Fehlern?

> 💡 Werden die Arbeitsaufträge nur der Reihe nach abgearbeitet und die Inhalte nicht miteinander verknüpft, ist kein roter Faden gegeben.

Arbeitsaufgabe „Bewerten und überarbeiten"

- Überprüfen Sie die Qualität Ihrer Meinungsrede anhand der oben genannten Kriterien und überarbeiten Sie sie anschließend auf Basis Ihres Befundes.

Wichtige rhetorische Mittel für Ihre Meinungsrede

Stilmittel	Erklärung	Beispiel
die Alliteration	Mehrere Wörter in Folge beginnen mit gleichen Buchstaben, wodurch eine Verstärkung des Dargestellten erzielt werden kann (Stabreim).	■ Veni, vidi, vici. ■ Manner mag man eben!
die Anapher	Der Beginn aufeinanderfolgender Wortgruppen oder Sätze wird wiederholt. Dieser Gleichklang führt zu einer Intensivierung.	■ Vieles erkannte er, vieles war ihm fremd. ■ Woher kommst du? Wo willst du bleiben? Wohin willst du gehen?
die Antithese	Verdeutlichung eines Gedankens durch die Gegenüberstellung gegensätzlicher Begriffe (Gegensatzpaare), Intensivierung der Aussage.	■ Wer hoch steigt, der fällt tief! ■ Hell ist's des Tags, doch dunkel ist's in unsrer Seel'.
der Euphemismus	Anstößige, unangenehme Bezeichnungen werden durch eine Umschreibung abgemildert bzw. beschönigt.	■ ein geistiger Bodenturner (statt: ein dummer Mensch) ■ verhaltenskreativ (statt: verhaltensauffällig) ■ Ehrenrunde (statt: Sitzenbleiben)
die Klimax	Wörter oder Sätze werden in steigender bzw. fallender (Antiklimax) Intensität aufeinanderfolgend angeordnet.	■ den Knechten, den Herren und den Fürsten … ■ Anfangs sind sie lieb und nett, etwas später reserviert und distanziert, am Ende bösartig und intrigant! ■ Wer nicht lernt, der besteht keine Prüfungen, wer keine Prüfungen besteht, …
die Metapher	Bei der Metapher wird das eigentlich gemeinte Wort durch ein anderes ersetzt, das eine „bildliche" Ähnlichkeit besitzt (z. B. „Das Schiff pflügt das Meer" für „Das Schiff zieht eine Furche durch das Wasser"). Etwas wird mit einem Begriff aus einem anderen Bereich verglichen, ohne dass „wie" als Vergleichswort eingesetzt wird.	■ Der Reifen schneidet den Asphalt. ■ Das Schiff pflügt das Meer. ■ Sie war eine Orchidee (statt: Sie war schön wie eine Orchidee).
der Parallelismus	Satzabschnitte oder Sätze werden exakt nach der gleichen grammatikalischen Struktur gebaut.	■ Reden ist Silber, Schweigen ist Gold. ■ Sei ruhig, sei gefasst, sei gewarnt!
die rhetorische Frage (Scheinfrage)	Die rhetorische Frage ist eine als Frage formulierte Aussage, auf die keine Antwort erwartet wird, da die Antwort entweder allen klar ist oder die/der Fragende die gestellte Frage unmittelbar selbst beantwortet.	■ Wann wird das wohl ein Ende nehmen?
das Trikolon (die Trias)	Dabei handelt es sich um einen Satz bzw. eine Satzreihe, der bzw. die aus drei Teilen besteht. Die einzelnen Teile sind inhaltlich verbunden.	■ Er kam, er sah, er siegte!
der Vergleich	Ein Sachverhalt wird mit einem Sachverhalt aus einem anderen Bereich in Beziehung gesetzt und dadurch verdeutlicht.	■ In ihrem Innersten versank alles wie zur Regenzeit. ■ Er ist wie ein Bock. ■ Ihre Stimme klang wie das Wiehern eines Pferdes.
die Wiederholung	Ein Wort oder eine Wortfolge wird innerhalb eines Textabschnittes mehrmals verwendet.	■ Kaufen, kaufen, kaufen! Für viele Menschen ist Konsum die neue Religion!

🔗 Eine ausführlichere Liste an rhetorischen Stilmitteln finden Sie im Anhang.

Arbeitsaufgaben „Meinungsrede"

Text 1

Verfassen Sie eine Meinungsrede.

Situation: Sie nehmen an einem Redewettbewerb teil und halten vor Schülerinnen/Schülern und Lehrkräften eine Meinungsrede mit dem Titel „Sport? – Kein Sport? – Ist das wichtig?". Als Grundlage verwenden Sie den Bericht „Ob Videospiele auch Sport sein können".

Lesen Sie den Bericht „Ob Videospiele auch Sport sein können" von Sebastian Reuter, erschienen in der Onlineausgabe der Tageszeitung „Frankfurter Allgemeine Zeitung" am 28. August 2020 (Textbeilage 1).

Verfassen Sie nun die **Meinungsrede** und bearbeiten Sie dabei die folgenden Arbeitsaufträge:

- **Beschreiben** Sie die Ihrer Meinung nach wesentlichen Merkmale eines Sports.
- **Beurteilen** Sie anhand der von Ihnen aufgestellten Kriterien und der im Bericht vorgebrachten Argumente, ob es sich bei E-Sport um Sport handelt.
- **Nehmen** Sie **Stellung** zur Frage, ob die Anerkennung von E-Sport als Sport auf die gesellschaftliche Akzeptanz des Gamings in der Öffentlichkeit Auswirkungen haben könnte.

Schreiben Sie zwischen 540 und 660 Wörter. Markieren Sie Absätze mittels Leerzeilen.

Textbeilage 1

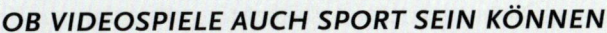

OB VIDEOSPIELE AUCH SPORT SEIN KÖNNEN

Die Leute, die mit Videospielen viel Geld verdienen und Tausende Zuschauer haben, heißen „E-Sportler". Trotzdem heißt es zuhause oft, man soll lieber mal Sport machen, statt immer nur zu zocken. Wie denn nun?

„Jetzt zockt doch nicht den ganzen Tag am Bildschirm, macht lieber Sport!" Aufforderungen wie diese
5 kennen viele Kinder und noch mehr Jugendliche. Aber heißt es nicht immer mal, dass Videospiele auch Sport sind? Ob Videospiele Sport sind, wird nicht nur in Familien, am Küchentisch oder im Kinderzimmer diskutiert, sondern auch von Sportvereinen und -verbänden oder in der Politik.

Gerade jetzt, wenn der Herbst kommt, klingt die Idee doch einigermaßen verlockend: Im Fitnessstudio ist es zu voll, zum Joggen ist es zu nass und zu windig und der Weg zum nächsten Hallenbad ist ziemlich weit.
10 Warum also nicht einfach zwei Stunden ohne Pause mit dem Controller in der Hand vor dem Bildschirm zocken, bis die Finger wund sind und der Kopf ganz müde ist?

Millionen Menschen in Deutschland, jüngere wie ältere, zocken mittlerweile mehrmals in der Woche oder sogar täglich am Computer, dem Smartphone oder an der Konsole ein Videospiel. Manche zocken schon länger und sind so gut darin, dass ihnen bei Online-Turnieren über das Internet sehr viele Menschen dabei
15 zusehen, wie sie ihre virtuellen Alter Egos durch Fantasy-Welten, historische Kriegsschauplätze oder über Rennstrecken führen. Sie gewinnen teilweise hohe Preisgelder und werden „E-Sportler" genannt. Für sie gilt: Wer Sport treibt, muss noch lange nicht ins Schwitzen geraten oder am nächsten Tag einen Muskelkater haben.

Doch längst nicht alle sind der Meinung, dass das Zocken von Computerspielen auch tatsächlich als Sport
20 anerkannt werden sollte. Der Deutsche Olympische Sportbund (DOSB) zum Beispiel ist dagegen und verweist seit einigen Jahren auf eine Reihe von Voraussetzungen, welche die „E-Sportler" angeblich nicht erfüllen.

Der DOSB ist wichtig, er ist der Dachverband des deutschen Sports, und in seiner Aufnahmeordnung ist von Bedingungen wie einer „eigenen, sportartbestimmenden motorischen Aktivität" die Rede, also von
25 *ausreichend körperlicher Bewegung, von der „Einhaltung ethischer Werte" wie dem Verzicht auf jegliche körperliche oder verbale Gewalt und von bestimmten organisierten Verbandsstrukturen, also von Vereinen für eine Sportart und ihren Zusammenschlüssen.*

Im vergangenen Jahr hat der DOSB zu der Frage sogar von einem Juristen ein hundertzwanzig Seiten starkes Gutachten erstellen lassen – und ist zu dem für ihn endgültigen Schluss gekommen, dass „E-Sport"
30 *nicht als „echter" Sport anzuerkennen sei. Das hat vor allem rechtliche und steuerliche Hintergründe. Sport gilt in Deutschland nämlich gemeinhin als „gemeinnützig" und genießt deswegen eine besondere Förderung.*

Sollte Gaming also genauso gefördert werden wie Fußball, Turnen oder Schwimmen? Auch die „E-Sport"-Befürworter haben über die Jahre eine
35 *lange Liste an Argumenten gesammelt: Dem Gaming fehle die „motorische Aktivität"? Schach und Schießen würden schließlich auch als Sport anerkannt, und da bewege man sich noch weniger, lautet die Antwort. Außerdem halte sich die körperliche Anstrengung auch bei Dart-Profis und Bogenschützen in engen Grenzen, wobei die Anforderung an Kopf*

40 *und Konzentration dagegen umso höher sei. Ähnlich ist es bei „E-Sportlern", wie eine Untersuchung der Sporthochschule Köln schon vor einigen Jahren gezeigt hat: Wenn sie am Computer oder an der Konsole gegeneinander antreten, klicken sie mehrere hundert Male in der Minute auf Tastatur, Maus oder Controller und behalten gleichzeitig das wilde Geschehen auf dem Monitor permanent im Blick. Wer sich nur kurz ablenken lässt, hat schon verloren.*

45 *Auch auf den Vorwurf, es würden bei einigen Spielen wie dem Ego-Shooter „Counter Strike" ethische Werte nicht geachtet und virtuelle Gewalt ausgeübt, haben die Zocker eine Antwort: Schließlich werde beim Fechten oder Boxen auch Gewalt simuliert oder tatsächlich ausgeübt. Zudem hätten auch sie seit fast drei Jahren mit dem E-Sportbund Deutschland einen eigenen Dachverband, und gleichzeitig gebe es immer mehr Amateursportvereine, die in neu geschaffenen Abteilungen Kindern und Jugendlichen auch Gaming-*
50 *Angebote machten, in denen zusätzlich darauf geachtet werde, dass die Teilnehmer nicht zu lange zocken und zwischendurch zum Ausgleich auch mal eine Runde mit dem Ball spielen.*

Die Debatte, ob „E-Sport" Sport ist, ist also ziemlich festgefahren – und trotzdem oftmals noch in vollem Gange. Zuletzt hat sogar die altehrwürdige ARD-„Sportschau" im Fernsehen eine Sondersendung zu dem Thema organisiert, und auch die Politik hat sich vor einiger Zeit in die Diskussion eingeschaltet. Allerdings
55 *ist dabei bislang außer vielen warmen Worten noch nicht viel herumgekommen.*

Wahr ist aber auch: „E-Sport" ist mittlerweile in Deutschland und auf der ganzen Welt ein Millionengeschäft geworden, das ganze Arenen füllt, Zigtausende vor den Livestream holt und an dem die unterschiedlichsten Leute und Gruppen ihre Interessen haben. Viele Spieler, Entwickler, Sponsoren und Turnierorganisatoren verdienen eine Menge Geld mit dem Gaming und seinen Fans, eben auch, weil sich die Zocker als
60 *Sportler bezeichnen – oder bezeichnen lassen.*

Illusionen sollte sich trotzdem niemand machen: Wer zuhause auf dem Sofa lümmelt und bei schlechtem Wetter zwei Stunden an der Konsole zockt, betreibt noch lange keinen Sport. Da hilft nur, den inneren Schweinehund zu überwinden und im Nieselregen ein paar Kilometer laufen zu gehen.

SEBASTIAN REUTER, FAZ.NET, 28.8.2020

a) Sie finden nun einen stichwortartigen **Erwartungshorizont** zu den Arbeitsaufträgen. Im Vorfeld müssen Sie sich eine Meinung zur Problematik bilden. Das ist vor allem bei Arbeitsauftrag 1 und Arbeitsauftrag 3 wichtig. Erst dann können Sie aus den aufgelisteten Stichwörtern jene wählen, die Sie verwenden wollen. Markieren Sie jene Stichwörter, die Ihnen besonders wichtig erscheinen, und streichen Sie jene, die Sie nicht verwenden wollen.

Brauchbare Infos aus dem Text:	Eigene Erweiterungen:
Arbeitsauftrag/Operator 1: beschreiben	
■ körperliche Bewegung ■ Einhaltung ethischer Werte ■ Anforderungen an Kopf und Konzentration	■ fördert körperliche Ausdauer ■ gesundheitsfördernd ■ Streben nach maximaler Leistung ■ Wettbewerbsgedanke ■ Zweckfreiheit
Arbeitsauftrag/Operator 2: beurteilen	
■ körperliche Bewegung: nicht gegeben, aber auch bei Schach, Darts etc. nicht ➞ sind als Sport anerkannt ■ Gewaltfreiheit: Manche Spiele sind gewalthaltig, aber auch beim Boxen z. B. wird Gewalt ausgeübt. ■ Konzentration: zwingend notwendig bei E-Sport	■ körperliche Ausdauer: wird nicht gefördert ➞ stundenlanges Sitzen vor Computer ■ gesundheitsfördernd: gilt nicht für E-Sport ➞ kaum Bewegung, oft Fast Food etc. ■ **aber:** Auch anerkannter Leistungssport birgt gesundheitliche Gefahren. ■ Streben nach maximaler Leistung: wird bei E-Sport gefördert; selbst bei „Freizeit-Spielern" wichtig, das nächste Level zu erreichen etc. ■ Wettbewerbsgedanke ist gegeben: Turniere etc. ■ Zweckfreiheit: Sowohl bei E-Sport als auch bei Leistungssport ist Geldverdienen ein Thema.
Arbeitsauftrag/Operator 3: Stellung nehmen	

	Hat Auswirkungen
	■ könnte damit mehr in die Aufmerksamkeit der Öffentlichkeit gelangen ➞ mehr Wissen – weniger Vorurteile ➞ mehr Akzeptanz
	  ▶ könnte Eingang in die Sportseiten der Zeitungen finden (statt in Digital-/Wirtschaftsteil) bzw. Sportberichterstattung allgemein ➞ erreicht auch Menschen, die noch nicht damit zu tun haben
	  ▶ könnte olympisch werden ➞ große mediale Aufmerksamkeit
	■ Gaming wird eher als professionelle Aktivität wahrgenommen (Anerkennung als Sport ➞ Anerkennung der Trainingsleistung).
	  ▶ könnte somit auch eher in Schulen gelehrt werden (wie z. B. in Norwegen)
	
	Hat keine Auswirkungen
	■ Akzeptanz nicht von Etikettierung als Sport abhängig (siehe Curling etc.)
	■ demografischer Wandel wichtiger: Jüngere sind ohnehin aufgeschlossen. Für Ältere, die sich bislang nicht damit beschäftigt haben, wird sich dadurch das Interesse nicht erhöhen.
	■ Bedenken/Vorurteile (z. B. Suchtproblematik) bleiben davon unbetroffen.

b) Überlegen Sie nun, welche **Arbeitsaufträge** Sie in welchem Teil Ihrer Meinungsrede (Einleitung, Hauptteil, Schluss) bearbeiten wollen. Notieren Sie dies.

Möglich ist natürlich auch, alle drei Arbeitsaufträge im Hauptteil zu verarbeiten. In diesem Fall müssen Sie eine Einleitung (z. B. Hinweis auf die Aktualität des Themas, provokante These etc.) und einen Schluss (z. B. abschließendes Urteil über die Relevanz der Akzeptanz von E-Sport als Sport, Ausblick etc.) entwerfen.

c) Rufen Sie sich die **Merkmale einer Meinungsrede** in Erinnerung. Überlegen Sie insbesondere,
  ■ wie Sie den roten Faden spannen wollen. In einer Meinungsrede wird auf einen Zielsatz hingearbeitet (Was will ich mit meiner Rede erreichen?); dieser ist im konkreten Fall nicht durch die Arbeitsaufträge nahegelegt.
  ■ in welchen Passagen der Meinungsrede sich welche rhetorischen Mittel anbieten.

d) **Verfassen Sie nun Ihre Meinungsrede.** Überarbeiten Sie sie anschließend.

Text 2

Verfassen Sie eine Meinungsrede.

Situation: Sie als Schüler/in halten im Zuge eines Redewettbewerbs eine Meinungsrede zum Thema „Klischee Familie". Ihr Publikum besteht aus Jurorinnen/Juroren, Schülerinnen/Schülern und Professorinnen/Professoren.

Lesen Sie den Kommentar „Die eintönige Welt der Kinderbücher" von Beate Hausbichler, erschienen in der Tageszeitung „Der Standard" am 13. Oktober 2020 (Textbeilage 1).

Verfassen Sie nun die **Meinungsrede** und bearbeiten Sie dabei die folgenden Arbeitsaufträge:

- **Beschreiben** Sie die familiären Formen des Zusammenlebens in Ihrer Umgebung.
- **Diskutieren** Sie, inwiefern sich die Darstellung des familiären Zusammenlebens in Kinderbüchern auf die Zukunftsvorstellungen des Zusammenlebens, familiärer Idealbilder etc. innerhalb unserer Gesellschaft auswirkt.
- **Beurteilen** Sie die Notwendigkeit der Abbildung der realen Verhältnisse des familiären Zusammenlebens in Kinderbüchern.

Schreiben Sie zwischen 540 und 660 Wörter. Markieren Sie Absätze mittels Leerzeilen.

Textbeilage 1

DIE EINTÖNIGE WELT DER KINDERBÜCHER

Nicht die Rede von „sexueller Orientierung" und „Gender-Identität" ist für Kinder zu viel, sondern wenn ihnen das Gefühl vermittelt wird, keine „perfekte Familie" zu haben.

Es gibt ja immer wieder diese Verschwörungstheorien, wonach eine queere, lesbische, schwule, feministische oder Transgender-Lobby schon Kinder infiltrieren würde. Eine Lobby, die die Kleinen auf seltsame Ideen
5 bringt, etwa jene, dass sie später einmal zusammenleben können, mit wem sie wollen. Oder dass auch Kinder zu einer Familie gehören können, die mit keinem blutsverwandt sind, einfach weil man entschieden hat, sie in Pflege zu nehmen. Weil man als lesbisches Paar nicht so einfach leibliche Kinder bekommen kann oder auch bei heterosexuellen Paaren manches anders läuft. Oder weil man selbst nicht gebären will. Dass Eltern sich trennen und deren Kind mal bei Papa, mal bei Mama wohnt. Oder Kinder nur bei einem Elternteil woh-
10 nen und der andere nicht am Leben des Kindes teilnimmt. Verrückt? Wohl eher der ganz normale Alltag.

Doch alles, was nicht der Norm entspricht, wird insbesondere für Kinder als psychologisch gefährlich und völlig verwirrend klassifiziert. Gender-Identität? Sexuelle Orientierung? Davon sollen schon Schulkinder erfahren? Um Himmels willen! Die Folgen davon seien, so die Verfechterinnen und Verfechter altherge-
15 brachter Normen, dass sich Mädchen bereits in der Pubertät die Brüste entfernen lassen und dass angeblich existierende Translobbys zu „Penis-Farewell-Partys" laden. Gern geht mit solchem Aufschrei gleich auch noch die Sorge einher, die „normale Familie" werde damit ausgelöscht.

Beruhigende Einfalt?
Dabei ist weder die „Gender-Identität" noch die „sexuelle Orientierung" etwas, was einem eine arg progressive Lobby einbläuen könnte, sondern ein jeder Mensch hat das eine wie das andere. Auch wenn es bei den
20 einen mehr auffällt, etwa weil die sexuelle Orientierung nicht heterosexuell ist oder man eine Transperson ist. Abgesehen davon: Wer sich ernsthaft davor fürchtet, kennt die gängigen Kinderbücher nicht. Denn die dürften jeden strengkonservativen Menschen beruhigen. Unterschiedliche Familienkonstellationen sind dort nämlich wirklich eine Seltenheit.

Die Familie in vielen, sehr vielen Kinderbüchern besteht aus zwei Kindern plus Mama und Papa. Ein Mäd-
25 chen, ein Bub, wobei das Mädchen in den meisten Fällen die Ältere ist — warum auch immer (vielleicht weil

sie sich dann schon um den jüngeren Bruder fürsorglich kümmern kann? Aber lassen wir solche Verschwörungstheorien). Der Altersunterschied zwischen den beiden fiktiven Kindern beträgt meist zwei oder drei Jahre. Sie leben in einem Häuschen mit Garten oder zumindest in einer großen Wohnung, Papa geht Vollzeit arbeiten, Mama arbeitet auch, aber nur ein bisschen.

30 Sicher, nicht alle sind so. Aber greifen Sie mal in der Bibliothek Ihres Vertrauens blind ins Regal mit Kinderbüchern. Geht es nicht um Tiere und kommt eine Familie darin vor, dann schaut sie ziemlich wahrscheinlich genau so aus. Obwohl, Tiere: Auch die Tierfiguren leben schon mal als Kleinfamilie mit Doppelbett und schnuckliger Wohnung zusammen, und neben der im Ehebett schlafenden Giraffendame liegt ein Roman, neben dem Giraffenmann eine Zeitung. So ist das.

35 **_Kinder sollen sich nicht als die Ausnahme fühlen_**
Wir müssen uns also vielmehr die Frage stellen, ob es tatsächlich gut ist, wenn jedes Kind, bei dem einiges anders ist, das Gesehene und Gelesene erst für sein Leben übersetzen muss. Wenn Kinder sich als die Ausnahme fühlen, obwohl sie es gar nicht sind. Oder dass sie das Gefühl bekommen,
40 sie müssten sich selbst irgendwie hinterfragen oder rechtfertigen, wenn ihre Familie anders aussieht.

Natürlich sind nicht alle Kinderbücher so. Aber wer Familien querbeet sehen will, mit homosexuellen Eltern, Ein-Eltern-Familien, Pflegefamilien oder einfach nur solchen, wo die Eltern getrennt leben, der muss sich in der Kinderbuchhandlung in die Special-Interest-Abteilung begeben.

Beate Hausbichler, Der Standard, 13.10.2020

Tipps und Anregungen zur Bearbeitung der Arbeitsaufträge:
- **Beschreiben** Sie die familiären Formen des Zusammenlebens in Ihrer Umgebung.
  - ▶ Beziehen Sie alle möglichen Formen des familiären Zusammenlebens ein und verweisen Sie auf die existierende Vielfalt (alleinerziehender Elternteil, klassische Familie, Patchworkfamilie, Familie mit gleichgeschlechtlichen Partnerinnen bzw. Partnern etc.).
  - ▶ Überprüfen Sie für diesen Arbeitsauftrag im Besonderen den Inhalt der Textbeilage.

- **Diskutieren** Sie, inwiefern sich die Darstellung des familiären Zusammenlebens in Kinderbüchern auf die Zukunftsvorstellungen des Zusammenlebens, familiärer Idealbilder etc. innerhalb unserer Gesellschaft auswirkt.
  - ▶ Überlegen Sie sich den Einfluss von Kinderbüchern und -serien auf Ihre kindliche und heutige Sicht der Welt.
  - ▶ Bedenken Sie im Besonderen die unterschiedlichen Funktionen, die Kinderbücher übernehmen können (Schaffung von Fantasiewelten, Reduktion von Komplexität, Belehrung, Erziehung etc.).
  - ▶ Problematik der (Nicht-)Unterscheidung zwischen Fiktion und Wirklichkeit
  - ▶ ACHTUNG: Diskutieren bedeutet, unterschiedliche Behauptungen und Begründungen auf ihre Stichhaltigkeit hin zu überprüfen. ABER: Präsentieren Sie sie in Ihrer Rede so, dass sie am Ende Ihre Position zur Thematik stützen.

- **Beurteilen** Sie die Notwendigkeit der Abbildung der realen Verhältnisse des familiären Zusammenlebens in Kinderbüchern.
  - ▶ Beziehen Sie auch übergeordnete Dimensionen des familiären Zusammenlebens in Ihre Betrachtungen ein: Diskriminierung, Vielfalt, Gleichberechtigung von Frauen und Männern, Respekt voreinander.

ACHTUNG: Behalten Sie die Länge Ihrer Arbeit im Blick!
- Sollten Sie Probleme haben, auf die geforderte Länge zu kommen, dann planen Sie sowohl die Einleitung als auch den Schluss unabhängig von den drei Arbeitsaufträgen.
- Sollte die Arbeit zu umfassend geraten, dann überlegen Sie, welchen Arbeitsauftrag Sie schon in der Einleitung der Meinungsrede umsetzen können. Beurteilen Sie bereits in der Planung, welche Argumente zwingend sind, um einerseits die geforderten Arbeitsaufträge (Operatoren!) zu erfüllen und andererseits Ihre Meinung überzeugend darzustellen.

Text 3

Verfassen Sie eine Meinungsrede.

Situation: Ihre Schule veranstaltet eine Podiumsdiskussion zum Thema „Toleranz – Akzeptanz", zu der Schüler/innen sowie Lehrkräfte und Eltern eingeladen sind. Sie eröffnen die Diskussion mit einer Meinungsrede.

Lesen Sie die Reportage „Ich & mein Kleid" von Bartholomäus von Laffert, erschienen in der Zeitschrift „fluter" am 21. September 2020 (Textbeilage 1).

Verfassen Sie nun die **Meinungsrede** und bearbeiten Sie dabei die folgenden Arbeitsaufträge:

- **Geben** Sie die im Bericht dargestellte Problematik **wieder.**
- **Diskutieren** Sie, inwiefern Kleidung Rückschlüsse auf ihre Träger/innen zulässt.
- **Nehmen** Sie zur Klassifizierung von Menschen aufgrund ihrer Kleidung **Stellung.**

Schreiben Sie zwischen 540 und 660 Wörter. Markieren Sie Absätze mittels Leerzeilen.

Textbeilage 1

ICH & MEIN KLEID

Ich habe eine neue Lieblingsklamotte. Sie ist kunterbunt, weit ausgeschnitten, eng anliegend an den Hüften und reicht mir bis knapp unters Knie. Meine Freundin Mina hat sie vor ein paar Jahren auf einem Trödelmarkt in Riga gekauft und mir geschenkt. Mein Kleid.

5 Vor einem Jahr hat das angefangen: Kleidertragen. Flucht in die Ästhetik nach jahrelangem Stilgedümpel in pragmatischer Hipstercamouflage, bestehend aus: weißen Sneakern, schwarzer Jeans, weißem T-Shirt, rotem Käppi. Cocktail, Chiffon, Etui – was hatte ich meine Freundinnen um ihre Kleider beneidet und mich doch nie getraut. Für das neue Outfit gab es keinen Anlass, kein Statement und dahinter schon gar keinen Plan zur Zerschlagung des Patriarchats. Ich wollte bloß eins: schön sein.

10 Natürlich war es kein Zufall, dass mein erstes Kleid in die Zeit fiel, in der ich nach einem Vierteljahrhundert auf dieser Welt das erste Mal Männlichkeit kritisch zu hinterfragen begann: Wann war ein Mann ein richtiger Mann? Und bald darauf: War ich denn überhaupt einer?

Ein Mann, so wie ich es gelernt hatte, war ein Mensch, der seinen Kumpels bei der Begrüßung dreimal fest auf den Rücken schlug, um den Anschein von Zärtlichkeit zu vermeiden. Der auf die Frage „Wie geht's dir?" seinen bisherigen Tagesverlauf schilderte. Der in der S-Bahn die Beine so weit spreizte, als gehörte ihm der
15 ganze Waggon. Ein Mann weinte nicht (und wenn, dann nur vor Freundinnen), und ein Kleid trug er schon gar nicht.

Dabei gab es eine Zeit, in der nicht in erster Linie das Geschlecht die Kleidung bestimmte. Bis ins 18. Jahrhundert war sie zuallererst Ausdruck der Standeszugehörigkeit. Und während Zweckmäßigkeit und Nüchternheit den Stil des aufsteigenden Bürgertums prägten, stellte der Adel den Luxus zur Schau: Man trug
20 Perücken, Röcke und hohe Schuhe. Ganz gleich, ob Mann oder Frau. Doch über Jahrhunderte veränderte sich die Kleiderordnung kontinuierlich. Sie diente jedoch stets dem Erhalt bestehender Machtverhältnisse.

Und diese veränderten sich im Verlauf des 18. Jahrhunderts, als sich das Bürgertum gegen den Adel auflehnte und schließlich durchsetzte. „So wurde mit dem Adel auch dessen Kleidung abwertend feminisiert, das Bürgertum sowie seine Lebensführung und Moral wurden hingegen als männlich definiert und idealisiert",
25 schreibt die Schweizer Geschlechterforscherin Michela Seggiani. Das Bürgertum schuf dadurch ein unverrückbares Zwei-Geschlechter-Modell, in dem Mann Frau, vermeintlich von Natur aus, überlegen war. Männlichkeit definierte sich fortan über Arbeit und Verstand. Weiblichkeit über „das Mindere". Und um beides zu unterscheiden, trug Mann Hose und Frau Kleid. Erdachte Geschlechterrollen, geronnen in der Mode der Zeit.

Gut 200 Jahre später. Bei meiner Mutti zu Hause an der Wohnzimmerwand hängt seit Kurzem eine Collage von Kinderfotos meiner jüngeren Schwester und mir: zwei pausbäckig grinsende Rotschöpfe, die Fremde gut und gern für Zwillinge halten könnten. Die sich optisch durch fast nichts unterscheiden – außer ihrem Style: Sie trägt Dirndl und Baumwollkleidchen und dann und wann eine Hose. Ich trage Cordhosen, Lederhosen, kurze Hosen, gelbe Hosen, Schneeanzug. Auf keinem Bild trage ich ein Kleid.

Frauen hatten sich im vergangenen Jahrhundert das Recht erkämpft, zu wählen, waren an die Universitäten geströmt und in die Politik. Sie hatten dafür gekämpft, Hosen tragen zu dürfen, und spätestens mit Coco Chanel wurde das auch en vogue. Und Männer? Waren Männer geblieben. Als hätten sie seit 1800 nichts anderes versucht, als die Emanzipation der Frauen zu verhindern – anstatt sich um die eigene zu scheren. Wo waren sie, die Männer mit Kleid? Ich suchte sie – ich fand sie nicht. Nicht auf der Straße, nicht im Film und auch nicht in der Suchmaske des Zalando-Online-Katalogs.

„Weibliche Kleidung hat absolut kein soziales Kapital für einen Mann, weil sie eine Reihe von Eigenschaften verkörpert, die unsere Gesellschaft geringschätzt", sagt Marjorie Jolles, Associate Professor of Women's and Gender Studies an der Roosevelt University in Chicago. „Ein Mann, der die Codes einer unterdrückten Klasse nachahmt, ist vor allem eines: lächerlich."

So war auch der Schauspieler und Musiker Billy Porter vor Hohn nicht gefeit, als er bei der Oscarverleihung 2019 mit einem ausgefallenen Smokingkleid aus schwarzem Samt über den roten Teppich stolzierte. Prompt schrieb der Moderator Piers Morgan auf Twitter: „Darf ich sagen, dass das absolut lächerlich aussieht?"

Billy Porter antwortete darauf später in Stephen Colberts „Late Show": „Wenn Frauen Hosen tragen, dann ist das powerful, dann ist das stark, gesellschaftlich akzeptiert, und es ist mit dem Patriarchat und Männlichsein assoziiert. Wenn aber ein Mann ein Kleid anzieht, dann ist das widerlich. Was sagst du mir damit: Männer sind stark – Frauen sind widerlich?"

Wie wir Hosen und wie wir Kleider sehen, sagt verdammt viel darüber, welchen Stellenwert „Weiblichkeit" und „Männlichkeit" in unserer Gesellschaft noch immer haben. Und wer mit der geschlechtlich genormten Kleiderordnung bricht, bricht mit der Hierarchie als Ganzem. Das ist für viele Menschen ein Grund, all jene zu verspotten, deren Aussehen und Kleidung unpassend scheinen: etwa trans Personen oder queere Menschen.

Dass meine Kleider mehr waren als ein modisches Statement, bemerkte ich bald an mir selbst: Mit Kleid fühlte ich mich frei und verletzlich; ich bewegte mich graziler, und die Leute auf dem Gehweg wichen mir nicht mehr aus. Die Blicke der anderen: überrascht und belustigt. Nicht selten aber auch verwirrt und verächtlich. Unterbewusst teilte ich die Welt bald auf in Orte, wo es mir angenehm war, Kleider zu tragen – und wo nicht: gern in Berlin-Neukölln, den Donauauen, bei Hausfeten – nicht so gern in Oberbayern, in U-Bahnen, in Eckkneipen. Irgendwo dazwischen die Wiener Innenstadt.

Anfang Juni. Die Nacht war warm. Ich war zu einer Party eingeladen und hatte mir mein neues Lieblingskleid angezogen. Weit ausgeschnitten, eng und mit bunten Punkten, die wie Wasserfarbentupfer ineinanderliefen. Die Freundin, mit der ich an diesem Abend unterwegs war, hatte mir ein Kompliment gemacht. Wir gingen die Gumpendorfer Straße in Wien hinunter, wo sich im Sommer Straßenlokal an Straßenlokal reiht.

Die Bombe zündete, als wir ein Lokal passierten, vor dem sich zehn Raucher zusammengeschart hatten: Beim Anblick des Kleides fingen die Männer an zu johlen, zu pfeifen, zu schreien, zu drohen (die genauen Worte verstand ich nicht). Erst stieg Angst in mir auf, dann Wut, schließlich kam langsam die Euphorie zurück. Und als ich am nächsten Morgen vor meiner Kleiderstange stand, hatte ich die Wahl: Hose oder Kleid, Mann oder Nichtmann, Mitläufer oder Deserteur. Diese Wahl haben die meisten wohl nicht.

BARTHOLOMÄUS VON LAFFERT, FLUTER, 21.9.2020

Text 4

Verfassen Sie eine Meinungsrede.

Situation: Sie als Schüler/in halten im Zuge eines Redewettbewerbs eine Meinungsrede zum Thema „Junge Demokratie". Ihr Publikum besteht aus Jurorinnen/Juroren, Schülerinnen/Schülern und Professorinnen/Professoren.

Lesen Sie den Bericht „Demokratieschule" von Leopold Stefan und Anne Liebig, erschienen im Magazin „Der Pragmaticus" am 2. September 2022 (Textbeilage 1).
Verfassen Sie nun die **Meinungsrede** und bearbeiten Sie dabei die folgenden Arbeitsaufträge:

- **Geben** Sie im Bericht angesprochene Einstellungen von Jugendlichen zu Politik **wieder.**
- **Nehmen** Sie zur Aussage **Stellung,** dass die politisch Desinteressierten erhebliche Risiken für die demokratische Ordnung bergen würden.
- **Machen** Sie **Vorschläge** zu Möglichkeiten demokratischen Handelns im schulischen Kontext.

Schreiben Sie zwischen 540 und 660 Wörter. Markieren Sie Absätze mittels Leerzeilen.

Textbeilage 1

DEMOKRATIESCHULE

Griechenland gilt gemeinhin als Wiege der Demokratie. Blickt man jedoch genauer auf den antiken Stadtstaat Athen, kann man feststellen, dass nach Abzug der Frauen, der Sklaven und aller Ausländer gerade einmal 10 bis 20 Prozent der Bevölkerung politische Mitsprache hatten. Wählen durften nur Männer, die den Militärdienst abgeleistet hatten. Doch vor dem Hintergrund des Kriegs in der Ukraine stellt sich die
5 *Frage: Könnte Russland seinen Angriffskrieg gegen das Nachbarland auch dann führen, wenn alle Soldaten, die nun ihr Leben riskieren, ein Mitspracherecht darüber hätten, wer im Kreml sitzt?*

An dieser Stelle kommen unsere Schulen ins Spiel: „Demokraten fallen nicht vom Himmel – vielmehr muss Demokratie erlernt und erprobt werden", schreiben Robert Hummer und Elfriede Windischbauer vom Institut für Gesellschaftliches Lernen und Politische Bildung der Pädagogischen Hochschule Salzburg.
10 *Ihre These: Ohne politische Mündigkeit keine politische Teilhabe. Letztere werde in einer Demokratie in unterschiedlichen Rollen gelebt: Die reflektierte Beobachterin zählt ebenso dazu wie der interventionsfähige Bürger oder die politisch engagierte Aktivbürgerin.*

Mythos politisches Desinteresse
„Sie sind klar abzugrenzen von einer vierten Rolle – den politisch Desinteressierten. Dieser Typus birgt für
15 *die demokratische Ordnung erhebliche Risiken", sagen die Experten. Junge Menschen in Österreich sind aber sehr wohl an Politik interessiert. Die Lebenswelten-2020-Studie der österreichischen Pädagogischen Hochschulen zeigt, dass unter Jugendlichen im Alter von 14 bis 16 Jahren fast jeder Zweite entweder stark oder zumindest etwas an der Politik interessiert ist. Aus anderen Befunden wisse man, dass dieser Wert mit zunehmendem Alter noch steigt. „Das den Jugendlichen oft unterstellte Desinteresse an Politik kann durch*
20 *die Tatsache entstehen, dass Politik häufig gleichgesetzt wird mit Parteipolitik", erklären die Forscher. Die „Fridays for Future"-Bewegung führt vor Augen, dass aus Interesse auch konkrete politische Handlungen erwachsen können.*

Zu Demokraten heranwachsen
Was bedeutet all das für das schulische politische Lernen? Den Lehrplan für Politische Bildung bewerten
25 *Hummer und Windischbauer durchaus positiv: „Politische Bildung wird hier weder als unreflektiertes Auswendiglernen von Daten und Fakten noch als Einstudieren normativ erwünschter Glaubenssätze verstanden. Inhaltlich macht der Lehrplan nur grobe Vorgaben und lässt Lehrpersonen bei der Themenwahl weitgehend freie Hand."*

Auf dem Papier wird die viel gepriesene Autonomie also gelebt. In der Praxis kehrt Ernüchterung ein. Zu oft wirke die Tradition der staatsbürgerlichen Erziehung fort, die politische Bildung vor allem als „unpolitische" Institutionenkunde versteht. Nicht dass es unwichtig wäre zu wissen, dass ein „Bundesrat" in Österreich Gesetze meist nur verzögern, in Deutschland blockieren kann und sie in der Schweiz umsetzt.

Doch echte Mündigkeit erwächst nicht aus grauer Lehrbuchtheorie, sondern aus der wiederholten, gelebten Erfahrung, etwas bewirken zu können. Der eigenen Stimme Gehör zu verschaffen wirkt länger nach, als die Amtszeiten aller Bundespräsidenten auswendig zu lernen. Und die Kunst, Kompromisse zu finden, lehrte schon Sokrates auf den Marktplätzen Athens und nicht im stillen Kämmerlein.

Mündiger Unterricht

Leider kommen Diskussionen, Debatten und greifbare Selbstwirksamkeitserfahrungen in unseren Schulen viel zu kurz – nicht zuletzt, weil politische Bildung nicht fächerübergreifend gelehrt wird und nur wenige Stunden pro Woche zur Verfügung hat. Dabei berührt Politik fast jeden Bereich unseres Alltags, und das Potenzial für eine interdisziplinäre Zusammenarbeit im Lehrerkollegiat ist groß, so Windischbauer und Hummer: „Von der Analyse von Wahlplakaten oder Instagram-Postings bis zur Auseinandersetzung mit Schlüsselproblemen wie dem Klimawandel oder der Migrationsfrage ist viel möglich."

Es wäre sogar noch mehr möglich. Tatsächlich flüchten Lehrkräfte in Biologie und Physik, aber auch in Kunst und Geschichte vor schwierigen und tagesaktuellen Themen, um nicht den Vorwurf der politischen Indoktrination aufkommen zu lassen. Eine solche inhaltliche Bereinigung und Entkoppelung des Unterrichts vom Zeitgeschehen dient aber niemandem – am wenigsten den heranwachsenden Bürgern. „Spätestens in jenen Momenten, wenn die öffentliche Klage über zeittypische Verwerfungen wie Verschwörungsgläubigkeit oder Demokratiemüdigkeit wieder laut wird, sollten wir uns als Gesellschaft ins Bewusstsein rufen, dass die Anstiftung möglichst vieler junger Menschen zum politischen Selbstdenken die beste Prävention solcher Problemlagen ist", argumentieren Hummer und Windischbauer.

Das muss nicht mit Indoktrination einhergehen. Stattdessen geht es um die vorgelebte und gelehrte Bereitschaft, sich mit anderen Standpunkten auseinanderzusetzen – und der Pluralität von Meinungen und Menschen in einer demokratischen Gesellschaft Rechnung zu tragen. Für Hummer und Windischbauer ist der Weg dorthin klar: Politische Bildung müsse in der Ausbildung aller Lehrerinnen und Lehrer – von der Primarstufe bis zur Sekundarstufe II – fest verankert werden und dürfe nicht bloße Wahlveranstaltung bleiben.

LEOPOLD STEFAN, ANNE LIEBIG, DER PRAGMATICUS, 2.9.2022

Selbstevaluation

Schätzen Sie sich selbst ein und beurteilen Sie Ihr eigenes Können. Nehmen Sie dazu Ihren selbst verfassten Text zur Hand und analysieren Sie ihn.

Name: _____	1	2	3	4	5
MEINUNGSREDE					
Aufgabenerfüllung aus inhaltlicher Sicht					
Schreibhandlungen im Sinne der Textsorte und der Angabe umgesetzt					
Wortanzahl erreicht					
alle Arbeitsaufträge erfüllt					
sachlich richtig, logisch nachvollziehbar					
Ideenreichtum, Eigenständigkeit					
Publikumsbezug, Wir-Gefühl					
Textstruktur					
Gliederung					
Kohärenz (Verknüpfungsmittel, frei von Gedankensprüngen)					
Verknüpfung mit der Textbeilage					
Anrede/Grußformel					
logisch nachvollziehbare Argumentation					
Stil und Ausdruck					
Wortwahl (präzise, Abwechslung, der Situation angepasst)					
einfacher Satzbau					
rhetorische Mittel					
eigenständige Formulierungen					
Einsatz textsortenspezifischer Stilmittel					
Sprachrichtigkeit					
Rechtschreibung					
Grammatik					
Zeichensetzung					
Gesamtbeurteilung					

1 = weit über das Wesentliche hinausgehend erfüllt
2 = über das Wesentliche hinausgehend erfüllt
3 = das Wesentliche zur Gänze erfüllt
4 = das Wesentliche überwiegend erfüllt
5 = das Wesentliche nicht erfüllt

Erörterung

Die Erörterung ist eine schriftliche Auseinandersetzung mit einem strittigen Thema. Sie erfordert eine multiperspektivische Behandlung des Themas anhand der Textbeilage/n, der eigenen Position der Schülerin/des Schülers sowie eventuell weiterer relevanter Positionen. Das Problem wird benannt, kann aber auch als Fragestellung oder These formuliert werden, sofern die folgende Argumentation darauf ausgerichtet ist.

BMBWF: Textsortenkatalog zur SRDP in der Unterrichtssprache

Erörterung

Verfassen Sie eine Erörterung.

Lesen Sie den Bericht „Mit Gesichtserkennung in Richtung Massenüberwachung" von Axel Dorloff, erschienen auf deutschlandfunk.de am 17. April 2018 (Textbeilage 1).

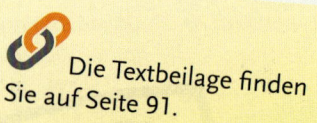

Die Textbeilage finden Sie auf Seite 91.

Verfassen Sie nun die **Erörterung** und bearbeiten Sie dabei die folgenden Arbeitsaufträge:

- **Geben** Sie die wesentlichen Aussagen des Berichtes zum Thema „Überwachung durch Gesichtserkennung" **wieder.**
- **Diskutieren** Sie Vor- und Nachteile von digitalen Überwachungssystemen (Gesichtserkennung, implantierte Chips etc.) für die Bürger/innen bzw. für den Staat.
- **Entwerfen** Sie das Zukunftsszenario eines Staates, der von digitaler „Menschenerkennung" – wie auch immer diese aussieht – geprägt ist.

Schreiben Sie zwischen 540 und 660 Wörter. Markieren Sie Absätze mittels Leerzeilen.

Digitale Überwachung

Ob zur Verbrechensbekämpfung, zum Kauf von Flug- und Bahntickets, für den Zugang zu Wohnheimen oder Firmenanlagen oder gar für die Ausgabe von Toilettenpapier auf öffentlichen Toiletten – die Anwendungen, die sich durch Kameras mit integrierter Gesichtserkennungssoftware ergeben, sind schier unbegrenzt. Künstliche Intelligenz, kurz KI, wird also dazu verwendet, Gesichter von Menschen zu erkennen und einer Person zuzuord-
5 nen, wodurch die oben beschriebenen Anwendungen möglich werden. Diese Beispiele für die Verwendung von KI werden im Bericht „Mit Gesichtserkennung in Richtung Massenüberwachung" von Axel Dorloff, erschienen auf deutschlandfunk.de am 17.4.2018, thematisiert.

So spannend und zum Teil vielversprechend sich die Beispiele lesen, so werfen sie doch Fragen auf: Wie sehr könnte diese Technik unseren Alltag verändern? Und wo liegen ihre Vor- und Nachteile?

10 Auf den ersten Blick fallen die Vorteile auf, vor allem das Argument der Sicherheit: Die Arbeit der Exekutive wäre unter Einsatz solcher Methoden um einiges effektiver und einfacher. Eine gesuchte Straftäterin/Einen gesuchten Straftäter könnte man innerhalb kürzester Zeit ausfindig machen, schwer rekonstruierbare Ereignisse wären einfacher nachzuvollziehen und der Gedanke, überhaupt ein Verbrechen zu begehen, würde aufgrund der kleinen Chancen, unbestraft davonzukommen, schnell verfliegen. Also könnte man auch davon ausgehen, dass die
15 Kriminalitätsrate in einem solchen Staat erheblich sinken würde und sich somit die Bürger/innen sicherer und zufriedener fühlen würden.

Weiters können die in der Einleitung schon beschriebenen Möglichkeiten, die sich durch digitale Gesichtserkennung ergeben, eine wesentliche Erleichterung des Alltags darstellen. Schlüssel, Bargeld, Kreditkarte, Reisedokumente – all diese Mittel, die man für das alltägliche Leben benötigt, sind nicht mehr erforderlich, können nicht
20 mehr vergessen oder verloren werden. Tatsächlich verwenden viele Menschen bereits freiwillig aus Gründen der Bequemlichkeit Gesichtserkennung und Co zum Entsperren ihrer Handy-Bildschirme.

Andererseits ist mit diesen Kameras eine Massenüberwachung auf einem hohen Niveau möglich, was einen Eingriff in das Recht auf Privatsphäre darstellt und z. B. das Bürgerrecht, sich im öffentlichen Raum frei zu bewegen, infrage stellt. So könnten Menschen von allen, die im Besitz von Gesichtsdaten sind, seien es Behörden,
25 Unternehmern oder auch Privatpersonen, in großen Teilen des öffentlichen Raums, im schlimmsten Fall auch in privaten Räumen, getrackt werden.

Besonders problematisch wird es, wenn der Staat Massenüberwachung einsetzt, um die Bürger/innen zu „erziehen", und somit die Macht über sie festigt – wie am Beispiel China zu sehen ist. Die chinesische Regierung plant, ein sogenanntes „Sozialkredit-System" zu etablieren. Mithilfe von Überwachungskameras kann Fehlverhalten
30 dokumentiert und einer Person zugeordnet werden, und wer sich nicht an die Regeln und Pflichten hält, be-

kommt Minuspunkte auf dem eigenen Sozialkredit-Score verbucht. Dies führt zum Entzug von Rechten wie beispielsweise des Rechts auf die Benützung eines Flugzeuges.

In einem idealen Zukunftsszenario könnte man eine Massenüberwachung dieser Art bestenfalls als vierte Staatsgewalt einführen. Somit wäre sie nicht direkt mit der Regierung oder der Exekutive verbunden und die Gefahr einer Ausnützung dieser Macht wäre deutlich geschmälert. Die zur Verfügung stehenden Mittel würde man z. B. erst bei der Aufklärung von Delikten einer bestimmten Stufe einsetzen.

Eine akzeptable Ausführung von Massenüberwachung dieses Ausmaßes ist also äußerst sensibel und schwierig. Die Frage, die wir uns stellen müssen, ist, was uns wichtiger ist: mehr Sicherheit und Komfort oder Freiheit. Jedenfalls müsste eine Balance zwischen der Sicherheit und der Privatsphäre jeder/jedes Einzelnen gefunden werden.

(525 Wörter)

Erörterung

WERKZEUG

Einen strittigen Sachverhalt, eine These, ein Problem etc. zu erörtern, bedeutet, dass Sie sich damit kritisch auseinandersetzen bzw. dass Sie die jeweiligen Vor- und Nachteile (Pro und Kontra) abwägen, um zu einer eigenen Einschätzung zu gelangen.

Den Kern jeder Erörterung bildet das Argumentieren, also die begründete Darstellung von Meinungen und Haltungen einer Thematik gegenüber aus unterschiedlichen Perspektiven und der daraus abgeleiteten Schlussfolgerungen.

Teile der Erörterung und inhaltliche Kriterien

Mit der **Einleitung** soll anhand der Textbeilage(n) in die Problemstellung eingeführt (Zitat, rhetorische Frage, aktueller Bezug etc.) und dafür Interesse geweckt werden. Sie soll relativ kurz sein und keine Argumente vorwegnehmen.

Als **Überleitung** zum Hauptteil wird im Folgenden eine Themenfrage formuliert bzw. das Thema der Erörterung umrissen. An dieser Stelle können auch – wenn erforderlich – die Basisinformationen (Textsorte, Titel, Autor/in, Medium, Erscheinungsdatum) der Textbeilage(n) genannt werden.

> Im Rahmen der Themenfrage wird/werden die Kernthese/n in Frageform formuliert (z. B. „Ist es verwerflich, Fleisch zu essen?").

Im **Hauptteil** werden die Arbeitsaufträge bearbeitet. Er kann nach den folgenden Schemata aufgebaut werden:

- Behauptung – Begründungen – Belege (oder Einschränkungen) – Schlussfolgerung
- Fragestellung – Abwägung von Pro und Kontra – Antwort
- Problemstellung – Abwägung von Argumenten – Lösungsversuch mit Bezug auf das eingangs benannte Problem

> Behauptung, Fragestellung und Problemstellung orientieren sich an der Themenfrage.

Wesentlich ist, dass Sie sachlich argumentieren und möglichst viele Perspektiven zur Thematik berücksichtigen.

⚠ Ein häufiger Fehler ist, dass nur Argumente aus der Textbeilage verwendet werden. Das entspricht nicht den Anforderungen der Textsorte: Sie müssen diese Argumente ergänzen, erweitern oder widerlegen.

Der **Schluss** ist wiederum kurz gehalten. Er beinhaltet – je nach den Arbeitsaufträgen – z. B. eine Begründung, weshalb Sie keine eindeutige Entscheidung treffen können, eine zusammenfassende Stellungnahme (Conclusio), einen Appell, eine Beantwortung der Themenfrage etc. Im Schlussteil sollte sich kein neues Argument finden.

Formale und sprachliche Kriterien

Gliederung	Einstieg, Hauptteil und Schluss werden durch Absätze voneinander getrennt. Auch innerhalb des Hauptteils wird bei der Darstellung jedes neuen Arguments ein Absatz gemacht.
Zeit	Verwendung der Gegenwartsstufe (Präsens, Perfekt, Futur etc.)
Sprache und Stil	■ sachlich, prägnant, anschaulich ■ Standardsprache
Schreibhandlungen	argumentieren, informieren, beschreiben, schlussfolgern
Umfang bei der SRDP	405–495 oder 540–660 Wörter

Formulierungshilfen

Einleitung
■ In den Medien wird in letzter Zeit kontrovers diskutiert, ob ...
■ Mit der Situation ... ist man derzeit häufig konfrontiert: ...
■ Studien zeigen ...
■ Deshalb stellt sich die Frage ...
■ Daher wird im Folgenden erörtert ...
■ Inwieweit dieser Aussage zuzustimmen ist oder sie abzulehnen ist, soll ...
■ Diese Frage/Dieses Thema ... greift auch (Namen einsetzen) in ihrem/seinem (Textsorte einsetzen) aus (Quelle einsetzen) vom (Erscheinungsdatum einsetzen) auf.
■ Mit diesem Thema beschäftigt sich auch ...

Hauptteil
Argumente miteinander verknüpfen
■ Beachtenswert ist auch ...
■ Die Ursachen von ... sind demnach vielfältig. Was gegen ... unternommen werden könnte, wird im Folgenden beleuchtet.
■ Ein weiterer wesentlicher Aspekt ist ...
■ Daneben ist zu beachten, dass ...
■ Neben ... spielt auch ... eine wesentliche Rolle.
■ Relevant ist auch ...
■ Auch die Tatsache, dass ..., spricht für/gegen ...
■ Dabei muss auch bedacht werden, dass ...
■ Positiv/Negativ ist auch zu bewerten, ...
■ Was zunächst dafür/dagegen spricht, ist ...
■ Ein immer wieder vorgebrachtes Argument ist ...

Steigerung, Vergleich oder Hervorhebung
■ Trotz der genannten Argumente gilt es zu bedenken, dass ...
■ Besonders zu betonen ist ...
■ Von zentraler Bedeutung ist ...
■ Weitaus wichtiger erscheint aber ...

Gegenargumente einleiten
■ Andererseits ist zu bedenken, ...
■ Dagegen lässt sich einwenden ...

Schluss
■ Eine mögliche Lösung wäre ...
■ Aus den genannten Gründen vertrete ich den Standpunkt ...
■ Als möglicher Kompromiss erscheint mir ... geeignet.
■ Die Fakten/Studien zu dem Thema zeigen eindeutig ...
■ Mit Einschränkungen kann man festhalten ...

Schritte zur Erörterung im Detail

Schritt ❶: Erarbeitung der Textbeilage – LESEN

- Am Beginn steht das Lesen der Textbeilage und der Aufgabenstellung, am besten in Form eines orientierenden, überfliegenden Lesens.
- Im nächsten Schritt ist genaues Lesen erforderlich:
  - ▶ Klären Sie den schwierigen Wortschatz.
  - ▶ Markieren Sie Inhalte, die sich auf einzelne Arbeitsaufträge beziehen (jeder Arbeitsauftrag bekommt eine Farbe zugeordnet).

> 💡 **Tipp/SRDP:** Klären Sie ab, ob Thema und Aufgabenstellung beider Aufgaben des jeweiligen Themenpakets für Sie bewältigbar sind – eine eventuelle Umentscheidung auf ein anderes Themenpaket ist hier noch möglich.

Verfassen Sie eine Erörterung.

Lesen Sie den Bericht „Mit Gesichtserkennung in Richtung Massenüberwachung" von Axel Dorloff, erschienen auf deutschlandfunk.de am 17. April 2018 (Textbeilage 1).

Verfassen Sie nun die **Erörterung** und bearbeiten Sie dabei die folgenden Arbeitsaufträge:

- **Geben** Sie die wesentlichen Aussagen des Berichtes zum Thema „Überwachung durch Gesichtserkennung" wieder.
- **Diskutieren** Sie Vor- und Nachteile von digitalen Überwachungssystemen (Gesichtserkennung, implantierte Chips etc.) für die Bürger/innen bzw. für den Staat.
- **Entwerfen** Sie das Zukunftsszenario eines Staates, der von digitaler „Menschenerkennung" – wie auch immer diese aussieht – geprägt ist.

Schreiben Sie zwischen 540 und 660 Wörter. Markieren Sie Absätze mittels Leerzeilen.

Textbeilage 1

MIT GESICHTSERKENNUNG IN RICHTUNG MASSENÜBERWACHUNG

Die Wahrscheinlichkeit, in China von einer Kamera beobachtet zu werden, ist groß. Geschätzte 176 Millionen Überwachungskameras gibt es dort, bis 2020 sollen es mehr als 600 Millionen sein. Viele davon können bereits Gesichter erkennen und zuordnen. Das birgt Chancen, aber auch Gefahren.

Ein Toilettenhäuschen im berühmten Himmelstempel-Park in Peking. Der typische Charme einer Park-Toilette
5 *– nur an der Wand hängt ein weißes High-Tech-Gerät. Es scannt die Gesichter der Toilettenbesucher. Erst dann kommt aus dem Automat Toilettenpapier. Der 50-jährige Yang Yiwei hält einen Streifen Papier in der Hand: „Ich habe es gerade ausprobiert. Es funktioniert. Wenn man seine Notdurft verrichten muss, ist die Menge an Papier aber nicht genug." 60 Zentimeter gibt der Automat pro Gesicht frei. Die Gesichtserkennung soll Papierverschwendung verhindern. Bedient sich jemand mehrfach, merkt das der Automat und weist ihn höflich ab.*

10 *China ist beim Einsatz von Gesichtserkennung weltweit führend. Eine Pekinger Universität hat Gesichtsscanner installiert, um zu verhindern, dass Unbefugte die Studentenwohnheime betreten. In der Stadt Jinan werden Fußgänger mit Namen auf Monitoren angeprangert, wenn sie bei Rot über die Ampel laufen. Und im Fastfood-Restaurant Kentucky Fried Chicken in Hangzhou kann der Kunde via Gesichtserkennung bezahlen. In einem Image-Video des Pekinger Unternehmens Megvii geht es um die Chancen durch künstliche Intelligenz. Die*
15 *Botschaft: Das Leben wird einfacher und sicherer. „Stärke den Menschen mit künstlicher Intelligenz" – so heißt der Slogan von Megvii.*

Das Gesicht genügt und die Glastür gleitet auf
Mitarbeiter brauchen bei Megvii keinen Firmenausweis. Das Gesicht genügt, und die Glastür am Eingang gleitet auf. Auf dem Monitor erscheinen Name, Alter und Geschlecht der jeweiligen Person. 2011 haben drei

20 Studenten das Pekinger Start-up gegründet, heute arbeiten 700 Mitarbeiter an der Entwicklung von künstlicher Intelligenz und Gesichtserkennung. Xie Yinan ist Marketingdirektor bei Megvii. „Jedes Gesicht hat einen einzigartigen Code. Wenn du vor einer Kamera stehst und registriert bist, wissen wir sofort, wer du bist."

Die chinesische Regierung treibt die Forschung zur Gesichtserkennung massiv voran. Ebenso wie die praktische Anwendung. Die intelligenten Kameras von Megvii sind in ganz China im Einsatz. Und dabei immer öfter auf
25 der Jagd nach Kriminellen, sagt Marketingdirektor Xie Yinan.

„Die herkömmlichen Kameras können der Polizei noch nichts sagen, sie zeichnen nur auf. Die Regierung braucht Kameras, die mehr können. Die zum Beispiel sagen, wo der Kriminelle ist. Ob Brics oder G20-Gipfel: Die chinesische Regierung nutzt unsere Technologie, um solche Gipfel zu schützen. Kriminelle haben keine Chance. Wenn sie sich nähern, gibt der Scanner die Warnung."

30 Aber der chinesische Staat hat noch ein anderes Interesse. Er nutzt die Daten auch für ein gigantisches Sozialkredit-System. Die Idee: Der Staat sammelt Daten über seine Bürger und wertet sie aus. Jeder bekommt ein Punkte-Konto. Und auf dieser Grundlage kann der Staat dann bewerten, belohnen oder auch bestrafen. Bis 2020 will China das System flächendeckend einführen, derzeit gibt es über 40 Pilotprojekte. Und die Überwachung durch intelligente Kameras ist dafür zentral: Alles, was die Menschen im Alltag tun oder lassen, kann
35 Einfluss auf die Bewertung haben. Und es gibt bereits schwarze Listen: Fast 10 Millionen Menschen wurden vom Ticketkauf für Schnellzug oder Flugzeug bereits vorübergehend ausgeschlossen.

AXEL DORLOFF, DEUTSCHLANDFUNK.DE, 17.4.2018

Schritt ❷: Erarbeitung der Textbeilage – INHALTE ERWEITERN

- Erstellen Sie auf einem Blatt Papier die unten angeführte Tabelle für jeden Arbeitsauftrag bzw. Operator.
- Tragen Sie oben den jeweiligen Operator ein und übertragen Sie die von Ihnen in der Textbeilage markierten und für die weitere Arbeit relevanten Informationen in die linke Spalte.
- Erweitern Sie diese Informationen im nächsten Schritt durch eigene Ideen, Gedanken und Thesen in der rechten Spalte.
- Legen Sie fest, in welchem Teil Ihrer Erörterung (Einleitung, Hauptteil, Schluss) Sie welchen Arbeitsauftrag bearbeiten wollen.

Arbeitsauftrag/Operator:

Brauchbare Infos aus dem Text:	Eigene Erweiterungen:

Schritt ❸: Schreiben – EINLEITUNG

Überlegen Sie, welche Möglichkeiten das Thema sowie die Textsorte zulassen, um eine Einleitung zu gestalten:
- freie Einleitung: Verwenden Sie passende Zitate, Redensarten oder klischeehafte Aussprüche von Personen zum Thema.
- Beginnen Sie mit (rhetorischen) Fragen zur Thematik.
- Beginnen Sie mit der Erarbeitung eines Arbeitsauftrags.

Arbeitsaufgaben „Einleitung"

1. Lesen Sie nochmals die Einleitung des BEISPIEL-Textes (S. 88). Hier wurde der erste Arbeitsauftrag der Aufgabenstellung in die Einleitung eingearbeitet.

2. Schreiben Sie nun eine Einleitung, in der Sie den dritten Arbeitsauftrag der Aufgabenstellung abhandeln.

Schritt ❹: Analysieren und Schreiben – HAUPTTEIL und SCHLUSS

Oft lassen sich die Arbeitsaufträge der Reihe nach erarbeiten. Grundsätzlich bleibt es aber Ihnen überlassen, das, was Sie ausdrücken wollen, frei zu arrangieren. Immer wieder können die Arbeitsaufträge auch gleichzeitig ausgeführt werden.

Analyseaufgaben „Hauptteil"

1. Markieren Sie im Hauptteil des BEISPIEL-Textes (S. 88) die Realisierung der Arbeitsaufträge mit unterschiedlichen Farben.

2. Stellen Sie fest, in welcher Reihenfolge die Arbeitsaufträge im BEISPIEL-Text erarbeitet wurden.

3. Analysieren Sie, mit welchen (sprachlichen bzw. inhaltlichen) Mitteln Zusammenhänge zwischen den Absätzen hergestellt werden.

4. Überlegen Sie, wie Sie Ihren Text aufbauen könnten, wenn der dritte Arbeitsauftrag bereits in der Einleitung erarbeitet wurde.

Überprüfen Sie, ob sich ein Arbeitsauftrag für die Gestaltung des Schlusses Ihrer Erörterung anbietet. Ist dies nicht der Fall, dann sollten Sie bereits alle Arbeitsaufträge in der Einleitung und im Hauptteil bearbeiten.

> Mögliche Varianten für einen freien Schluss finden Sie auf dem WERKZEUG-Blatt (S. 89).

Arbeitsaufgaben „Hauptteil und Schluss"

1. Überlegen Sie zuerst, wie Sie Ihren Schluss gestalten wollen und ob ein Arbeitsauftrag in diesem Teil der Erörterung bearbeitet werden soll. Diese Überlegung beeinflusst die inhaltliche Gestaltung des Hauptteils.

2. Verfassen Sie nun den Hauptteil und den Schluss Ihrer Erörterung nach diesen Gesichtspunkten und stellen Sie die schon verfasste Einleitung voran.

Schritt ❺: Schreiben – BEWERTEN und ÜBERARBEITEN

Abschließend ist es wichtig, die Qualität Ihrer Erörterung anhand der folgenden Kriterien zu überprüfen.
- Sind die typischen Kriterien der Textsorte eingehalten?
- Sind alle Arbeitsaufträge umfassend erarbeitet?
- Sind die einzelnen Absätze in sich zusammenhängend?
- Sind die einzelnen Absätze inhaltlich und auch sprachlich (Verweiswörter, Konnektoren etc.) miteinander verknüpft?
- Ist die vorgegebene Wortanzahl eingehalten?
- Ist die Erörterung frei von orthografischen und grammatikalischen Fehlern?

> Werden die Arbeitsaufträge nur der Reihe nach abgearbeitet und die Inhalte nicht miteinander verknüpft, ist kein roter Faden gegeben.

Arbeitsaufgabe „Bewerten und überarbeiten"

- Überprüfen Sie die Qualität Ihrer Erörterung anhand der oben genannten Kriterien und bearbeiten Sie den Text anschließend entsprechend.

Arbeitsaufgaben „Erörterung"

Verfassen Sie eine Erörterung.

Lesen Sie den Bericht „Besser als die Natur erlaubt" von Johannes Stühlinger aus der Beilage „110%" zur Tageszeitung „Die Presse" von Februar 2018 (Textbeilage 1).

Verfassen Sie nun die **Erörterung** und bearbeiten Sie dabei die folgenden Arbeitsaufträge:

- **Beschreiben** Sie unterschiedliche Motive für ein „Körpertuning".
- **Diskutieren** Sie die Vor- und Nachteile, der Natur mithilfe von Implantaten auf die Sprünge zu helfen.
- **Beurteilen** Sie, ob „Body-Upgrades" ohne medizinische Notwendigkeit verboten werden sollten.

Schreiben Sie zwischen 540 und 660 Wörter. Markieren Sie Absätze mittels Leerzeilen.

Textbeilage 1

BESSER ALS DIE NATUR ERLAUBT

Sie können Farben hören, Luftdruck fühlen oder Türen von Geisterhand öffnen: Cyborgs. Menschen, die modernste Technik nutzen, um ihren Körper ultrafit zu machen. Eine Entwicklung, die fasziniert, irritiert – aber schon längst in unserer Gesellschaft angekommen ist.

Sagen Sie niemals, Neil Harbisson würde eine Antenne tragen! Das lässt ihn aus der Haut fahren. Denn:
5 Neil Harbisson HAT eine Antenne. „Genau so wie jeder andere weder Ohren noch Nase TRÄGT, sondern Ohren HAT, eine Nase HAT, HABE ich eben eine Antenne", gibt der Brite streng zu Protokoll. Schließlich sei er eben genau das, was man unter einem Cyborg versteht und seine Antenne somit ein Organ. Nichts weniger. Eines, das seinen fehlenden Farbsinn mittels Sensor ersetzt, der in seinem Kopf für jede Farbe spezifische Töne und Vibrationen erzeugt. Es lässt ihn sogar Wellenlängen wahrnehmen, die dem Rest der
10 Menschheit verborgen bleiben. Ultraviolettes Licht zum Beispiel. Oder Infrarot. Seit Neuestem kann er sich sogar dank Internet mit Satelliten im All verbinden, um sozusagen einen Blick ins Universum zu werfen. „Das ist großartig. Abertausende Farben hat das All", beschreibt er diese „übersinnliche" Wahrnehmung.

Seine Antenne macht ihn also besser, als es die Natur ursprünglich vorgesehen hat – und somit zur außergewöhnlichen Lichtgestalt unter den Cyborgs dieser Welt. So bezeichnen sich also Menschen, die technische
15 Errungenschaften nutzen, um ihren Körper zu verbessern. Doch Einzelfall ist er damit bei weitem keiner. In seinem Umfeld bewegen sich Menschen seinesgleichen: ein Kollege, der dank einer Körpererweiterung Druckveränderungen in der Atmosphäre wahrnehmen und so das Wetter voraussagen kann. Und die Tänzerin Moon Ribas. Sie kann mittels eigenem Implantat an ihrem Sprunggelenk jedes Erdbeben, das Seismographen irgendwo auf diesem Planeten aufzeichnen, fühlen. Im Gegensatz zu Harbissons künstlichem
20 Farbdetektor erschließt sich die Sinnhaftigkeit von Ribas' Erdbebensensor nicht auf den ersten Blick. „Es ist vor allem ein Kunstprojekt", meint sie obendrein. Es fühle sich an, als hätte sie zwei Herzschläge: ihren eigenen und die Schläge der Erde. Allerdings fühle sie sich, seitdem sie die Erde so intensiv spürt, generell der Natur näher. Und keineswegs den Maschinen, wie man vielleicht glauben möchte.

Doch auch wenn derartige Erzählungen in unseren Ohren absurd klingen mögen, markieren sie in Wahrheit
25 bloß die Spitze einer längst in unserer Gesellschaft akzeptierten Realität: Jährlich werden weltweit über eine Million Herzschrittmacher implantiert. Rund 100.000 Cochlea-Implantate im Innenohr lassen taube Menschen wieder hören, und 120.000 Hirnschrittmacher unterstützen die grauen Zellen von Parkinson- oder Tremorpatienten. Nicht zu vergessen das gesamte Spektrum an modernsten Prothesen.

30 Wie jene von Michel Fornasier. Der Schweizer ist ohne rechte Hand zur Welt gekommen und trägt seit vier Jahren die modernste Handprothese, die es derzeit gibt: eine so genannte bionische Hand. Jeder Finger seiner Roboterhand wird durch einen Minimotor angetrieben. Zwei Elektroden liegen auf dem Armstumpf; sie messen die elektrische Spannung an der Hautoberfläche, welche abhängig von der Muskelanspannung ist. Die Prothese registriert diese Muskelimpulse und führt die jeweils gewünschte Bewegung aus. Verfeinern kann er dies noch dazu mit einer eigenen App auf seinem Smartphone – das er dank einer Spezialbeschich-
35 tung genauso mit seiner künstlichen Hand bedienen kann wie eine Computertastatur.

Besonders kuriose Blüten treibt jedoch die Geschichte rund um die Unterschenkelprothese des deutschen Weitspringers Markus Rehm. Mit dieser springt er nämlich 8,40 Meter weit. Weiter als die meisten unversehrten Sportler. Das Resultat: Eine Studie wurde in Auftrag gegeben, die nun belegt, Rehm hätte gegenüber der Konkurrenz einen Vorteil von 13 Zentimetern. Wegen seiner modernen Beinprothese.

40 In Anbetracht der unterschiedlichen Aspekte dieses Themas kann man wohl behaupten, dass die Verschmelzung von Mensch und Maschine längst im Gange ist. Dennoch unterscheiden wir innerhalb unserer Gesellschaft offenbar noch zwischen verschiedenen Motiven: Es ist für uns in Ordnung, der Gesundheit mit technologischen Möglichkeiten auf die Sprünge zu helfen.
45 Wer aber seinen Körper aus bloßer Lust ein Body-Upgrade verpasst, der sorgt für Irritation. Zumindest noch. Denn die Angebote für derartiges Körpertuning werden immer mehr: 2015 gründete etwa der Deutsche Sven Becker

sein Unternehmen „I am Robot". Damit vertreibt er reiskorngroße NFC-Chip-Implantate, die man sich unter die Haut injiziert. Er selbst trägt seines zwischen Daumen und Zeigefinger und öffnet damit nicht nur
50 völlig kontaktlos seine Wohnungstür, sondern auch jene zum Fitnessstudio. Er steuert damit sein Smartphone, verwaltet darüber seinen Bitcoin-Account und hat die Jahreskarte für das öffentliche Verkehrsnetz seither jederzeit griffbereit. Sprich: Becker ermöglicht jedem, um rund 100 Euro selbst zum Mini-Cyborg zu werden.

So spannend diese Entwicklung sein mag, sie macht auch Angst. Hackern seien Tür und Tor geöffnet,
55 monieren Kritiker. Selbst medizinische Implantate seien relativ leicht zu hacken. Davon kann selbst Ober-Cyborg Neil Harbisson ein Lied singen: Sein System wurde bereits geknackt und er mit Sinneseindrücken sozusagen „gespamt". „Auch das war eine Erfahrung", so sein lapidarer Kommentar. Also treibt der 33-Jährige sein nächstes Projekt unbeeindruckt voran: Er möchte ein Sinnesorgan entwickeln, das ihn Zeit fühlen lässt. Im Idealfall sogar ohne zweite Antenne.

Wichtig zu wissen
CYBORGS
Grundsätzlich kommt der Begriff aus dem Englischen und bedeutet so viel wie „kybernetischer Organismus". Ob nun aber jemand, der sein Smartphone ständig nutzt, bereits ein Cyborg ist oder man sich erst dann als solcher bezeichnen darf, wenn man dieses implantieren würde, darüber wird aktuell in der Szene debattiert.

VISION
Die „Cyborg Foundation" von Neil Harbisson will in unserer Gesellschaft ein stärkeres Bewusstsein für Cyborgs schaffen. Er und seine Mitstreiter sind der Meinung, dass wir mit der heutigen Technik nicht mehr auf die Evolution warten müssen, sondern diese selbst vorantreiben sollen.

Johannes Stühlinger, Die Presse, 110%, 2/2018

a) Sie finden nun einen stichwortartigen **Erwartungshorizont** zu den Arbeitsaufträgen. Sie werden nicht alle Stichwörter verwenden können, wenn Sie die angegebene Wortanzahl einhalten wollen. Markieren Sie jene Stichwörter, die Ihnen besonders wichtig erscheinen, und streichen Sie jene, die Sie nicht verwenden wollen.

Brauchbare Infos aus dem Text:	Eigene Erweiterungen:
Arbeitsauftrag/Operator 1: beschreiben	
■ der Gesundheit auf die Sprünge helfen (Herzschrittmacher, Prothesen etc.) ■ bloße Lust (neue Erfahrungen, Kunstprojekt etc.)	■ Bequemlichkeit
Arbeitsauftrag/Operator 2: diskutieren	
Pro Implantate ■ Erleichterungen im Alltag (Jahreskarte, Tür öffnen)	**Pro Implantate** ■ können nicht verloren gehen oder vergessen werden ■ Vorteile in der Medizin: benötigte Medikamente, Allergien etc. können gespeichert werden → Ärztin/Arzt kann sie auslesen, wenn man selbst nicht antworten kann (z. B. bewusstlos ist) ■ Ortung im Fall einer Entführung, Naturkatastrophe, eines Flugzeugabsturzes möglich
Kontra Implantate ■ Gefahr, gehackt zu werden	**Kontra Implantate** ■ lassen sich nicht beliebig ein- und ausschalten ■ Gefahr, jederzeit geortet werden zu können (totale Überwachung); Orten lässt sich zwar z. B. auch das Handy, dieses kann man aber ausschalten bzw. zu Hause lassen. ■ medizinische Risiken sind noch nicht geklärt ■ Risiko im Bereich Datenschutz (gesammelte Daten auf Chip)
Arbeitsauftrag/Operator 3: beurteilen	
	Soll verboten werden ■ „Wehret den Anfängen": Was einmal existiert, kann nicht mehr zurückgenommen werden: Horrorszenarien wie verpflichtendes Chippen etc. stehen im Raum. ■ Neue Abhängigkeiten werden geschaffen. **Soll nicht verboten werden** ■ Recht, mit seinem Körper zu machen, was man will (z. B. sind Tattoos auch kein medizinisch induzierter Eingriff in den Körper und nicht verboten) ■ Technische Entwicklungen lassen sich nicht aufhalten, sondern nur steuern. ■ Besser als etwas zu verbieten ist es, so viel Know-how aufzubauen, dass den Risiken entgegengewirkt werden kann und die Vorteile überwiegen.

b) Überlegen Sie nun, welche **Arbeitsaufträge** Sie in welchem Teil Ihrer Erörterung (Einleitung, Hauptteil, Schluss) bearbeiten wollen. Notieren Sie dies:

c) **Verfassen Sie nun Ihre Erörterung.** Überarbeiten Sie sie anschließend.

Text 2

Verfassen Sie eine Erörterung.

Lesen Sie den Bericht „Schweden, die bargeldlose Nation" von Christian Stichler, erschienen in der Tageszeitung „Die Presse" am 9. November 2020 (Textbeilage 1).

Verfassen Sie nun die **Erörterung** und bearbeiten Sie dabei die folgenden Arbeitsaufträge:

- **Beschreiben** Sie Ihre Erfahrungen mit bargeldlosem Einkaufen.
- **Diskutieren** Sie die Vor- und Nachteile von bargeldlosem Bezahlen.
- **Begründen** Sie, dass sich bargeldloses Zahlen in Österreich (nicht) durchsetzen wird.

Schreiben Sie zwischen 540 und 660 Wörter. Markieren Sie Absätze mittels Leerzeilen.

Textbeilage 1

SCHWEDEN, DIE BARGELDLOSE NATION

Banknoten und Münzen wurden in dem Land über die Jahre zurückgedrängt. Bezahlen mit Smartphone und Karte dominiert den Alltag. Sogar die Notenbank musste sich schon einschalten.

Stockholm. Mehr als 450 Jahre alt ist die Deutsche Kirche in Stockholms
5 *Altstadt. Aber wenn sonntags Pfarrer Jörg Weißbach im Gottesdienst zur Kollekte aufruft, dann greifen inzwischen die meisten Kirchenbesucher zum Handy statt zur Geldbörse. Nummer eintippen, Betrag eingeben, Freigabe bestätigen. Und mit einem Pling, das dem Geräusch fallender Geldmünzen nachempfunden ist, wandert die Kollekte vom eigenen Konto auf das der Kirchengemeinde. Für viele Kirchenbesucher ist das einfach nur praktisch. Und Jörg Weißbach freut sich. Dank der digitalen Kollekte*
10 *komme eher mehr Geld zusammen als früher nur mit Bargeld.*

„Swish" heißt die App, die seit acht Jahren in Schweden auf dem Markt ist. Rund sieben Millionen Bürger nutzen sie inzwischen – und das bei zehn Millionen Einwohnern. Das Gute an Swish: Alle großen schwedischen Banken machen mit. Das heißt, jeder, der ein Konto und eine schwedische Handynummer hat, kann „swishen", wie man in Schweden sagt. Egal, ob man beim Fußballturnier der Kinder die Wurst am Grill
15 *bezahlt oder das Zugticket von Stockholm nach Göteborg gekauft werden muss. In Schweden lässt sich immer mehr per Handy bezahlen.*

Kartenzahlung ist längst ein alter Hut. Es gibt praktisch kein Geschäft mehr – und sei es auch noch so klein –, das keine Karte akzeptiert. Im Gegenteil: In Schweden muss man mittlerweile Restaurants, Geschäfte oder Kinos suchen, die überhaupt noch Bargeld annehmen. An vielen prangt ein deutlicher Hinweis: „Viär
20 *kontantfri" – „Wir sind bargeld-frei".*

Die Vorteile liegen auf der Hand: ohne Bargeld weniger schwarze Kassen und mehr Sicherheit für die Beschäftigten im Handel. Mittlerweile gibt es in Schweden auch viele Bankfilialen, die weder Bargeld annehmen noch auszahlen. Der für den Finanzmarkt zuständige Minister, Per Bolund, sah sich inzwischen sogar genötigt, per Gesetz die großen Banken aufzufordern, auch Bargeld auszuzahlen. „Es ist wichtig, dass wir
25 *uns als Gesellschaft das Bargeld und den Zugang zum Bargeld schützen."*

Denn erst kürzlich wurde in Schwedens Hauptstadt Stockholm deutlich, was passiert, wenn plötzlich der Strom ausfällt. Am 21. Oktober war auf Södermalm, mitten in der Rushhour, der Strom für eine Stunde weg. 30.000 Kunden konnten ihre Waren nicht bezahlen. Auch vor diesem Hintergrund hat der Chef der Schwedischen Reichsbank, Stefan Ingves, erneut betont, wie wichtig das Bargeld für Krisensituationen bleibe:
30 *„Wir müssen ausreichend Mittel bereithalten für den Fall, dass die elektronischen Bezahlmethoden nicht mehr funktionieren."*

Allerdings treibt auch die Reichsbank die Digitalisierung der Finanztransaktionen voran und will in Schweden auch eine elektronische Währung, die E-Krone, etablieren.

35 *Aber es gibt auch Kritik. Diese kommt vor allem von älteren Kunden. Sie können oder wollen nicht auf Karte oder Handy umsteigen. Knapp 15.000 haben sich auf Facebook in einer Gruppe mit dem Namen „Kontantupproret" zusammengeschlossen. Eine Initiative, die ausgerechnet vom ehemaligen Polizeipräsidenten des Landes Björn Eriksson ins Leben gerufen wurde. Denn die Kritiker fürchten, dass das Tempo hin zu einer bargeldlosen Gesellschaft beschleunigt wird.*

40 *Wissenschaftler der Königlichen Technischen Hochschule haben schon länger vorausgesagt, dass das Bargeld in Schweden in nur wenigen Jahren ganz verschwunden sein könnte. Denn es ist eine Spirale, die sich immer schneller dreht. Je mehr Geschäfte kein Bargeld mehr annehmen, desto weniger Kunden stecken sich Kronen und Öre ins Portemonnaie. Und je weniger mit Bargeld bezahlen, desto mehr Geschäfte stellen ganz auf Karte oder Handy um.*

45 *Und bei noch einem schwedischen Alltagsphänomen zeigt sich der Trend zum bargeldlosen Bezahlen. Die wenigsten Schweden besitzen überhaupt noch eine Geldbörse. Die allermeisten haben ein Handy, und in der Hülle stecken maximal drei Karten. Das reicht, um durch den Alltag zu kommen. Auch der Pfarrer der Deutschen Kirche in Stockholm sagt: „Ich habe kaum mehr Bargeld in der Tasche."*

CHRISTIAN STICHLER, DIE PRESSE, 9.11.2020 – LEICHT VERÄNDERT

Tipps und Anregungen zur Bearbeitung der Arbeitsaufträge:

- **Beschreiben** Sie Ihre Erfahrungen mit bargeldlosem Einkaufen.
  - ▶ Der Arbeitsauftrag eignet sich, in der Einleitung erarbeitet zu werden (Interesse wecken, lebendiger Einstieg).
  - ▶ Halten Sie sich in den Ausführungen zu diesem Arbeitsauftrag kurz, der Fokus einer Erörterung liegt auf dem Argumentieren.
- **Diskutieren** Sie dieVor- und Nachteile von bargeldlosem Bezahlen.
  - ▶ Etliche Vor- und Nachteile sind bereits in der Textbeilage genannt. Beschränken Sie sich nicht darauf, diese nur aufzuzählen. Argumentieren Sie, warum es sich um Vor- bzw. Nachteile handelt.
  - ▶ Argumentieren Sie nicht nur aus Ihrer Perspektive. Berücksichtigen Sie auch jene von z. B. älteren Menschen, Geschäftsinhaberinnen/-inhabern etc.
- **Begründen** Sie, dass sich bargeldloses Zahlen in Österreich (nicht) durchsetzen wird.
  - ▶ Dieser Arbeitsauftrag kann auch im Schlussteil der Erörterung erarbeitet werden (Ausblick). In diesem Fall sollten Sie auf bereits angeführte Argumente zurückgreifen und darstellen, inwiefern sich diese Vor- bzw. Nachteile auf die Akzeptanz in der Bevölkerung auswirken. Neue Argumente sind dann nicht zulässig.

Text 3

Verfassen Sie eine Erörterung.

Lesen Sie den Bericht „Freiwilliger Verzicht als Zeichen der Verantwortung und Freiheit" von Gudula Walterskirchen, erschienen in der Tageszeitung „Die Presse" am 10. März 2019 (Textbeilage 1).

Verfassen Sie eine **Erörterung** und bearbeiten Sie dabei die folgenden Arbeitsaufträge:

- **Erklären** Sie die Bedeutung der Begriffe „Verzicht" bzw. „Askese" im Zusammenhang mit Inhalten aus der Textbeilage.
- **Diskutieren** Sie die Vor- und Nachteile bzw. die Auswirkungen des Verzichtens auf unterschiedliche Bereiche unserer Gesellschaft (Konsum, Wirtschaft, Umwelt etc.).
- **Beurteilen** Sie – auch aufgrund der Erfahrungen in Krisenzeiten (Wirtschaftskrise, Pandemie etc.) – das folgende Zitat aus der Textbeilage: „Verzicht ist so gesehen die Grundvoraussetzung für das menschliche Zusammenleben und Überleben." (Z. 41–42).

Schreiben Sie zwischen 540 und 660 Wörter. Markieren Sie Absätze mittels Leerzeilen.

Textbeilage 1

FREIWILLIGER VERZICHT ALS ZEICHEN DER VERANTWORTUNG UND FREIHEIT

Verzicht zu üben klingt negativ. Man gewinnt aber etwas anderes dazu, und es ist notwendig für das menschliche Zusammenleben und Überleben.

Vielleicht erinnern sich manche an die Ölkrise in den 1970er-Jahren. Eine der Konsequenzen war, dass Österreichs Autofahrer einen Tag in der Woche aufs Auto verzichten mussten, um Benzin zu sparen. Man hat-
5 te einen Tag zu wählen und ein entsprechendes Pickerl auf die Windschutzscheibe zu kleben. Der Aufschrei war zunächst enorm, es entspannten sich in den Familien heftige Debatten über den Wochentag, doch dann gewöhnte man sich daran. Heute sind wir dazu aufgerufen, freiwillig öfter aufs Auto zu verzichten. So etwa kann man mittels der Aktion „Autofasten" seine Mobilität anpassen, analysieren und möglichst umweltfreundlich gestalten.

10 „Verzicht" oder „Askese" hat einen negativen Beigeschmack. Kein Unternehmen wird mit „Verzicht" werben, sondern vielmehr mit „Genuss", mit der Aufforderung, sich etwas zu gönnen oder gar mit dem Slogan „Ich will alles, und das sofort". Unsere Wirtschaft baut ja auf Wachstum, auf immer mehr, auf Konsum. Das ist an sich nicht schlecht. Es ist eine erfreuliche Entwicklung in der Geschichte der Menschheit, dass es immer weniger Arme gibt, immer weniger Hungernde, immer bessere medizinische Versorgung und immer
15 mehr Wohlstand, obwohl die Weltbevölkerung wächst. Dies bringt aber auch Probleme mit sich, denn die Frage ist, wie dieses Wachstum vor sich geht und auf wessen Kosten?

Genau diese Entwicklung erfordert nämlich, dass wir Verzicht üben. Wir, die in Wohlstand leben, haben die Verantwortung, nicht alles zu konsumieren und zu tun, was wir uns leisten können: Das reicht von Fleisch oder Reisen in ferne Länder bis Wasser- und Energieverbrauch. Die negativen Folgen der modernen Lebens-
20 weise sind weltweit deutlich sichtbar: Die Plastikmassen in den Weltmeeren, die Luftverschmutzung, die Klimaerwärmung u. v. m.

Die Frage ist, aus welchen Motiven man verzichtet und worauf. Es ist ein Unterschied, ob man freiwillig verzichtet oder verzichten muss. Einem Armen, der kaum genug zum Leben hat, Verzicht abzuverlangen ist zynisch. Wohingegen ein Verzicht im Überfluss etwas Positives darstellt. Denn indem ich auf etwas verzich-
25 te, gewinne ich etwas. So bedeutet der Verzicht auf übermäßiges Essen einen Zugewinn an Gesundheit und Wohlbefinden. Dasselbe gilt für die Einschränkung von Autofahrten oder den Konsum elektronischer Medien. Und indem ich eine Zeit lang auf etwas verzichte, steigere ich die Vorfreude auf den kommenden Genuss.

Der freiwillige Verzicht ist der neue Luxus. Bei jungen Menschen, die in Wohlstandsgesellschaften aufge-
30 wachsen sind, ist dieser Trend deutlich zu beobachten. Viele Junge verzichten auf ein Auto; sie tauschen die Kleidung mit Freundinnen, statt sich Neues zu kaufen – „Vintage" ist angesagt; sie verzichten auf ein höheres Einkommen und wollen dafür lieber mehr freie Zeit. So gesehen ist Verzicht etwas Erfreuliches, er eröffnet neue Perspektiven, mehr Lebensqualität und mehr innere Freiheit. Stets alles in Übermaß zu haben und zu konsumieren erzeugt Überdruss.

35 Die Mäßigung, also der Verzicht auf das Übermaß und den dauernden Genuss, ist nicht zufällig eine der zentralen Tugenden. Sie wurde von antiken Philosophen genauso gepredigt wie von christlichen Kirchenvätern als eine der Kardinaltugenden. Im Verzicht zeigt sich die Freiheit des Menschen, etwas zu tun oder eben nicht zu tun. Das betrifft nicht nur den Konsum, sondern auch das menschliche Verhalten den Mitmenschen gegenüber. Für ein gedeihliches Zusammenleben ist der Verzicht, jedem Impuls nachzugeben,
40 dem anderen Schaden zuzufügen, ihn zu kränken, ihn gar zu verletzen, also die Selbstkontrolle, unabdingbar notwendig. Verzicht ist so gesehen die Grundvoraussetzung für das menschliche Zusammenleben und Überleben. Die Herausforderung ist, diesem die positiven Seiten abzugewinnen und den Versuchungen zu widerstehen.

GUDULA WALTERSKIRCHEN, DIE PRESSE, 10.3.2019

Text 4

Verfassen Sie eine Erörterung.

Lesen Sie den Bericht „Der Avatare neue Kleider" von Hildegard Suntinger, erschienen in der Beilage „Schaufenster" zur Tageszeitung „Die Presse" am 9. September 2022 (Textbeilage 1).

Verfassen Sie nun die **Erörterung** und bearbeiten Sie dabei die folgenden Arbeitsaufträge:

- **Beschreiben** Sie die im Bericht dargestellten Möglichkeiten digitaler Universen.
- **Diskutieren** Sie die Vor- und Nachteile, Kleidungsstücke, Objekte bzw. Grundstücke im Internet erwerben zu können.
- **Beurteilen** Sie die Chancen bzw. Notwendigkeiten der ökonomischen Abbildung des realen Lebens in der digitalen Umgebung des Internets.

Schreiben Sie zwischen 540 und 660 Wörter. Markieren Sie Absätze mittels Leerzeilen.

Textbeilage 1

DER AVATARE NEUE KLEIDER

Werden wir in Zukunft alle digitale Kleidung haben, um unsere Avatare im Metaverse gut kleiden zu können? Die Modebranche bringt sich für diese Entwicklung in Stellung.

Irgendwo zwischen Utopie und Dystopie siedelte sich für das interessierte Publikum jene Vision an, die Facebook-Gründer und Social-Media-Vordenker Mark Zuckerberg in einer Videobotschaft im Oktober 2021
5 *als das „Metaverse" ankündigte. Mühelos und auf einen Wisch zwischen physischer Welt mit realem Körper und parallelem Digitaluniversum, wo dann nur mehr der eigene Avatar als Cyberwesen zuhause sein soll, wechseln – so sollte man sich das, Zuckerbergs Präsentation zufolge, vorstellen.*

Gleichsam als eine Erweiterung des Internets soll das Metaverse künftig ermöglichen, dass Menschen im virtuellen Raum miteinander interagieren und sich innovative Erlebniswelten erschließen. Vorläufer des im-
10 *mersiven Mediums fanden sich zuvor bereits in Form von Online-3-D-Plattformen. Nach wie vor scheinen viele technische Probleme ungelöst zu sein, und es könnte noch bis zu 20 Jahre dauern, bis die volle Funktionsfähigkeit des Metaverse erreicht ist – allein wegen der immens hohen Rechenleistungen. Trotzdem gilt das Metaverse als „next big thing"; Experten prophezeien, dass es alle Geschäftsbereiche erfassen werde.*

Auch die Modeindustrie erhofft sich, hier einen neuen Absatzmarkt vorzufinden, denn auch in der virtuellen
15 *Welt soll Kleidung zur identitätsstiftenden Größe werden. Dieser Überzeugung ist etwa Giovanna Graziosi Casimiro, die die erste Metaverse Fashion Week (MVFW) leitete, ausgetragen im März 2022 auf der dezentralen 3-D-Plattform Decentraland. Hier findet eine Art Second Life statt, so kann etwa mit einer eigenen Kryptowährung eingekauft werden – Häuser und Grundstücke samt Mobiliar etwa.*

Neue Zielgruppen. *MVFW-Leiterin Graziosi Casimiro will schon Ende 2022 technische Innovationen*
20 *bieten, die ein wesentlich verbessertes Nutzererlebnis ermöglichen. Wünschenswert sei auch eine größere Präsenz digitaler Mode auf Online-Spieleplattformen. Denn hier tummelt sich die Generation Z, die als potenzielle Zielgruppe gilt und ihre Avatare schon heute in sogenannte Skins kleidet. Ein Verhalten, das der Spieleindustrie weltweit jährlich geschätzt 40 Milliarden US-Dollar bringt. Dass von Modedesignenden gestaltete Skins funktionieren, zeigte die Zusammenarbeit von Balenciaga mit dem Videospiel Fortnite. Die*
25 *Skins, die dabei entstanden sind, hatten sogar physische Zwillinge, konnten also von ihren Besitzern auch im realen Leben getragen werden.*

30 Über Non Fungible Tokens (NFTs) wurde der Handel mit digitalen Modeprodukten zudem unabhängig von Spieleplattformen möglich. NFTs basieren wie Kryptowährung auf der Blockchain-Technologie, sind anders als diese aber Unikate. So ist jedes NFT eindeutig einem digitalen oder physischen Produkt zuzuordnen; die Eigentumsverhältnisse sind fälschungssicher dokumentiert. Wobei NFTs für digitale Produkte nicht die Bild- oder Audiodatei selbst enthalten, sondern nur einen Link zum Server, auf dem der Inhalt gespeichert ist.

35 Ob die Lizenz nur einfach oder mehrfach vergeben wird, entscheidet der Hersteller. NFTs können für verschiedenste Produkte geprägt werden. Zum Beispiel hat Gucci 2021 ein NFT für das Video „Aria" geprägt, das online über Christie's um 25.000 US-Dollar versteigert wurde. Das Label RTFKT (ausgesprochen „Artifact") verkaufte im Frühjahr 2021 innerhalb von sieben Minuten Token im Wert von drei Millionen US-Dollar. Inhaber der NFTs können die digitalen Produkte im Metaverse tragen. Besonders digitale Sneakers sprechen Sammler an, die aufgrund der limitierten Auflagen auf Wertsteigerung und einen profitablen Wiederverkauf hoffen.

Selbstausdruck und Nachhaltigkeit. Für Menschen jenseits der 40 sei es kaum nachvollziehbar, warum sie
40 digitale Produkte kaufen sollen, erklärt Martin Schreier. Das Thema sei noch nicht ausreichend erforscht, gerade bei Modeprodukten liege allerdings nahe, dass es um Selbstausdruck gehe. Darüber hinaus gehe es um Bedürfnisse wie Zugehörigkeit und Abgrenzung, die nicht nur in den Alterskohorten, sondern auch zwischen den Generationen ausgetragen werden. „Wenn die technikaffine Subkultur auf das Metaverse setzt und die ältere Generation das nicht versteht, kann sich die Subkultur damit abgrenzen. Brands, die verste-
45 hen, worum es geht, und die in dieser Subkultur mitmischen, sind dann potenziell cool." Auch monetäre Gründe gebe es: Laut US-Finanzdienstleister Morgan Stanley können Metaverse-Gaming und NFTs bis 2030 zehn Prozent des Marktes für Luxusgüter ausmachen.

Erste autochthone Designstrategien für das Metaverse kommen derzeit von jungen Modeschaffenden mit genderneutralen, erschwinglichen und bodypositiven Kollektionen. Häufig beziehen diese Kreativen sich auf
50 das „Manifest für Cyborgs", das die US-amerikanische Feministin und Philosophin Donna Haraway 1985 veröffentlichte. Sie sah Cyborgs als eine utopische Fiktion, mit der Gendergrenzen überwunden werden können, gelte doch in naturalistischen Diskursen der Körper als unveränderlich. Aber wenn sich menschliche und maschinelle Aspekte im Auftritt im virtuellen Raum zunehmend vermischen, dann seien Menschen nicht mehr dem Geschlecht verpflichtet, mit dem sie geboren wurden.

55 Gerade jüngere Modeschaffende setzen sich auch eher über physische Grenzen des analogen Designs hinweg, was sich etwa in der Materialauswahl zeigt: Auch aus Feuer, Wolken oder Gras bestehen teilweise ihre Entwürfe. Dahinter steckt unter anderem der Zugang, den schnelllebigen Teil der Mode ins Metaverse zu verlagern und in der physischen Welt nur mehr langlebige Basics zu tragen. Das würde den Modekonsum nachhaltiger machen.

60 Weniger disruptiv mutet der Vorstoß mit Digital-First-Modellen an: Hier handelt es sich im weitesten Sinne um digitale Prototypen, die nur dann produziert werden, wenn sie von der Community für gut befunden werden. Auch dieser Zugang wäre nachhaltig, weil er Überproduktion reduzieren könnte.

Baustelle Energiebedarf. Derzeit ist abzusehen, dass es am Ende mehr als nur ein Metaverse geben könnte – allein weil verschiedene Unternehmen mit unterschiedlichen Konzepten daran arbeiten.

65 Ehe es dazu kommt, sollte freilich auch das Metaverse noch um vieles umweltfreundlicher werden. Die erforderliche Rechenleistung erfordert einen enorm hohen Energieverbrauch, und die Energie wird – je nach Standort der Hardware – häufig fossil erzeugt. Außerdem braucht es noch Regularien, die Probleme wie Datenrecht und Fehlinformation lösen.

HILDEGARD SUNTINGER, DIE PRESSE SCHAUFENSTER, 9.9.2022

Selbstevaluation

Schätzen Sie sich selbst ein und beurteilen Sie Ihr eigenes Können. Nehmen Sie dazu Ihren selbstverfassten Text zur Hand und analysieren Sie ihn.

Name: _____	1	2	3	4	5
ERÖRTERUNG					
Aufgabenerfüllung aus inhaltlicher Sicht					
Schreibhandlungen im Sinne der Textsorte und der Angabe umgesetzt					
Wortanzahl erreicht					
alle Arbeitsaufträge erfüllt					
sachlich richtig, logisch nachvollziehbar					
Ideenreichtum, Eigenständigkeit					
Problemstellung aus unterschiedlichen Perspektiven betrachtet					
Qualität/Stichhaltigkeit von Argumenten					
Textstruktur					
Gliederung					
Kohärenz (Verknüpfungsmittel, frei von Gedankensprüngen)					
Verknüpfung mit der Textbeilage					
Anordnung der Argumente nachvollziehbar					
logisch nachvollziehbare Argumentation					
Stil und Ausdruck					
Wortwahl (präzise, Abwechslung, der Situation angepasst)					
Satzstruktur (Abwechslung, komplex)					
eigenständige Formulierungen					
Sprachrichtigkeit					
Rechtschreibung					
Grammatik					
Zeichensetzung					
Gesamtbeurteilung					

1 = weit über das Wesentliche hinausgehend erfüllt
2 = über das Wesentliche hinausgehend erfüllt
3 = das Wesentliche zur Gänze erfüllt

4 = das Wesentliche überwiegend erfüllt
5 = das Wesentliche nicht erfüllt

Leserbrief

Der Leserbrief ist eine kompakte schriftliche Darstellung der persönlichen Meinung(en) in einem (Print-) Medium mit gewisser Breitenwirkung; er setzt sich mit aktuellen Vorgängen, Themen bzw. Meinungen als Reaktion auf publizierte Berichte oder Äußerungen auseinander.

Ein/e Leser/in wendet sich an das Medium, in dem der anlassgebende Inhalt berichtet wurde bzw. sieht sich durch die allgemeine Berichterstattung dazu veranlasst, die eigene Meinung veröffentlichen zu wollen. Dies kann zustimmend, widersprechend, ergänzend, korrigierend etc. erfolgen.

BMBWF: Textsortenkatalog zur SRDP in der Unterrichtssprache

Leserbrief

Verfassen Sie einen Leserbrief.

Situation: Bei der täglichen Zeitungslektüre stoßen Sie auf den Bericht „Mutter, Vater, Kind, Follower" aus der Tageszeitung „Die Presse" und reagieren darauf mit einem Leserbrief.

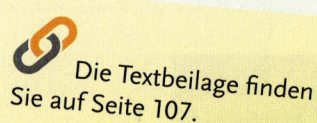 Die Textbeilage finden Sie auf Seite 107.

Lesen Sie den Zeitungsbericht „Mutter, Vater, Kind, Follower" von Sabine Hottowy und Christina Lechner, erschienen in der Tageszeitung „Die Presse" am 10. März 2019 (Textbeilage 1).

Verfassen Sie nun den **Leserbrief** und bearbeiten Sie dabei die folgenden Arbeitsaufträge:

- **Nennen** Sie Zahlen und Fakten zu den Kinder-Influencerinnen und -Influencern.
- **Nehmen** Sie zur Vermarktung von (ungeborenen) Kindern als Influencerinnen und Influencern **Stellung.**
- **Beurteilen** Sie, ab wann die Persönlichkeitsrechte eines Kindes im Zusammenhang mit Veröffentlichungen im Internet verletzt werden.

Schreiben Sie zwischen 270 und 330 Wörter. Markieren Sie Absätze mittels Leerzeilen.

Leserbrief zu „Mutter, Vater, Kind, Follower"

Sehr geehrtes Redaktionsteam,

mit großem Interesse habe ich Ihren am 10. März 2019 veröffentlichten Bericht „Mutter, Vater, Kind, Follower" gelesen, der mich zu diesem Leserbrief veranlasst hat.

Auch wenn viele der Talentscout-Eltern, die zumeist hinter den Posts der Minderjährigen stecken, behaupten,
5 dass das Festhalten von schönen Momenten mit den Kindern im Mittelpunkt stehe, ist klar, dass es in erster Linie ums Geld geht. Im Bericht ist zu lesen, dass die amerikanische Influencermarketing-Industrie in den nächsten Jahren bis zu zehn Millionen Dollar wert sein wird und ein Bild mit Produktplatzierung eine Summe zwischen 10.000 und 20.000 US-Dollar einbringen kann.

Es ist erschreckend, wenn Eltern die eigenen Kinder zur Schau stellen, um Geld zu verdienen oder um Aufmerk-
10 samkeit zu erlangen. Dadurch werden die Kids zu Objekten, die vermarktet werden. Immerhin sind Kinder kein Eigentum, das für Klicks und Werbung benützt werden kann. Eltern haben die Vormundschaft über ihr Kind, aber nicht das Recht, dessen Interessen zu ignorieren. Vielmehr ist es ihre Aufgabe, für das Wohlergehen ihres Nachwuchses zu sorgen – auch vorausschauend, da die „Kidfluencer" noch nicht in der Lage sind, etwaige Folgen für ihr zukünftiges Leben abzuwägen.

15 Am schwerwiegendsten ist für mich aber die auch von Ihnen thematisierte Gefährdung der Persönlichkeitsrechte: So können die Kinder nicht frei darüber entscheiden, ob sie ein Leben in der Öffentlichkeit führen möchten oder nicht. Zumeist wird die erforderliche Einwilligung des Kindes zur Veröffentlichung von Bilddokumenten nicht eingeholt oder kann aufgrund des Alters nicht eingeholt werden.

Den Minderjährigen wird noch dazu ein Leben aufgezwungen, das sie vielleicht nicht führen möchten. Statt
20 Fotoshootings wäre ihnen eventuell das Spielen am Spielplatz lieber. Somit verhindert die Profilierungs- und Profitsucht der Eltern ein kindgerechtes Aufwachsen.

Liebe Leserinnen und Leser, liebe Profilierungswahn-Eltern! Bitte nehmen Sie Ihren Kindern nicht ihre Kindheit, nur weil Sie auf der gegenwärtigen Social-Media-Welle mitschwimmen oder damit Unmengen an Geld verdienen wollen. Die Kindheit kann nicht nachgeholt werden, findet sie nicht statt, ist sie für immer verloren.

25 Mit freundlichen Grüßen
Luna Elchberger

(323 Wörter)

Leserbrief

WERKZEUG

Ein Leserbrief wird üblicherweise geschrieben, um eine Meinung zu einem bestimmten Thema zu äußern, Missstände aufzuzeigen, für etwas zu appellieren etc. Das Ziel ist immer die Veröffentlichung.

Teile des Leserbriefs

- **Briefkopf:** Absender/in, Empfänger/in, Ort und Datum (wenn nicht per E-Mail verschickt)
- **Betreff, Anrede**
- **Einleitung:** ist sehr knapp gehalten, stellt das Thema der Argumentation vor
- **Hauptteil:** eigentliche Stellungnahme
- **Schluss:** Appell, Grußformel

Inhaltliche Kriterien

Einleitung

- Bei der SRDP bezieht sich Ihr Leserbrief auf einen journalistischen Text. Deshalb müssen Sie dessen Titel, Autor/in (so Sie diesen/diese nicht in der Anrede direkt ansprechen), Erscheinungsdatum und Thema angeben.
- Geben Sie an, aus welcher Rolle heraus (Betroffene/r, Expertin/Experte etc.) Sie den Leserbrief verfassen.
- In der Einleitung kann zudem der Grund/die Absicht (loben, kritisieren, appellieren etc.) Ihres Schreibens genannt werden.

Hauptteil

- Die eigene Meinung wird ausführlich und pointiert argumentiert.
- Beachten Sie dabei immer den Argumentationsdreischritt (Behauptung – Begründung – Beleg/Beispiel).
- Inhalte können/sollen aus der Ich-Perspektive dargestellt werden.
- Beziehen Sie sich immer wieder auf die Textbeilage. Verwenden Sie Aussagen und Argumentationen daraus als Ausgangspunkt für Ihre Ausführungen.

Schluss

- Formulieren Sie Ihr Resümee, einen Ausblick oder einen Appell.
- Machen Sie noch einmal deutlich, was Sie erwarten bzw. fordern (Appell).
- Vermeiden Sie Floskeln wie „Ich hoffe, mein Leserbrief hat Sie interessiert".

Erarbeitung der Operatoren

- Die Arbeitsaufträge werden zumeist im Hauptteil des Leserbriefes erarbeitet. Teile davon können aber auch schon in der Einleitung angesprochen werden.
- Lautet der Operator „Appellieren Sie ...", so kann/soll dieser Arbeitsauftrag sowohl im Hauptteil erarbeitet werden als auch den Schluss des Leserbriefes bilden.

Formale und sprachliche Kriterien

Gliederung	Einleitung, Hauptteil und Schluss werden durch Absätze voneinander getrennt. Auch innerhalb des Hauptteils wird bei der Darstellung jedes neuen Arguments ein Absatz gemacht.
Zeit	Verwendung der Gegenwartsstufe (Präsens, Perfekt, Futur etc.)
Sprache und Stil	Der Stil reicht von rein sachlich argumentierend über subjektiv kritisch bis hin zu polemisch oder provozierend, ist aber jedenfalls höflich.
Schreibhandlungen	argumentieren, beschreiben, erklären, werten
Umfang bei der SRDP	270–330 Wörter

⚠ Vergessen Sie nicht, die Mittel der Redewiedergabe einzusetzen, z. B. indirekte Rede.

Formulierungshilfen

Einleitung
- Mit Interesse/Vergnügen habe ich Ihren Artikel ... vom ... gelesen.
- Sie schreiben/berichten/kritisieren in Ihrem Zeitungsbericht ..., dass ...
- Sie vertreten in dem Artikel ... vom ... die Meinung/Ansicht, dass ...
- Im Artikel ... vom ... spricht sich Frau/Herr ... für/gegen ... aus.
- Der Bericht/Das Interview ... vom ... hat mich darauf aufmerksam gemacht, dass ...
- Ich beziehe mich auf Ihren Bericht/das Interview ... vom ..., in dem Sie berichten, dass ...

Das Anliegen, die Position oder die Rolle ausdrücken
- Ich bedanke mich dafür, dass Sie ...
- Ich möchte Ihre Darstellung nicht unwidersprochen lassen.
- Ihre Darstellung möchte ich durch meine Ausführungen unterstützen.
- Als ... (Schüler/in etc.) bin ich vom Thema ... direkt betroffen.
- Da ich in meiner Freizeit als .... tätig bin, spricht mich das Thema ... direkt an.

Hauptteil
Zusammenhang mit der Textbeilage herstellen
- Sie schreiben in Ihrem Zeitungsbericht, dass ...
- Im Bericht ist zu lesen, dass ...
- Wenn man der/Ihrer Argumentation folgt, so ...
- In Ihrem Bericht benennen Sie die wesentlichen ...
- Im Bericht werden die wesentlichen Ursachen/Folgen/Möglichkeiten ... benannt.

Zustimmung ausdrücken
- Zuzustimmen ist Ihnen darin, dass ...
- Zuzustimmen ist der Aussage, dass ...
- Auch ich habe die Erfahrung gemacht, dass ...
- Die von Ihnen beschriebene Situation kenne ich sehr gut.
- Diese Aussagen entsprechen auch meinen Erfahrungen.
- Auch ich bin der Überzeugung, dass ...
- Anhand der dargestellten Fakten kann man erkennen, dass ...
- Ihren Standpunkt ... teile ich (nicht).
- Ihrer Auffassung, wonach ..., kann ich (nur mit Einschränkung/nicht) zustimmen.

Ablehnung, Einwände und Ergänzungen formulieren
- Aus den/Ihren Ausführungen erschließt sich nicht, ...
- Zwar führen Sie an, dass ..., nicht zu lesen ist jedoch, dass ...
- Nicht nachvollziehbar erscheint mir, dass ...
- Im Gegensatz zu Ihnen bin ich der Meinung ...
- Ihre Ansicht, dass ..., ist meiner Meinung nach nicht haltbar.
- Zwar bin ich bezüglich ... Ihrer Meinung, jedoch übersehen Sie dabei ...
- Darüber hinaus möchte ich hervorheben ...
- Die Frage ... wird in Ihrem Bericht leider nicht beantwortet.
- Zwar erwähnen Sie, dass ..., aber ...
- Zwar wird erwähnt, dass ..., aber ...
- Ganz im Gegenteil zu Ihnen/Frau XY/Herrn XY bin ich der Meinung, dass ...
- Diese Meinung kann ich nicht teilen.

Schluss (Wunsch/Appell äußern)
- In Anbetracht der angeführten Argumente möchte ich an ... appellieren.
- Mein Appell gilt allen ... (Leserinnen/Lesern, Eltern, Schülerinnen/Schülern etc.):
- Ich fordere alle ... (Leser/innen, Eltern, Schüler/innen etc.) dazu auf, ...
- Liebe ... (Leser/innen, Eltern, Schüler/innen etc.), lassen Sie sich (nicht) ...

Schritte zum Leserbrief im Detail

Schritt ❶: Erarbeitung der Textbeilage – LESEN

- Am Beginn steht das Lesen der Textbeilage und der Aufgabenstellung, am besten in Form eines orientierenden, überfliegenden Lesens.
- Im nächsten Schritt ist genaues Lesen erforderlich:
  - ▸ Klären Sie den schwierigen Wortschatz.
  - ▸ Markieren Sie Inhalte, die sich auf einzelne Arbeitsaufträge beziehen (jeder Arbeitsauftrag bekommt eine Farbe zugeordnet).

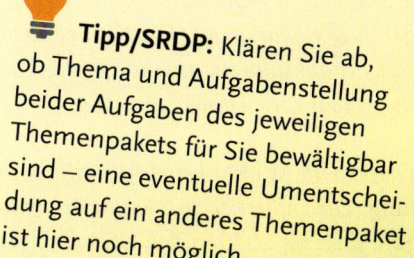

Tipp/SRDP: Klären Sie ab, ob Thema und Aufgabenstellung beider Aufgaben des jeweiligen Themenpakets für Sie bewältigbar sind – eine eventuelle Umentscheidung auf ein anderes Themenpaket ist hier noch möglich.

Verfassen Sie einen Leserbrief.

Situation: Bei der täglichen Zeitungslektüre stoßen Sie auf den Bericht „Mutter, Vater, Kind, Follower" aus der Tageszeitung „Die Presse" und reagieren darauf mit einem Leserbrief.

Lesen Sie den Zeitungsbericht „Mutter, Vater, Kind, Follower" von Sabine Hottowy und Christina Lechner, erschienen in der Tageszeitung „Die Presse" am 10. März 2019 (Textbeilage 1).

Verfassen Sie nun den **Leserbrief** und bearbeiten Sie dabei die folgenden Arbeitsaufträge:

- **Nennen** Sie Zahlen und Fakten zu den Kinder-Influencerinnen und -Influencern.
- **Nehmen** Sie zur Vermarktung von (ungeborenen) Kindern als Influencerinnen und Influencern **Stellung.**
- **Beurteilen** Sie, ab wann die Persönlichkeitsrechte eines Kindes im Zusammenhang mit Veröffentlichungen im Internet verletzt werden.

Schreiben Sie zwischen 270 und 330 Wörter. Markieren Sie Absätze mittels Leerzeilen.

Textbeilage 1

MUTTER, VATER, KIND, FOLLOWER

Eine ungeborene „Kidfluencerin" treibt die Frage an, ob Kinder in sozialen Medien ausreichend vor den Erfolgswünschen ihrer Eltern geschützt werden.

Sie wollen nur das Beste für ihre Kinder. Die Eislaufmütter, die Tennisväter,
5 *die Talentscout-Eltern oder die in Hollywood gefürchteten „Stage Mums", Bühnenmütter, die ihre*
Judy Garlands und Brooke Shields groß herausbringen wollen. Eine Entsprechung der „Soccer Mum", zu der
auch Popstar Madonna gehört – denn sie dirigiert zurzeit von Portugal aus die Benfica-Fußballkarriere ihres
13-jährigen Sohns David. In Österreich kennt man vielleicht eher Ferdinand Hirscher, den Vater, Trainer und
Förderer des Weltmeisters Marcel Hirscher. Sie sind Schablonen für Elterntypen, deren volle Aufmerksamkeit
10 *dem Fortkommen und Erfolg ihrer Kinder gehört. Im Internet und in seinen sozialen Kanalsystemen treiben*
diese Stereotypen bisweilen sonderbare Blüten.

Ein Beispiel ist der (sehr, sehr) junge Instagram-Star Halston Blake Fisher. Der Beitrag des Mädchens zu ihrem
Erfolg war bisher überschaubar. Es befindet sich noch im Bauch seiner Mutter. 117.000 Fans folgen ihr dennoch,
respektive ihrer Ankündigung. Auf Halstons Account ist derzeit nur ein einziges Bild zu sehen, eine Grafik, die
15 *ihre Geburt für die erste Märzwoche ansagt. Die hohe Followerdichte liegt ihr in den Genen. Die Eltern Madison und Kyler Fisher sind erfolgreiche YouTuber, ihrem Familienvideo-Channel „Kyler und Mad" folgen über*
1,3 Millionen Menschen. Noch besser entwickelt sich der Ruhm beim bereits vorhandenen Nachwuchs, den

zweijährigen eineiigen Zwillingen Taytum und Oakley. Ihnen folgen auf dem gleichnamigen Instagram-Account
2,5 Millionen Abonnenten. Ein gutes Geschäft für die Eltern. Denn geht's dem Kinder-Instagramprofil gut,
20 geht's der Marke gut. Die Kleinen werben quasi seit Stunde null für Mode, Kinderwagen und Spielzeug. Ein Bild
mit Produktplatzierung bringe der Familie zwischen 10.000 und 20.000 US-Dollar ein, haben die stolzen Eltern
der „New York Times" verraten.

Dieser Fall ist aber keine Ausnahme oder das absurde Finale einer Entwick-
lung. Die Influencermarketing-Industrie wächst noch immer, Experten schät-
25 zen, dass sie 2020 in den USA fünf bis zehn Millionen Dollar wert sein wird.
Ein Stück vom Kuchen bekommen auch die Stauffer-Zwillinge Mila und
Emma. Unglaubliche vier Millionen Abonnenten zählt der Stauffer-Family-
Account, der großteils von Mila (Emma ist kamerascheuer) bespielt wird.

Die Videos der Vierjährigen waren es auch, die sich viral verbreiteten und zu dieser unglaublichen Follower-
30 zahl führten. Die kleine Mila ist darin zu sehen, wie sie in aufmüpfig-frecher, altkluger Art ihren Senf zu diversen

Themen gibt, wie zum Beispiel dem Weihnachtsmann – „Der Typ hat kein Leben" – oder Thanksgiving – „Pa-
pas Truthahn ist wie sein Humor. Trocken". Von Mila und Emma selbst stammen die Worte nicht, vielmehr gibt
Mutter Katie die Zeilen vor. Diese kurzen Videos können bis zu drei Tage Arbeit in Anspruch nehmen, sagt sie,
dazu kommen täglich Fotos, um die Sponsoren glücklich zu machen. Mittlerweile ist der Instagram-Account für
35 die Mutter eine Vollzeitstelle.

Die neue Generation der Kinderstars wächst im Web heran, ihre Eltern haben dabei aber wie früher die Fäden
in der Hand. Was auch gar nicht anders ginge: 13 Jahre ist das Mindestalter, um sich auf Instagram anmel-
den zu können. Abgesehen davon, dass Babys ihre Affinität zu Feuchttüchern und Zahnbürsten wohl nicht so
werbewirksam präsentieren würden. Wie freiwillig kann das Kinder-Influencertum denn sein? Vor allem, wenn
40 der Lebensunterhalt der Familie davon abhängt? Gesetze für Kinderarbeit, wie es sie etwa für Schauspieler gibt,
kommen nicht zum Tragen, wenn Mütter und Väter mit dem Smartphone hantieren.

Bewusst schwammig

Werden Kinder instrumentalisiert, um richtig viel Geld in die Familienkassa zu spülen? Und wie sieht es mit
Persönlichkeitsrechten und Privatsphäre aus? Auf dem Account der Zwillinge sind auch Bilder von ihnen beim
45 Töpfchentraining zu sehen. Bilder, die den Kindern später unangenehm sein könnten. Doch das sind Fragen, die
sich so leicht nicht beantworten lassen. Auch, weil die Hauptdarsteller oftmals zu jung sind, um das Ausmaß
ihrer Tätigkeit zu begreifen und ihre Wünsche zu äußern.

Karl Gladt, Jurist am Österreichischen Institut für angewandte Telekommunikation (ÖIAT), gibt die Empfehlung, Fotos von Kindern im Web nicht zu veröffentlichen. Das Recht am Bild sei ein höchstpersönliches Per-
50 sönlichkeitsrecht, darum brauche es eine Einwilligung des Kindes, die wiederum Einsicht und Urteilsfähigkeit
voraussetze. Eine Altersgrenze hierfür gebe es zwar nicht, „sie ist aber wohl eher bei 14 Jahren angesiedelt", so
Gladt. Wann die Interessen des Kindes verletzt werden, sei aber schwer zu sagen. „Die gesetzliche Bestimmung
wurde bewusst sehr schwammig gehalten. Da entscheidet der Einzelfall."

SABINE HOTTOWY, CHRISTINA LECHNER, DIE PRESSE, 10.3.2019

Schritt ❷: Erarbeitung der Textbeilage – INHALTE ERWEITERN

- Erstellen Sie auf einem Blatt Papier die unten angeführte Tabelle für jeden Arbeitsauftrag bzw. Operator.
- Tragen Sie oben den jeweiligen Operator ein und übertragen Sie die von Ihnen in der Textbeilage markierten und für die weitere Arbeit relevanten Informationen in die linke Spalte.
- Erweitern Sie diese Informationen in einem nächsten Schritt durch eigene Ideen, Gedanken und Thesen in der rechten Spalte.
- Legen Sie fest, in welcher Reihenfolge Sie die Arbeitsaufträge bearbeiten wollen.

Arbeitsauftrag/Operator:	
Brauchbare Infos aus dem Text:	Eigene Erweiterungen:

Schritt ❸: Schreiben – EINLEITUNG

Bei der SRDP bezieht sich Ihr Leserbrief auf einen journalistischen Text. Deshalb müssen Sie dessen Titel, Autor/in, Erscheinungsdatum und Thema angeben. Geben Sie auch an, aus welcher Rolle heraus Sie den Leserbrief verfassen. In der Einleitung kann zudem der Grund/die Absicht Ihres Schreibens genannt werden.

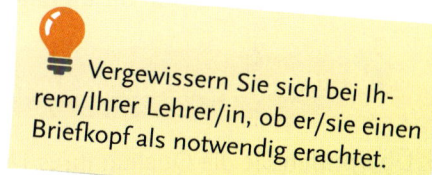

Vergewissern Sie sich bei Ihrem/Ihrer Lehrer/in, ob er/sie einen Briefkopf als notwendig erachtet.

Arbeitsaufgabe „Einleitung"

- Lesen Sie nochmals den Einleitungssatz des BEISPIEL-Leserbriefes (S. 104) und schreiben Sie anschließend eine alternative Einleitung.

Schritt ❹: Analysieren und Schreiben – HAUPTTEIL und SCHLUSS

Oft lassen sich die Arbeitsaufträge der Reihe nach erarbeiten. Grundsätzlich bleibt es aber Ihnen überlassen, das, was Sie ausdrücken wollen, frei zu arrangieren. Immer wieder können die Arbeitsaufträge auch gleichzeitig ausgeführt werden (etwa „nennen" und „Stellung nehmen").

Überprüfen Sie, ob in den „Eigenen Erweiterungen" Ihre Meinung klar und widerspruchsfrei zutage tritt.

Analyseaufgaben „Hauptteil"

1. Markieren Sie im Hauptteil des BEISPIEL-Textes (S. 104) die Realisierung der Arbeitsaufträge mit unterschiedlichen Farben.
2. Stellen Sie fest, in welcher Reihenfolge die Arbeitsaufträge im BEISPIEL-Text erarbeitet wurden.
3. Analysieren Sie, mit welchen (sprachlichen bzw. inhaltlichen) Mitteln Zusammenhänge zwischen den Absätzen hergestellt werden.
4. Überlegen Sie, wie sich die möglichen Inhalte auch anders arrangieren lassen.
5. Kennzeichnen Sie, wo im BEISPIEL-Text direkt auf die Textbeilage Bezug genommen wird.

Überprüfen Sie, ob sich ein Arbeitsauftrag für die Gestaltung des Schlusses Ihres Leserbriefes anbietet. Dies ist meist dann der Fall, wenn in den Arbeitsaufträgen ein Appell gefordert wird. Ist dies nicht der Fall, dann sollten Sie bereits alle Arbeitsaufträge im Hauptteil bearbeitet haben.

Arbeitsaufgabe „Hauptteil und Schluss"

- Verfassen Sie den Hauptteil und den (appellativen) Schluss Ihres Leserbriefes und stellen Sie die schon verfasste Einleitung voran. Beenden Sie Ihren Leserbrief mit einer Grußformel.

Schritt ❺: Schreiben – BEWERTEN und ÜBERARBEITEN

Abschließend ist es wichtig, die Qualität Ihres Leserbriefes anhand der folgenden Kriterien zu überprüfen:

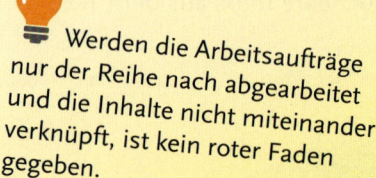

Werden die Arbeitsaufträge nur der Reihe nach abgearbeitet und die Inhalte nicht miteinander verknüpft, ist kein roter Faden gegeben.

- Sind die typischen Kriterien der Textsorte eingehalten?
- Sind alle Arbeitsaufträge umfassend erarbeitet?
- Sind die einzelnen Absätze in sich zusammenhängend?
- Sind die einzelnen Absätze inhaltlich und auch sprachlich (Verweiswörter, Konnektoren etc.) miteinander verknüpft?
- Ist die vorgegebene Wortanzahl eingehalten?
- Ist der Leserbrief frei von orthografischen und grammatikalischen Fehlern?

Arbeitsaufgabe „Bewerten und überarbeiten"

- Überprüfen Sie die Qualität Ihres Leserbriefes anhand der oben genannten Kriterien und bearbeiten Sie ihn anschließend entsprechend.

Arbeitsaufgaben „Leserbrief"

Text 1

Verfassen Sie einen Leserbrief.

Situation: Sie lesen den Bericht „Die hat wohl ihre Tage!" und reagieren darauf mit einem Leserbrief.

Lesen Sie den Bericht „Die hat wohl ihre Tage!" von Andrea Lehky, erschienen in der Tageszeitung „Die Presse" am 22./23. Februar 2020 (Textbeilage 1).

Verfassen Sie nun den **Leserbrief** und bearbeiten Sie dabei die folgenden Arbeitsaufträge:

- **Beschreiben** Sie Ihre Erfahrungen mit Stereotypen.
- **Diskutieren** Sie die (sozialen) Funktionen und Wirkungen von Stereotypen. Berücksichtigen Sie dabei auch im Bericht vorgebrachte Funktionen/Wirkungen.
- **Machen** Sie **Vorschläge** zum Umgang mit Stereotypen.

Schreiben Sie zwischen 270 und 330 Wörter. Markieren Sie Absätze mittels Leerzeilen.

Textbeilage 1

„DIE HAT WOHL IHRE TAGE!"

Alltägliche Diskriminierung. Sie meinen es doch nicht böse. Die witzige Bemerkung, der kleine Scherz sind doch nur Spaß. Tatsächlich zementieren sie Stereotype, die gar nicht lustig sind.

„Toll, wie Sie das machen – in Ihrem Alter!" „Dein Deutsch ist echt super!"
5 „Die hat wohl ihre Tage!" Drei Aussagen, eine Botschaft: Du bist anders. Du bist alt/Ausländer/ Frau, du gehörst nicht zur herrschenden Klasse. Ja, das tut weh. Obwohl es doch gar nicht, nein, ganz sicher nicht böse gemeint ist.

Das Gemeine an dieser alltäglichen Diskriminierung ist, dass sie eine stacheldrahtgespickte Trennlinie zwischen einer In-Gruppe und einer Out-Gruppe zieht. Der Sprecher empfindet sich als „drinnen", er teilt
10 Merkmale und Ansichten mit der privilegierten Gruppe. Er fühlt sich „größer". Von dieser (vermeintlich) höheren Position spricht er zum anderen „herab". Dieser gehört nicht zur In-Gruppe, steht also „tiefer".

Blondinenwitze
In diese Kategorie fallen auch Scherze auf Kosten anderer. Blondinen, Burgenländer, Beamte: Indem man sich über sie lustig macht, erhöht man sich selbst. Lachen der Adressat oder seine Sympathisanten nicht
15 mit, schimpft man sie Spielverderber. Lachen sie mit, bestätigen sie das Stereotyp.

Eine Möglichkeit steht noch offen: zu covern, wie die Psychologen sagen. Covern heißt, Teile seiner Identität zu verbergen, um sich nicht angreifbar zu machen: der Schwule, der sich nicht outet; der Abstinente, der Termine vorschiebt, um nicht mit auf ein Bier gehen zu müssen; der Tätowierte, der immer lange Ärmel trägt: Sie alle verbergen, wer sie wirklich sind.

20 Mütter sind wahre Meisterinnen im Covern. Wenn sie im Job nicht über ihre Kinder reden, hoffen sie, werden sie weiterhin als voll leistungsfähig wahrgenommen. Doch leider, gerade bei Müttern schlagen Diskriminierungs-Stereotype voll zu. Hetzt eine Mutter zum Kindergarten, bleibt beim Chef „Geht früher" hängen. Dass sie schneller gearbeitet hat und längst fertig ist, kommt ihm nicht in den Sinn. Ist eine Mutter nicht am Arbeitsplatz, vermutet sie jeder daheim bei den Kindern. Ist ein Mann nicht am Platz, ist er wohl
25 in einem Meeting.

Doppelfallen überall
Stereotype haben zwei Komponenten. Die deskriptive beschreibt, wie Frauen und Männer angeblich sind. Die präskriptive schreibt ihnen vor, wie sie sein sollen. Für Frauen eine Doppelfalle: Der wohlmeinende Chef will ja seiner Mitarbeiterin ermöglichen, so Mutter zu sein, wie Frauen es wollen – und agiert so, wie er
30 glaubt, dass sie es wollen. Deshalb schlägt er sie nicht für die Beförderung vor, weil es ihr doch peinlich sein müsste abzulehnen. Er fragt sie nicht einmal.

Auch Väter kämpfen gegen präskriptive Stereotype. Von einem jungen Vater wird erwartet, dass er sich so richtig in die Arbeit hineinhängt, weil er ja jetzt eine Familie versorgen muss. Auch deshalb greift die Väterkarenz nur zögerlich. Nach einem anderen Modell profitieren Männer per se. Ein „richtiger" Mann, so
35 wird erwartet, strahlt Kompetenz und Durchsetzungsfähigkeit aus; eine „richtige" Frau Wärme und Fürsorglichkeit. Die nächste Doppelfalle: Will sich eine Frau als Führungskraft durchsetzen, schlägt ihr Widerstand entgegen, weil sie vom sozialen Skript abweicht: Durchsetzung ist kein weibliches Attribut. Will sie aber mit Wärme und Fürsorge führen, passt das auch wieder nicht: Von Führungskräften erwartet man Durchsetzungsstärke.

40 Für Männer hingegen gibt es einen Königsweg. Ein Mann muss zuerst kompetent sein, aber das gesteht man ihm ohnehin zu. Bringt er auch noch ein wenig menschliche Wärme ins Spiel, hat er schon gewonnen: Der wahre Held, so die landläufige Meinung, ist kompetent und menschlich. Für Frauen gilt das leider nicht.

ANDREA LEHKY, DIE PRESSE, 22./23.2.2020

a) Sie finden nun einen stichwortartigen **Erwartungshorizont** zu den Arbeitsaufträgen. Sie werden nicht alle Stichwörter verwenden können, wenn Sie die angegebene Wortanzahl einhalten wollen. Markieren Sie jene Stichwörter, die Ihnen besonders wichtig erscheinen, streichen Sie jene, die Sie nicht verwenden wollen.

> ⚠ Selbstverständlich können Sie jederzeit eigene Ideen einbringen, besonders beim ersten Arbeitsauftrag ist es wünschenswert, dass Sie eigene Erfahrungen beschreiben. Die Stichwörter zeigen hier nur Bereiche auf, in denen Sie möglicherweise bereits mit Stereotypen konfrontiert waren.

Brauchbare Infos aus dem Text:	Eigene Erweiterungen:
Arbeitsauftrag/Operator 1: beschreiben	
■ Stereotype in Witzen ■ Stereotype in scheinbaren Komplimenten	■ Stereotype in der Werbung, in Medien ■ ethnische Stereotype („Franzosen sind …") ■ Stereotype in der Schule ■ …
Arbeitsauftrag/Operator 2: diskutieren	
Vorteile	**Vorteile**
■ erhöhtes Selbstwertgefühl für die Person, die in Stereotypen denkt (Mitglied der In-Gruppe)	■ Verallgemeinerungen sind effizient. Sie erlauben es, Vorhersagen zu treffen, ohne Informationen zu sammeln; Menschen werden in Gruppen eingeordnet, Wissen über diese Gruppen wird abgerufen. ■ Schnell abrufbare Stereotype vereinfachen den Umgang mit anderen. ■ rasches Reagieren auf Gefahren (z. B. dunkle Gestalt auf nächtlicher Straße) ■ soziale Funktion: Stabilisierung der eigenen Gruppe (Zugehörigkeitsgefühl) ■ Stereotype helfen bei Unsicherheit, das Bedürfnis nach Sicherheit und Orientierung zu stillen. ■ wichtig, um eine Identität auszubilden (Was verbindet mich mit/trennt mich von …?) ■ Gesellschaftlich anerkannte Stereotype können eine Vorbildfunktion haben.
Nachteile	**Nachteile**
■ Stigmatisierung („Du bist anders.") ■ Trennlinie zwischen In- und Out-Gruppe ■ präskriptive Komponente von Stereotypen schreibt Handlungsmuster fest ■ gesellschaftlicher Widerstand, wenn eine Person gegen Stereotype handelt	■ Der Grat zwischen Stereotypen und Vorurteilen ist schmal. ■ Stereotype stehen einem näheren Kennenlernen oft im Weg („Mit Menschen, die sich so stylen, will ich nichts zu tun haben."). ■ Stereotype engen ein: z. B. wählen Mädchen und Burschen „typische" Berufe. Denken in Stereotypen kann diese wirklich werden lassen: Jemand, der für intelligent gehalten und auch so behandelt wird, wird eher bereit sein, seine Gedanken darzulegen.
Arbeitsauftrag/Operator 3: Vorschläge machen	
■ Covern (Merkmale der Zugehörigkeit zu einer Gruppe verbergen)	■ Bildung: trägt dazu bei, differenzierter zu sehen (auch Einzelne in einer Gruppe) ■ sich der eigenen Stereotype bewusst sein, sie in Frage stellen ■ gemeinsames Verfolgen von Zielen (z. B. ein Team im Fußballspiel) → ändert den Blick auf die „Anderen"

b) Überlegen Sie nun, in welcher **Reihenfolge** Sie die **Arbeitsaufträge** Ihres Leserbriefes bearbeiten wollen. Notieren Sie dies.

Bei der Erarbeitung eines Leserbriefes empfiehlt es sich häufig, die vorgegebene Reihenfolge einzuhalten (dies ist aber nicht immer der Fall). Der dritte Arbeitsauftrag kann sachlich als Teil des Hauptteils oder auch appellativ als Schluss gestaltet werden.

c) **Verfassen Sie nun Ihren Leserbrief.** Überarbeiten Sie ihn anschließend.

Text 2

Verfassen Sie einen Leserbrief.

Situation: Die Lektüre des Zeitungsberichtes „Der Mann ist dran" hat Sie dazu bewogen, einen Leserbrief an die Redaktion zu verfassen.

Lesen Sie den Bericht „Der Mann ist dran" von Emily Zens und Magdalena Zimmermann, erschienen in der Zeitschrift „biber" am 2. Juli 2020 (Textbeilage 1).

Verfassen Sie nun den **Leserbrief** und bearbeiten Sie dabei die folgenden Arbeitsaufträge:

- **Beschreiben** Sie Ihre Wahrnehmungen zum Umgang der Männer mit den an sie herangetragenen körperlichen Idealen.
- **Setzen** Sie Ihre Erwartungshaltung an den männlichen Körper mit der in den Medien inszenierten **in Beziehung.**
- **Machen** Sie **Vorschläge** zur „positiven" Veränderung des männlichen Körperbildes in unserer Gesellschaft.

Schreiben Sie zwischen 270 und 330 Wörter. Markieren Sie Absätze mittels Leerzeilen.

Textbeilage 1

DER MANN IST DRAN

Warum Body Positivity bei Männern mehr Thema sein sollte.

Endlich passt die Welt – und der Werbeslogan. In der neuesten Kampagne des Dessous-Herstellers Palmers präsentieren Frauen mit rundem Popo, vollen Hüften, kleineren und größeren Brüsten die neue Bikini-Mode. Body
5 *Positivity at its best. Auch ein „Person Of Colour"-Model ist vertreten. Gut gemacht, möchte man loben. Und doch, eine leise Stimme empört sich. Sie gehört einem Mann. „Warum dürfen Frauen in der Modewerbung nun ‚echt' aussehen, den Männern wird allerdings weiterhin der Waschbrettbauch abverlangt – sogar als Mid-Ager mit grauen Haaren?"*

10 *Stimmt. Denn der einzige Herr zwischen den Palmers-Nixen sieht aus, wie alle männlichen Bademoden-Models aussehen, ob alt oder jung: breite Schultern, braune Haut und dazu ein makel- und haarloses Waschbrett als Bauch. Diese Schieflage kann man auch auf der H&M-Website abrufen: Während die Bikini-Mode ganz im Trend von Body Positivity präsentiert wird, ist Körper-Diversität in der Badehosenwelt nicht vorhanden. Da reiht sich ein muskulöser Jüngling an den anderen. Ist Body Positivity bei Männern also kein Thema?*

Männerkörper als Mangelware

15 *Der eigene Körper soll so akzeptiert werden, wie er ist. Dabei muss er nicht dem von der Gesellschaft und der Modewelt diktierten Schönheitsideal entsprechen. Das ist die Grundidee der Body-Positivity-Bewegung. Durch Hashtags wie #allbodiesarebeautiful und #embraceyourcurves*
20 *hat die Bewegung in den letzten Jahren auch auf Instagram hohe Wellen geschlagen. Dabei zeigt jedoch nur ein kleiner Teil der fast fünf Millionen Posts unter dem Hashtag #bodypositivity Männerkörper.*

*Das ist bereits auf die Ursprünge der Bewegung zurückzuführen. Das, was wir heute „Body Positivity"
nennen, entstand in der ersten Feminismus-Welle zwischen den Jahren 1850 und 1890. Damals legten die*
25 *Frauen ihre Korsette ab, um gegen die ihnen aufgezwungenen Körperideale zu demonstrieren. Auch 100
Jahre später sind es noch Frauen, die den Ton innerhalb der Debatte angeben. Im Fokus steht die Normalisierung von dicken Körpern, alltäglichen Körperfunktionen wie der Menstruation sowie Körperbehaarung.
Große Modehäuser wie Zara und H&M greifen genau das auf und verzichten auf das Retuschieren ihrer
Models. Sucht man dort nach einem neuen Bikini, sieht man auch Frauen mit Dehnungsstreifen oder*
30 *Hängebrüsten. Das ist richtig und wichtig. Aber warum endet die Diversität in Badehosenkampagnen bei
Sixpacks in unterschiedlichen Hauttönen?*

Toxische Körperideale

*Immerhin betrifft Body Positivity auch Männer. In der Gay-Community gibt es bereits verstärkt Ansätze, ein
anderes Männerbild als das von Adonis zu bewerben. Laut des Body Image Reports von 2019, durchgeführt*
35 *von der britischen Mental Health Foundation, hat ein Drittel der befragten queeren Personen Selbstmordgedanken aufgrund ihres Erscheinungsbildes. Demzufolge leiden Männer sexueller Minderheiten vermehrt
unter toxischen Körperidealen. Body Positivity soll dem entgegenwirken und zeigen, dass die sexuelle Identität nicht von einem athletischen Körper definiert wird.*

Den Druck, den perfekten Körper zu erreichen, erleben auch heterosexuelle Männer. Muskulöse Arme, die
40 *einen beschützen. Einen weichen, aber trotzdem durchtrainierten Bauch, an den man sich kuscheln kann.
Körperbehaarung bitte nur an den richtigen Stellen – Gott bewahre vor dem Rücken. Und vor allem, größer
als die Frau sollte der Traummann bitteschön sein. Die Plattformen der sozialen Medien sind voll mit Influencern, durch deren Adern nicht nur Blut, sondern auch haufenweise Eiweißshakes fließen. Der erfolgreichste Fitness-Influencer Österreichs – Johannes Bartl – zählt 1,9 Millionen AbonnentInnen auf Instagram.*
45 *Dort teilt er mit seinen FollowerInnen Trainingsroutinen sowie Ernährungstipps für einen perfekt gestählten
Körper, ganz ohne Aufputschmittel. Im Zuge unserer Recherche sprechen wir Männer auf ihr „Körpergefühl" bei einer Straßenumfrage in Wien an. Darunter ist der 19-jährige Dario, der sich aus Selbstschutz von
Instagram abmeldete: „Ich wollte genauso aussehen wie die Sportler. Das hat mich extrem gestresst." Wer
dem Druck nicht entkommt, legt sich unters Messer. Im Vergleich zum Vorjahr haben sich 2019 die Zahlen*
50 *der operativen Eingriffe bei Männern verdoppelt. Auf den ersten Plätzen liegt hier die Fettabsaugung, wie
der Verein der Deutschen Ästhetisch-Plastischen Chirurgie angibt.*

Abnehmgedanken und Diätpläne sind nicht feministisch

Bei Frauenkörpern ist Body Positivity mittlerweile so verbreitet, dass „frau"
unnormal ist, wenn sie etwas an sich selbst kritisiert, anstatt es hinzu-
55 *nehmen. Die 20 Kilo, die während der Schwangerschaft dazugekommen*
sind, hat man zu lieben. Abnehmgedanken und Diätpläne sind nicht
feministisch. Die Männermodels des biber-Shootings hingegen geben
ehrlich zu, was sie gerne an sich ändern würden. „Eine Haartransplan-
tation" kann sich Ernan vorstellen, „10 kg weniger" wünscht sich Damir.
60 *Das zu sagen fällt ihnen leicht. Sie stehen zu sich und sind selbstbewusst, wenn es um ihre*
vermeintlichen Makel geht. „Schlimmer ist es, wenn man etwas haben will, aber nicht bekommen kann",
so Cedric.

Die Körper der biber-Adonisse sind klein, haarig, dünn oder dick. Die Fotos, die wir von ihnen gemacht
haben, könnte man genauso gut in der Zara-Werbung zeigen wie das hundertste Sixpack. Body Positivity
65 *sollte endlich auch in der Männerwelt Einzug finden. Damir, Sahil, Cedric, Ernan, Alex und Denis sind die*
body-positive Vielfalt, die wir uns wünschen.

Emily Zens, Magdalena Zimmermann, biber, 2.7.2020

Tipps und Anregungen zur Bearbeitung der Arbeitsaufträge:

■ **Beschreiben** Sie Ihre Wahrnehmungen zum Umgang der Männer mit den an sie herangetragenen körperlichen Idealen.
▶ Der Arbeitsauftrag eignet sich gut, um in den Hauptteil einzuleiten.
▶ Kombinieren Sie Ihre eigenen Wahrnehmungen mit Informationen aus dem Text.
▶ Diese Wahrnehmungen können
 - Ihr persönliches (analoges) Umfeld,
 - unterschiedliche soziale Medien oder auch
 - einen Vergleich mit früheren Männerbildern (z. B. in Verfilmungen) beinhalten.
 - ...

■ **Setzen** Sie Ihre Erwartungshaltung an den männlichen Körper mit der in den Medien inszenierten **in Beziehung.**
▶ In diesem Arbeitsauftrag entwerfen Sie eine sehr persönliche Perspektive.
▶ Achten Sie darauf, einen begründeten Zusammenhang zwischen Ihrer eigenen Perspektive und jener in den Medien inszenierten herzustellen.

■ **Machen** Sie **Vorschläge** zur „positiven" Veränderung des männlichen Körperbildes in unserer Gesellschaft.
Mögliche inhaltliche Anregungen:
▶ Veränderung muss von den Männern selbst ausgehen.
▶ Überprüfung der an Männer herangetragenen (nicht mehr) zeitgemäßen Aufgaben und Eigenschaften (Mut, Muskelkraft, Gewaltbereitschaft, Führungsanspruch, Familienvorstand, Dominanz, Abenteuerlust, Coolness etc.)
▶ Emanzipation von erwarteten und geforderten Männlichkeitsidealen
▶ öffentliches Bewusstsein über wirtschaftliche Interessen und Marketingstrategien schaffen, die hinter diesen Männlichkeitsidealen stecken, und sie anprangern
▶ ...

Text 3

Verfassen Sie einen Leserbrief.

Situation: Die Lektüre des Kommentars „Tiere quälen nein, töten ja?" hat Ihre Aufmerksamkeit erregt. Mit einem Leserbrief an die Redaktion wollen Sie zur Thematik Stellung nehmen.

Lesen Sie den Kommentar „Tiere quälen nein, töten ja?" von Kurt Remele, erschienen in der Tageszeitung „Der Standard" am 4. September 2020 (Textbeilage 1).

Verfassen Sie nun den **Leserbrief** und bearbeiten Sie dabei die folgenden Arbeitsaufträge:

- **Geben** Sie den Unterschied zwischen Haustieren und Nutztieren, wie sie im Kommentar dargestellt werden, **wieder.**
- **Nehmen** Sie kritisch **Stellung** zum Satz des Philosophen Norbert Hoerster: „Menschen dürfen Tiere essen. Wenn der Mensch kein Interesse am Fleischverzehr hätte, würden die meisten Nutztiere gar nicht leben." (Z. 31–32).
- **Kommentieren** Sie Kurt Remeles Fürsprache für den Verzicht auf Fleischkonsum.

Schreiben Sie zwischen 270 und 330 Wörter. Markieren Sie Absätze mittels Leerzeilen.

Textbeilage 1

TIERE QUÄLEN NEIN, TÖTEN JA?

Im Gastkommentar widmet sich der Tierethiker Kurt Remele der Frage, warum man Tiere überhaupt züchten und töten soll – der Mensch kann sich ja auch ohne Tiere gesund ernähren.

Kleine Kinder lieben junge Hunde. Und Eltern wollen, dass sich Kinder
5 *wohlfühlen. Deshalb schaffen sich Familien mit Kindern gerne Hunde-*
welpen an. Doch junge Hunde werden älter und sind dann nicht mehr ganz so süß wie vorher.
Außerdem fällt es manchen Familien schwer, jedes Mal aufs Neue zu entscheiden, was sie mit ihrem
Hund tun sollen, wenn sie auf Urlaub fahren und das Tier nicht mitnehmen wollen. Sie fühlen sich häufig
überfordert, einen geeigneten und kostengünstigen Platz für ihren Hund zu finden. Deshalb werden in den
10 *Sommerferien zahllose Heim- oder Kumpantiere ausgesetzt, nicht nur Hunde und Katzen, sondern auch*
Kaninchen, Hamster, Meerschweinchen und Schildkröten.

Was Hunde betrifft, so gibt es in den USA inzwischen eine kreative Lösung, von der ich vor einiger Zeit
aus einer Zeitschrift erfahren habe. Einige gewiefte Entrepreneure haben die urlaubsbedingte Notlage von
Familien mit Hund als Marktlücke entdeckt und ein bemerkwertes Unternehmen namens Disposapup
15 *gegründet. Die Firma bietet folgende Dienstleistung an: Familien mit Kindern können bei Disposapup einen*
Hundewelpen käuflich erwerben. Als Kauftermin wird Ende der Sommerferien empfohlen. Gleichzeitig wird
den Familien angeboten, ihren jungen Hund im Juli oder August des nächsten Jahres an die Firma zurück-
zugeben. Dort wird das Tier durch einen erfahrenen Veterinärmediziner weitgehend schmerzfrei eingeschlä-
fert. Nach Ende ihres Urlaubs stellt Disposapup der gleichen Familie einen neuen Welpen zur Verfügung.

20 *Glück gehabt ...*
Einerseits haftet der Idee, junge Hunde umbringen zu lassen, um sich den Vorurlaubsstress zu ersparen, et-
was Brutales, Grausames an, das die Tiere total instrumentalisiert und in ihrer Würde verletzt. Andererseits
handelt es sich hierbei um eine typische Win-win-Situation. Es profitieren alle:

Die Eltern profitieren, weil die nervenaufreibende Hektik, ein Tierheim oder einen Hundesitter zu finden,
wegfällt. Die Kinder profitieren, weil sie jedes Jahr am Ende der Ferien einen süßen neuen Welpen geschenkt
bekommen. Zudem erweitert sich ihr zoologisches Wissen, denn sie lernen möglicherweise jedes Jahr eine
neue Hunderasse kennen. Die Firma Disposapup, ihr Management und ihre Angestellten profitieren, weil die
Nachfrage nach ihrer Dienstleistung und damit auch der Firmengewinn und die Zahl der Arbeitsplätze steigen. Ja selbst die Hunde profitieren, weil die Gesamtzahl der Hundeleben kontinuierlich zunimmt. Zahlreiche
Hunde würden ohne Disposapup gar nicht existieren. Dasselbe eigenartige Argument verwendet übrigens der
deutsche Philosoph Norbert Hoerster, wenn er das Essen von Tieren rechtfertigt: „Menschen dürfen Tiere essen. Wenn der Mensch kein Interesse am Fleischverzehr hätte, würden die meisten Nutztiere gar nicht leben."

Wie man in Österreich vergleichsweise tiergerecht töten kann, hat Jonas Vogt im STANDARD in der Wo-
chenendausgabe vom 29./30. August anschaulich dargestellt. Er beschreibt die Tötung von eineinhalb Jahre
alten „Kalbinnen" im Schlachtraum eines Biohofs, eines halbindustriellen Schlachthofs, in dem man auf
die Nöte der Rinder eingeht, und eine mobile Schlachtanlage, in der 276 Hühner „auf das Unvermeidliche"
warten.

„Auf das Unvermeidliche"? Unvermeidlich ist das Schlachten von Hühnern, Rindern und Kälbern ebenso
wenig wie das Umbringen junger Hunde. Die eigentlichen Gründe, warum Menschen bestimmte Tiere
schlachten lassen und essen, sind kulturelle Gewohnheiten und kulinarische Geschmacksvorlieben, die man
nicht hinterfragt und auf die man nicht verzichten will.

... Pech gehabt

Viele Menschen verdrängen die Tatsache, dass man sich in Mitteleuropa und weit darüber hinaus überaus
gut, gesund und schmackhaft ernähren kann, ohne ein Tier zu essen. Im Fall der Welpen wird ein negativer
Gefühlszustand, nämlich stressbedingte Überforderung vor dem Urlaubsantritt, als Rechtfertigung für die
vorzeitige Tötung des Hundes genannt. Tatsächlich aber bedarf es keiner übermäßigen Anstrengung, einen
Freund oder eine Tierpension zu finden, bei dem oder in der der eigene Hund einige Tage bleiben kann. Das
Töten der jungen Hunde ist ebenso vermeidbar wie das Töten der Kälber, Rinder und Hühner. Beides sollte
auch vermieden werden.

Es gibt allerdings zwei gewaltige Unterschiede zwischen den beiden geschilderten Fällen: Der erste besteht
darin, dass wir Hunde als „Heimtiere" wahrnehmen, die einen Platz an unserer Seite haben: Glück gehabt.
Kälber und Hühner dagegen etikettieren wir als „Nutztiere", die einen Platz auf unserem Teller haben: Pech
gehabt. Der zweite Unterschied besteht darin, dass das Töten von Tieren in Großschlächtereien am laufen-
den Band geschieht, tagaus, tagein; in Schlachthäusern auf dem Hofgelände zumindest dann und wann.
Disposapup dagegen existiert bisher nur in wissenschaftlichen Publikationen. Es handelt sich dabei um ein
ethisches Gedankenexperiment des britischen Philosophen Michael Lockwood zum Thema Tiertötung. Im
Unterschied zur fast immer äußerst schmerzvollen Praxis der Tierschlachtung ist die Firma Disposapup
reine Fiktion und deshalb völlig schmerzfrei.

Kurt Remele, Der Standard, 4.9.2020

Text 4

Verfassen Sie einen Leserbrief.

Situation: Sie lesen das Interview „Es wäre Gegenrede wichtig, wenn jemand ‚Proll' sagt" aus dem Standard vom 30. August 2022, geführt von Beate Hausbichler, und reagieren darauf mit einem Leserbrief.

Lesen Sie das Interview „Es wäre Gegenrede wichtig, wenn jemand ‚Proll' sagt" von Beate Hausbichler mit Francis Seeck, erschienen in der Tageszeitung „Der Standard" am 30. August 2022 (Textbeilage 1).

Verfassen Sie nun den **Leserbrief** und bearbeiten Sie dabei die folgenden Arbeitsaufträge:

- **Nennen** Sie im Interview angeführte Formen des Klassismus.
- **Beurteilen** Sie die gesellschaftlichen Folgen von Klassismus.
- **Machen** Sie **Vorschläge,** auf welche Art und Weise Klassismus in unserer Gesellschaft kritisch thematisiert werden könnte.

Schreiben Sie zwischen 270 und 330 Wörter. Markieren Sie Absätze mittels Leerzeilen.

Textbeilage 1

„ES WÄRE GEGENREDE WICHTIG, WENN JEMAND ‚PROLL' SAGT"

Über Vornamen lachen, abwertend von „Proleten" sprechen, Hass gegen Erwerbslose: Francis Seeck über die Folgen für Betroffene und eine Gesellschaft des Klassismus.

Als Kind einer alleinerziehenden, erwerbslosen Mutter erlebte Francis Seeck schon früh die Auswirkungen der Klassengesellschaft. Heute lehrt Seeck zu Klassismus und sozialer Gerechtigkeit und bietet Antidiskri-
5 minierungstrainings an. Obwohl es sich bei Klassismus um eine weit verbreitete Form der Diskriminierung handelt und er durch Studien vielfach belegt ist, fällt die Abwertung erwerbsloser Menschen oder sogar schon von Kindern von erwerbslosen Eltern oder von Eltern mit stigmatisierten Berufen vielen nicht auf. Aufgrund von Klassismus wird diskriminierten Menschen der „Zugang verwehrt", wie auch der Titel des aktuellen Buches von Francis Seeck heißt: der Zugang zu Gesundheit, Bildung, Geld und ein grundlegendes
10 Gefühl von Sicherheit.

Standard: Was ist Klassismus?
Seeck: Klassismus beschreibt die Diskriminierung aufgrund von sozialer Herkunft und Position. Klassismus richtet sich gegen Menschen aus der Armuts- oder Arbeiter:innenklasse, zum Beispiel einkommensarme, erwerbslose und wohnungslose Menschen. Klassismus hat Auswirkungen auf die Lebenserwartung und
15 begrenzt den Zugang zu Wohnraum, Bildungsabschlüssen, Gesundheitsversorgung, Macht, Netzwerken, Teilhabe, Anerkennung und Geld.

Wie etabliert ist der Begriff Klassismus derzeit?
Der Begriff Klassismus ist noch nicht so bekannt wie Sexismus und Rassismus. Klassismus ist größtenteils auch noch nicht in das Antidiskriminierungsgesetz eingegangen. Trotzdem erlebe ich bei Veranstaltungen,
20 dass Leute sagen, den Begriff kannten sie noch nicht, aber wenn sie erfahren, was klassistische Diskriminierung ist, dann sagen sie: Ja, das kenne ich sehr gut.

Der Begriff Klassismus setzt schon die Annahme voraus, dass wir in einer Klassengesellschaft leben. Viele würden aber wohl viel mehr von einer Leistungsgesellschaft sprechen.
Die Leistungsgesellschaft ist ein Mythos. Das merken aktuell mit den steigenden Preisen und der aufge-
25 henden Schere zwischen Arm und Reich immer mehr Menschen. Das sehen wir auch an der Verteilung der Vermögen: In Deutschland, Österreich und der Schweiz wird mittlerweile fast die Hälfte der Vermögen vererbt. Das ist Vermögen, das nicht durch eigene Lohnarbeit zusammenkommt, sondern über Erbschaften

– und ob man Erbe wird oder nicht, das ist Glückssache. In Deutschland besitzen die oberen zehn Prozent 65 Prozent des Gesamtvermögens und die Hälfte der Bevölkerung nur ein Prozent. Dies gilt ebenso für Österreich. Dort besitzen die einkommensärmeren 50 Prozent der Haushalte gemeinsam nur 2,5 Prozent des Gesamtvermögens.

Auch die Möglichkeit, Matura zu machen und zu studieren, hängt in unserem Bildungssystem maßgeblich davon ab, in welcher Familie man geboren wurde – und nicht von der Leistung. Auch von der Klimakatastrophe sind einkommensarme Menschen am meisten betroffen. Die Forschung zu all dem spricht eine klare Sprache: Wir leben in einer Klassengesellschaft.

Das Thema Klasse kam in den letzten Jahren verstärkt durch Literatur aus Frankreich nach Deutschland und Österreich. Es hat somit schon vor den Teuerungen eine gewisse Hinwendung zu dem Thema Klasse gegeben. Haben Sie eine Erklärung dafür?
Die soziale Ungerechtigkeit steigt, und das zeigt vielen, dass wir eine ausgleichende Sozialpolitik brauchen. Viele Menschen haben inzwischen erlebt, dass auch sie in die Armut rutschen könnten, und es gibt immer mehr prekäre Beschäftigungsverhältnisse. In den vergangenen Jahrzehnten wurde der Sozialstaat abgebaut, und damit gehen auch Hetze und Stimmungsmache gegen Menschen, die Sozialleistungen beziehen, einher. Eine Unterform von Klassismus ist die Erwerbslosenfeindlichkeit. Der Hass gegen Menschen, die Grundsicherung beziehen, ist sehr verbreitet.

Wie sieht Klassismus aber auf einer strukturellen Ebene aus?
Klassismus ist zum Beispiel in der Stadtplanung verankert. Aus vielen Innenstädten werden obdachlose Menschen vertrieben. Bänke im öffentlichen Raum werden so gebaut, dass es unbequem oder unmöglich ist, darauf zu schlafen oder sich länger darauf aufzuhalten. Oder denken wir an Konsumverbote an Plätzen, von denen einkommensarme Menschen vertrieben werden sollen. Unser Gesundheitssystem ist so gebaut, dass reichere Menschen durchschnittlich zehn Jahre länger leben als arme. Dies liegt auch daran, dass einkommensarme Menschen oft Arbeiten ausüben, die gesundheitsschädlich sind.

Und wie schon erwähnt: Im Bildungssystem ist soziale Herkunft ausschlaggebend, und einkommensreichere Familien versuchen ihre Klassenprivilegien für ihre Kinder zu sichern: dass ihre Kinder den einfacheren Zugang zum Abitur bekommen, zu einem Studium – auch durch den Ausbau von Privatschulen und privaten Hochschulen.

Was macht das mit Kindern und jungen Menschen?
Menschen, die von Klassismus nicht betroffen sind, haben ein Gefühl der Sicherheit. Dieses Gefühl haben Kinder aus einkommensarmen Familien nicht. Es kann auch Scham verursachen, wenn Eltern stigmatisierte Berufe ausüben oder erwerbslos sind und ihnen andere vermitteln, dass diese nicht okay wären. Schüler:innen, die bei Ausflügen nicht mitfahren können oder sich an anderen Aktivitäten nicht beteiligen können, sind auch oft von Mobbing betroffen.

Warum ist es noch immer für so viele selbstverständlich, abwertend von „Proleten" oder „Sozialschmarotzern" zu sprechen?
Klassismus ist in unserer Sprache verankert. Mit Worten wie „arbeitsscheu" oder „asozial" wurden im Nationalsozialismus jene Menschen für minderwertig erklärt, die im Rahmen der sogenannten Aktion „Arbeitsscheu Reich" in Konzentrationslager eingewiesen und systematisch ermordet wurden. Trotzdem werden die Begriffe noch heute verwendet.

Klassismus ist eine ignorierte Form der Diskriminierung, für die viele Menschen gar kein Bewusstsein haben und wo sie die Wirkmacht der Abwertung nicht sehen können. Es wäre Gegenrede wichtig, wenn jemand „Proll" sagt. Aber es fängt auch schon bei Begriffen wie „bildungsfern" oder „sozial schwach" an, die ebenso Vorurteile transportieren.

BEATE HAUSBICHLER, DER STANDARD, 30.8.2022 – GEKÜRZT

Selbstevaluation

Schätzen Sie sich selbst ein und beurteilen Sie Ihr eigenes Können. Nehmen Sie dazu Ihren selbst verfassten Text zur Hand und analysieren Sie ihn.

Name: _____	1	2	3	4	5
LESERBRIEF					
Aufgabenerfüllung aus inhaltlicher Sicht					
Schreibhandlungen im Sinne der Textsorte und der Angabe umgesetzt					
Wortanzahl eingehalten					
alle Arbeitsaufträge erfüllt					
sachlich richtig, logisch nachvollziehbar					
Ideenreichtum, Eigenständigkeit					
Ich-Bezug, Verallgemeinerung, Komplexität					
Textstruktur					
Gliederung					
Kohärenz (Verknüpfungsmittel, frei von Gedankensprüngen)					
Absätze					
Verknüpfung mit der Textbeilage					
Eröffnungs-/Schlussformel vorhanden					
logisch nachvollziehbare Argumentation					
Stil und Ausdruck					
Wortwahl (präzise, Abwechslung, der Situation angepasst)					
Satzstruktur (Abwechslung, komplex)					
eigenständige Formulierungen					
Sprachrichtigkeit					
Rechtschreibung					
Grammatik					
Zeichensetzung					
Gesamtbeurteilung					

1 = weit über das Wesentliche hinausgehend erfüllt
2 = über das Wesentliche hinausgehend erfüllt
3 = das Wesentliche zur Gänze erfüllt

4 = das Wesentliche überwiegend erfüllt
5 = das Wesentliche nicht erfüllt

Kommentar

Der Kommentar ist eine journalistische Textsorte, die auf die Meinungsbildung der Leser/innen abzielt. Die Verfasserin/Der Verfasser äußert ihren/seinen Standpunkt zu einem Thema, das in der öffentlichen bzw. veröffentlichten Meinung diskutiert wird. Die Verfasserin/Der Verfasser kann dies als Journalist/in tun oder, wie in der SRDP üblich, auch in einer anderen Funktion oder Rolle, insofern diese von dem Thema betroffen ist (etwa als Bürger/in, als Schüler/in). In jedem Fall ist der Kommentar für die Veröffentlichung mit gewisser Reichweite gedacht.

BMBWF: TEXTSORTENKATALOG ZUR SRDP IN DER UNTERRICHTSSPRACHE

Kommentar

Verfassen Sie einen Kommentar.

Situation: Eine österreichische Tageszeitung lädt junge Erwachsene zur Mitarbeit an einer Schwerpunktausgabe zum Thema „Kommunikation im Internet" ein. Sie verfassen zu diesem Thema einen Kommentar. Als Grundlage dient Ihnen der Bericht „Das Phänomen Hatespeech im Internet".

Die Textbeilage finden Sie auf Seite 125.

Lesen Sie den Bericht „Das Phänomen Hatespeech im Internet", erschienen auf kaernten.orf.at am 10. Dezember 2017 (Textbeilage 1).

Verfassen Sie nun den **Kommentar** und bearbeiten Sie dabei die folgenden Arbeitsaufträge:

- **Nennen** Sie die in der Textbeilage angeführten Folgen von Hatespeech.
- **Diskutieren** Sie Vorschläge zur Eindämmung der Hasskultur im Internet.
- **Überprüfen** Sie ein Verbot von Hatespeech unter Berücksichtigung der Meinungsfreiheit.

Schreiben Sie zwischen 540 und 660 Wörter. Markieren Sie Absätze mittels Leerzeilen.

Hass ist keine Meinung!

Was darf man heute noch sagen oder posten, ohne gleich ins Eck des politisch Unkorrekten, Bösen oder sogar Haters gestellt zu werden? Sind wir alle verweichlicht, überempfindlich und halten wir in Diskussionen nichts mehr aus?

5 Nein! Unsere Gesprächskultur ist nach wie vor eine Schande. Täglich werden unzählige Kommentare in sozialen Netzwerken gepostet, welche eine Demütigung und Verletzung vieler Empfänger/innen zur Folge haben. Ein rauer Ton, Beschimpfungen und Beleidigungen stehen oftmals an der Tagesordnung, obwohl sich weder Sender/in noch Empfänger/in kennen und die Beweggründe für etwaige Aussagen nicht klar auf der Hand liegen. Die Ursachen dieses Umgangs im Netz sind also vielfach unklar, die Folgen dieses harschen und oft einschüchternden Tons sind laut Kommunikationswissenschaftlerin Liriam Sponholz, nachzulesen unter
10 https://kaernten.orf.at/news/stories/2881982/, Rückzug, Vergiftung des Gruppenklimas und letztlich Schweigen. Auch würden jene Strukturen und Machtverhältnisse, die in der analogen Welt existieren, im Netz reproduziert werden: Migrantinnen/Migranten würden wüst beschimpft und für alles Negative verantwortlich gemacht oder Frauen sollen eingeschüchtert und davon abgehalten werden, am gesellschaftspolitischen Diskurs teilzunehmen. Und da all jenes, was die Hassredner/innen sagen, ohnehin medial schon einmal Thema gewesen sei, neige
15 man dazu, ihnen auch noch Recht zu geben.

Zusätzlich herrscht die naive Meinung vor, dass viele, die im Netz munter draufloshaten, nicht wüssten, was sie mit ihren Postings anrichten. Dem ist entgegenzuhalten, dass die Netzgemeinschaft nun schon ein klein wenig erwachsener geworden sein sollte und man ihr unterstellen muss, dass ihre Mitglieder genau wissen, was sie tun und was sie mit ihren Beiträgen bewirken. Wer postet, dass „diese Stinktiere in ein Lager und dann ganz
20 schnell in ihre zugemüllten, schmutzigen Drecksländer gehören", will die adressierten Empfänger/innen demütigen und verletzen. Eine solche Hasstirade passiert einem nicht einfach so, sie wird gezielt platziert, um ein Vorurteil, eine Haltung oder auch Wertvorstellungen zu transportieren.

Aber wie soll man mit diesen Grenzüberschreitungen umgehen? Aufklären, zensurieren oder gar bestrafen? Hier ist die Netzgemeinschaft gefragt, die das Phänomen „Hatespeech" nicht einfach so hinnehmen darf. Sie muss
25 sich gegen diese Hater/innen stellen und muss von allen Teilhabenden die Einhaltung verbindlicher Regeln einfordern. „Was Hänschen nicht lernt, lernt Hans nimmermehr!", mag nach wie vor seine Gültigkeit haben, und dass die Schule in die Pflicht genommen wird, um Aufklärung, Empathie und sozial verträgliches Handeln im Netz zu vermitteln, ist gut und richtig. Wichtig ist aber auch, jenen „Hans" zu erwischen, der durch die klassischen Bildungseinrichtungen nicht mehr erreicht werden kann und das Gefühl hat, er kann im Netz tun
30 und lassen, was er will.

Für Klein und Groß, Jung und Alt muss es das Ziel sein, im digitalen Raum eine Gesprächskultur zu entwickeln, deren Kern die konstruktive Auseinandersetzung darstellt, in der mit unflätigem Beschimpfen oder untergriffigen Anspielungen kein Blumentopf mehr zu gewinnen ist. Zensur ist ein möglicher Umgang, reicht aber nicht. Die Hater/innen gehören zur Rechenschaft gezogen, ihre Grenzüberschreitungen müssen ihnen durch die Netzge-
35 meinschaft und – wenn dies nicht ausreicht – durch die Justiz vor Augen geführt werden.

Es braucht Regeln wie im Straßenverkehr. Zum Schutze aller Verkehrsteilnehmer/innen müssen diese Regeln gelernt und auch eingehalten werden. Wenn nicht, drohen Konsequenzen. Jede Onlineplattform muss ihrer Verpflichtung nachkommen, gegen Hatespeech vorzugehen, muss diese Verantwortung wahrnehmen und entsprechende Ressourcen in das Sichten und Bewerten von Postings investieren. Werden Hatespeech-Einträge dann
40 als solche gekennzeichnet und wird der/die Hater/in auf der jeweiligen Plattform gesperrt, geht es hier nicht um die Einschränkung der Meinungsfreiheit, sondern ausschließlich darum, zu zeigen, dass die Meinung in einem angemessenen sprachlichen Kleide und Ton präsentiert zu werden hat.

Am wichtigsten ist jedoch, dass wir in unserer Gesellschaft sehr genau darauf achten, dass nicht die Meinungsfreiheit eingeschränkt wird, sondern die Art und Weise, wie diese Meinung präsentiert werden darf, einer Kontrol-
45 le unterworfen wird. Die Meinungsfreiheit ist in unserer demokratischen Gesellschaft ein hohes Gut, die Würde des Menschen aber ebenso.

(615 Wörter)

Kommentar WERKZEUG

Der **Kommentar** gehört zu den meinungsbetonten journalistischen Textsorten, d. h., es handelt sich dabei um eine subjektive Stellungnahme einer thematisch kompetenten Person.

Ziel des Kommentars ist das Überzeugen der Leserin/des Lesers von der eigenen Position, aber auch ein Anregen zum Denken, Informieren und sogar Unterhalten.

Thema von Kommentaren sind zumeist aktuelle Tagesereignisse oder (politische, soziale, wirtschaftliche oder kulturelle) Strömungen. Grundsätzlich kann aber jede Nachricht kommentiert werden.

Teile des Kommentars und inhaltliche Kriterien

Die **Schlagzeile** gibt das Thema an und animiert zum Weiterlesen.

> 💡 In seltenen Fällen beginnt ein Kommentar mit einem klassischen „Vorspann" eines Berichtes.

Im **Einstieg** wird das Thema, das kommentiert werden soll, kurz angesprochen und das Ereignis kurz erklärt (Istzustand). Achtung: Widmen Sie diesem Teil nicht zu viel Platz. Der Kommentar setzt voraus, dass der/die Leser/in über die Tatsachen informiert ist, dass er/sie eventuell bereits einen informierenden Artikel (Bericht, Reportage, Interview etc.) gelesen hat, in dem das Thema behandelt wird.

Im **Hauptteil** folgt eine Analyse der Lage, also eine Erklärung der Zusammenhänge und eine Analyse bzw. Darstellung der Hintergründe aus der Sicht der Kommentatorin/des Kommentators, welche mit Fakten und Beispielen untermauert werden muss. Der Bezug zur Textbeilage muss durch eine Weiterführung bzw. Widerlegung der Gedanken aus der Textbeilage hergestellt werden.

Die Argumentation in einem Kommentar kann in mehreren Varianten ausgeführt werden:

> 💡 Behauptung, Fragestellung und Problemstellung orientieren sich an der Themenfrage.

- Behauptung – Begründungen – Belege (oder Einschränkungen) – Schlussfolgerung
- Fragestellung – Abwägen von Pros und Kontras – Antwort
- Problemstellung – Abwägen von Argumenten – Lösungsversuch mit Bezug auf das eingangs benannte Problem

Wichtig ist, dass alle Arbeitsaufträge berücksichtigt sind und dass die Argumente als einzelne gut erkennbar, aber auch miteinander verbunden sind. Sollte ein Arbeitsauftrag das Anführen der Basisinformationen erfordern (z. B. weil Inhalte aus der Textbeilage wiedergegeben werden müssen), nennen Sie diese am besten bei der Erarbeitung dieses Arbeitsauftrags.

Beispiel
So schreibt z. B. XY im am … in … erschienenen Bericht …

Den **Schluss** des Kommentars bildet üblicherweise eine Schlussfolgerung, Forderung oder Empfehlung.

Formale und sprachliche Kriterien

Gliederung	Einstieg, Hauptteil und Schluss werden durch Absätze voneinander getrennt. Auch innerhalb des Hauptteils wird nach jedem Argument ein Absatz gemacht.
Zeit	grundsätzlich Verwendung der Gegenwartsstufe (Präsens, Perfekt, Futur etc.)
Sprache und Stil	der Zielgruppe angepasst; pointierte, zugespitzte Formulierungen; objektivierte Perspektive (möglichst kein Ich); Verwendung rhetorischer Stilmittel
Schreibhandlungen	argumentieren, erklären/erläutern, beschreiben
Umfang bei der SRDP	270–330, 405–495 oder 540–660 Wörter

Formulierungshilfen

Vermeiden Sie das „Ich" in einem Kommentar, denn der Text wirkt dadurch reflektierter und kompetenter. Warum ist das so? Wird ein „Ich" in einem Text verwendet, so ist klar, dass es sich hierbei um eine Einzelperspektive handelt – die individuelle Meinung einer Person. Entfällt dieses „Ich", so erhält der/die Leser/in den Eindruck, dass der dargestellte Inhalt von allgemeiner Bedeutung und Richtigkeit ist oder sein könnte.

Vermeiden Sie das „Ich", indem Sie in einem ersten Schritt Ihren Satz aus Ihrer persönlichen Perspektive formulieren und dann in einem zweiten Schritt diese ichbezogene Formulierung streichen.

Beispiel
Ichbezogene Formulierung
Meiner Meinung nach sollte Unterricht nur noch via Facebook stattfinden. Die meisten Jugendlichen …
Ich bin der Meinung, dass Unterricht nur noch via Facebook stattfinden sollte. Die meisten Jugendlichen …

Neutrale Formulierung
Unterricht sollte nur noch via Facebook stattfinden! Die meisten Jugendlichen …

Einleitung
- In den Medien wird in letzter Zeit kontrovers diskutiert, ob …
- Mit der Situation … ist man derzeit häufig konfrontiert: …
- Studien zeigen …
- Deshalb stellt sich die Frage …
- Daher wird im Folgenden erörtert …
- Inwieweit dieser Aussage zuzustimmen ist oder sie abzulehnen ist, soll …
- Mit diesem Thema beschäftigt sich auch …

Hauptteil
- Was zunächst dafür/dagegen spricht, ist …
- Ein immer wieder vorgebrachtes Argument ist …
- Trotz der genannten Argumente gilt es zu bedenken, dass …
- Besonders zu betonen ist …
- Von zentraler Bedeutung ist …

- Beachtenswert ist auch …
- Ein weiterer wesentlicher Aspekt ist …
- Daneben ist zu beachten, dass …
- Andererseits ist zu bedenken, …
- Neben … spielt auch … eine wesentliche Rolle.

Schluss
- Eine mögliche Lösung wäre …
- Aus den genannten Gründen vertrete ich den Standpunkt …
- Mit Einschränkungen kann man festhalten, …

Schritte zum Kommentar im Detail

Schritt ❶: Erarbeitung der Textbeilage – LESEN

- Am Beginn steht das Lesen der Textbeilage und der Aufgabenstellung, am besten in Form eines orientierenden, überfliegenden Lesens.
- Im nächsten Schritt ist genaues Lesen erforderlich:
  - ▶ Klären Sie den schwierigen Wortschatz.
  - ▶ Markieren Sie Inhalte, die sich auf einzelne Arbeitsaufträge beziehen (jeder Arbeitsauftrag bekommt eine Farbe zugeordnet).

> **Tipp/SRDP:** Klären Sie ab, ob Thema und Aufgabenstellung beider Aufgaben des jeweiligen Themenpakets für Sie bewältigbar sind – eine eventuelle Umentscheidung auf ein anderes Themenpaket ist hier noch möglich.

Verfassen Sie einen Kommentar.

Situation: Eine österreichische Tageszeitung lädt junge Erwachsene zur Mitarbeit an einer Schwerpunktausgabe zum Thema „Kommunikation im Internet" ein. Sie verfassen zu diesem Thema einen Kommentar. Als Grundlage dient Ihnen der Bericht „Das Phänomen Hatespeech im Internet".

Lesen Sie den Bericht „Das Phänomen Hatespeech im Internet", erschienen auf kaernten.orf.at am 10. Dezember 2017 (Textbeilage 1).

Verfassen Sie nun den **Kommentar** und bearbeiten Sie dabei die folgenden Arbeitsaufträge:

- **Nennen** Sie die in der Textbeilage angeführten Folgen von Hatespeech.
- **Diskutieren** Sie Vorschläge zur Eindämmung der Hasskultur im Internet.
- **Überprüfen** Sie ein Verbot von Hatespeech unter Berücksichtigung der Meinungsfreiheit.

Schreiben Sie zwischen 540 und 660 Wörter. Markieren Sie Absätze mittels Leerzeilen.

Textbeilage 1

DAS PHÄNOMEN HATESPEECH IM INTERNET

Hatespeech, Hassrede, ist ein Fachbegriff für die Herabsetzung von bestimmten Personen oder Gruppen im Internet. Diese werden angegriffen, oft wird auch zu Hass oder Gewalt aufgerufen. Die Kommunikationswissenschaftlerin Liriam Sponholz erforscht dieses Phänomen.

„Diese Stinktiere gehören in ein Lager und dann ganz schnell in ihre zugemüllten, schmutzigen Drecksländer."

5 *Mit solchen und ähnlichen Hasspostings hat Liriam Sponholz immer wieder zu tun. Viele Postings im Internet sind laut der Wissenschaftlerin auch darauf zurückzuführen, dass sich die Menschen dessen ganz einfach nicht bewusst sind, wie öffentlich das Internet wirklich ist.*

Würde man das auch in einem Stadion sagen?

Es wäre also ratsam, sich vor dem Posten vorzustellen, dass man in einem Stadion und nicht allein vor einem
10 Computer sitzt. Es geht dabei aber um viel mehr als nur darum, dass jemand seinem Unmut oder Hass Luft
macht, so Sponholz: „Hasspostings sorgen dafür, dass dieselben Machtverhältnisse, die man außerhalb des
Netzes findet, im Netz reproduziert werden. Viele Frauen halten sich zurück, sich zu melden in politischen Debatten, wegen solcher Hasspostings."

Nachrichten sind schnell gepostet, doch man sollte sich bewusst sein, dass viele Menschen sie lesen können. Wie
15 beim Vergiften eines Brunnens ist es nicht die Menge der Hassreden, die dieses Phänomen zu einem wirklichen
Problem werden lässt: „Ich glaube, dass Hasspostings viele Menschen betreffen. Die Poster sind aber nicht zahlreich, vielleicht fünf bis zehn Prozent. Aber wenn man betroffen ist und so etwas liest, hat es einen Effekt, der
weit größer ist. Die Hassposter sind nicht zahlreich, aber sie sind laut."

„Höflich und zivilisiert antworten"

20 Sponholz stammt aus Brasilien und schrieb in Deutschland ihre Doktorarbeit. Sie weiß aus eigener Erfahrung,
wie es ist, das Ziel von Hassreden zu sein. Im kleinen Rahmen ignoriert sie derartige Vorfälle, im größeren setzt
sie auf eine ganz bestimmte Strategie: „killing by kindness": „Das heißt, man versucht der Person zu zeigen,
dass das nicht in Ordnung ist, aber nicht mit Aggressivität, sondern mit dem Gegenteil. Mit einem extrem höf-
lichen und zivilisierten Ton. Der Hassposter bekommt das vielleicht nicht mit, aber andere im Forum werden es
25 merken. Der Hassposter verliert dadurch an Boden."

„Hassposter sagen nichts Neues"

Liriam Sponholz' sozialwissenschaftliche Studie „Hatespeech in den Massenmedien" ist im Springer Verlag
erschienen. Zu den Ergebnissen ihrer Studie gehört, dass auch Qualitätsmedien für Hassreden Tür und Tor offen
lassen. Hassredner sagen laut der Forscherin auch nichts Neues. Alles, was sie sagen, war zuvor auch schon
30 in den Medien zu sehen und lesen. Daher glauben die Menschen laut Sponholz auch, dass diese Hassredner
die Wahrheit sagen. Sie ziehen die Konsequenz aus der Berichterstattung, auf A folgt B: „Wenn die Medien die
ganze Zeit über Kriminalität berichten und das den Ausländern zuschreiben, dann kommt der Hassposter und
schreibt, dass Ausländer kriminell sind."

KAERNTEN.ORF.AT, 10.12.2017, OHNE VERFASSER/IN

Schritt ❷: Erarbeitung der Textbeilage – INHALTE ERWEITERN

■ Erstellen Sie auf einem Blatt Papier die unten angeführte Tabelle für jeden Arbeitsauftrag bzw. Operator.
■ Tragen Sie oben den jeweiligen Operator ein und übertragen Sie die von Ihnen in der Textbeilage markierten und für die weitere Arbeit relevanten Informationen in die linke Spalte.
■ Erweitern Sie diese Informationen in einem nächsten Schritt durch eigene Ideen, Gedanken und Thesen in der rechten Spalte.
■ Legen Sie fest, in welchem Teil Ihres Kommentars (Einleitung, Hauptteil, Schluss) Sie welchen Arbeitsauftrag bearbeiten wollen.

Arbeitsauftrag/Operator:	
Brauchbare Infos aus dem Text:	Eigene Erweiterungen:

Schritt ❸: Schreiben – EINLEITUNG

Überlegen Sie, welche Möglichkeiten das Thema und die Textsorte zulassen, um eine Einleitung zu gestalten:

- Stellen Sie die Thematik pointiert dar.
- Formulieren Sie z. B. eine provokante These zur Thematik.
- Beginnen Sie z. B. mit einer (rhetorischen) Frage passend zur Thematik.
- Beginnen Sie, wenn es sich anbietet, mit der Erarbeitung eines Arbeitsauftrages.

Arbeitsaufgaben „Einleitung"

1. Lesen Sie nochmals die Einleitung des BEISPIEL-Textes (S. 122), hier wurden rhetorische Fragen verwendet.

2. Schreiben Sie eine Einleitung, in der Sie den ersten Arbeitsauftrag der Aufgabenstellung abhandeln.

Schritt ❹: Analysieren und Schreiben – HAUPTTEIL und SCHLUSS

Oft lassen sich die Arbeitsaufträge der Reihe nach erarbeiten. Grundsätzlich bleibt es aber Ihnen überlassen, das, was Sie ausdrücken wollen, frei zu arrangieren. Immer wieder können die Arbeitsaufträge auch gleichzeitig ausgeführt werden.

Analyseaufgaben „Hauptteil und Schluss"

1. Markieren Sie im Hauptteil des BEISPIEL-Textes (S. 122) die Realisierung der Arbeitsaufträge mit unterschiedlichen Farben.

2. Stellen Sie fest, in welcher Reihenfolge die Arbeitsaufträge im BEISPIEL-Text erarbeitet wurden.

3. Analysieren Sie, mit welchen (sprachlichen bzw. inhaltlichen) Mitteln Zusammenhänge zwischen den Absätzen hergestellt werden.

4. Überlegen Sie, wie Sie Ihren Text aufbauen könnten, wenn der erste Arbeitsauftrag bereits in der Einleitung erarbeitet wurde.

Überprüfen Sie, ob sich ein Arbeitsauftrag für die Gestaltung des Schlusses Ihres Kommentars anbietet. Ist dies nicht der Fall, dann sollten Sie bereits alle Arbeitsaufträge in der Einleitung und im Hauptteil bearbeiten.

> Mögliche Varianten für einen freien Schluss (Schlussfolgerung etc.) finden Sie auf dem WERK-ZEUG-Blatt (S. 124).

Arbeitsaufgaben „Hauptteil und Schluss"

1. Überlegen Sie zuerst, wie Sie Ihren Schluss gestalten wollen und ob ein Arbeitsauftrag in diesem Teil des Kommentars bearbeitet werden soll. Beachten Sie dabei, dass der Schluss einen eindeutigen Bezug zu Ihrer Einleitung und zu wesentlichen Argumenten des Hauptteils herstellen soll.

2. Verfassen Sie nun den Hauptteil und den Schluss Ihres Kommentars nach diesen Gesichtspunkten und stellen Sie die schon verfasste Einleitung voran.

Schritt ❺: Schreiben – BEWERTEN und ÜBERARBEITEN

Abschließend ist es wichtig, die Qualität Ihres Kommentars anhand der folgenden Kriterien zu überprüfen.

- Sind die typischen Kriterien der Textsorte eingehalten?
- Sind alle Arbeitsaufträge umfassend erarbeitet?
- Sind die einzelnen Absätze in sich zusammenhängend?
- Sind die einzelnen Absätze inhaltlich und auch sprachlich (Verweiswörter, Konnektoren etc.) miteinander verknüpft?
- Ist die vorgegebene Wortanzahl eingehalten?
- Ist der Kommentar frei von orthografischen und grammatikalischen Fehlern?

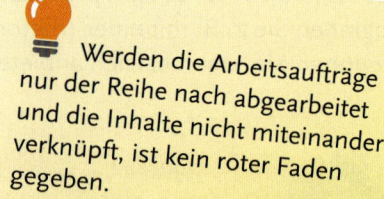

Werden die Arbeitsaufträge nur der Reihe nach abgearbeitet und die Inhalte nicht miteinander verknüpft, ist kein roter Faden gegeben.

 Arbeitsaufgabe „Bewerten und überarbeiten"

- Überprüfen Sie die Qualität Ihres Kommentars anhand der oben genannten Kriterien und überarbeiten Sie ihn anschließend auf Basis Ihres Befundes.

 Arbeitsaufgaben „Kommentar"

Text 1

Verfassen Sie einen Kommentar.

Situation: Das Schwerpunktthema der nächsten Ausgabe der Schulzeitung lautet „Demokratien im Umbruch" und Sie steuern einen Kommentar bei. Inspiriert dazu hat Sie der Bericht „Die Jugend pfeift auf die Demokratie".

Lesen Sie den Bericht „Die Jugend pfeift auf die Demokratie" von Karl Gaulhofer, erschienen in der Tageszeitung „Die Presse" am 20. Oktober 2020 (Textbeilage 1).
Verfassen Sie nun den **Kommentar** und bearbeiten Sie dabei die folgenden Arbeitsaufträge:

- **Vergleichen** Sie Ihre Wahrnehmungen des Demokratiebewusstseins Jugendlicher mit dem in der Textbeilage Dargestellten.
- **Nehmen** Sie **Stellung** zur Aussage, dass politisch Andersdenkende von jungen Menschen nicht mehr als „gleichwertige Mitbürger mit divergierenden Meinungen", sondern als dumme, uninformierte Feinde angesehen werden.
- **Machen** Sie **Vorschläge,** um die (jungen) Menschen in die Lage zu versetzen, besser zwischen populistischen und nachhaltigen demokratischen Positionen zu unterscheiden.

Schreiben Sie zwischen 405 und 495 Wörter. Markieren Sie Absätze mittels Leerzeilen.

Textbeilage 1

DIE JUGEND PFEIFT AUF DEMOKRATIE

Die bisher größte Datenanalyse zum Thema zeigt: Jüngere Generationen sind global immer unzufriedener mit der „besten Staatsform". Begeistern lassen sie sich nur von Populisten.

Ach, die Jugend! Sie hat das Interesse an der Politik verloren und weiß nicht mehr zu schätzen, dass sie in einer freien Gesellschaft lebt: Ist das nur ein Klischee der Älteren? Forscher vom „Center for the Future of
5 *Democracy" an der Uni Cambridge haben das Ansehen der Demokratie unter jungen Generationen auf den bisher größten Prüfstand gestellt: Daten von 4,8 Millionen Befragten in 160 Ländern, der Zeitraum reicht*

von 1973 bis 2020. Das Ergebnis: Es stimmt nicht nur, es ist schlimmer als gedacht. „Was wir herausgefunden haben, ist zutiefst beunruhigend", muss man da lesen. Die bessere Nachricht: Österreich sei noch vergleichsweise ein gelobtes Land.

10 Bisher ließen sich punktuelle Umfragen abgeklärt deuten: Es gehöre eben zum Jungsein dazu, alles radikal in Frage zu stellen, und zum Alter die Einsicht, als freier Bürger im besten aller Systeme zu leben. Aber das ist nun widerlegt. Die Daten gehen Jahrzehnte zurück und vergleichen die Einstellung von Menschen aus vier Generationen: Millennials (die im neuen Jahrtausend volljährig wurden), Generation X, Babyboomer und in der Zwischenkriegszeit Geborene. So zeigt sich im globalen Schnitt: Jede Generation ist unzufriede-
15 ner als die älteren, als diese in der gleichen Lebensphase befragt wurden.

Österreich hat es besser

Mehr noch: Bei den beiden jüngeren Generationen nimmt im Laufe des Älterwerdens die Zufriedenheit mit der Demokratie nicht zu, sondern ab. Dieser Effekt zeigt sich freilich erst etwa ab dem Jahr 2000 – zuerst schwach, seit der Finanzkrise von 2008 sehr deutlich.

20 Der Trend ist aber nicht einheitlich. In der Hälfte der demokratischen Länder sind die Jungen im Schnitt zufriedener mit ihrer Staatsform als die Älteren. Das gilt in Fernost, Osteuropa und Nordeuropa, wozu hier auch Österreich zählt. Aber die andere Hälfte, wo das Vertrauen unter den Jungen stärker schmilzt, enthält mehr bevölkerungsreiche Staaten – wie die USA, Brasilien, Mexiko, Frankreich und Großbritannien. Damit leben 70 Prozent der „Demokraten" weltweit an Orten, wo das politische System an Zustimmung verliert.
25 Woran liegt es? Eine naheliegende Vermutung für „Transitionsländer" bestätigt sich: Wer in einer Diktatur groß geworden ist, vergisst nie, was er an der errungenen Freiheit hat. Anders die Jungen, die schon in das neue System hineingeboren wurden: Sie beurteilen es nicht nach Idealen, sondern nach konkreten Leistungen. Junge Afrikaner und Lateinamerikaner leiden oft unter Korruption und mangelnder Rechtssicherheit. Junge Südeuropäer erwarten sich vom Staat, dass er Jobs und Wohlstand sichert – und wenn das nicht
30 funktioniert, wie nach der Eurokrise, verlieren viele das Vertrauen.
Auch insgesamt zeigten sich die stärksten Korrelationen mit den Kennzahlen Arbeitslosigkeit und ungleich verteilte Vermögen. Aber die Ursachen reichen noch tiefer. Auch in unseren Breiten, in wirtschaftlich (bisher) erfolgreichen und sozial ausgeglichenen Gesellschaften, steigt das Unbehagen der Jungen an der Demokratie – anders als bei den Älteren. Warum?

35 ### Nur noch Freund oder Feind

Die Jungen sorgen noch für eine zweite Kluft: Immer mehr von ihnen sehen Menschen, die politisch anders „ticken" als sie, nicht mehr als gleichwertige Mitbürger mit divergierenden Interessen, was Kompromisse nötig und sinnvoll macht – sondern als uninformierte, dumme oder gar böse Menschen. Es liegt nahe, eine Hauptursache für diese Polarisierung in den „Echokammern" der sozialen Netzwerke zu sehen, die gerade
40 bei den Jungen traditionelle Medien abgelöst haben. Ein Umfeld, in dem es nur noch Freunde oder Feinde gibt, ist dann der ideale Nährboden für Populisten.
Womit wir beim verstörendsten Ergebnis der Großstudie wären:
Es war die populistische Welle ab 2015, von rechts wie von links, die bei jungen Menschen wieder demokratische Hoffnungen geweckt hat. Schon
45 davor zeigte sich: Fast überall, wo Populisten an die Macht kommen, fühlen sich die Jungen politisch aktiviert. Die einzige Ausnahme sind die USA, wo Trump zumindest anfangs weniger Zuspruch unter den Jungen hatte. Es wirkt aber nicht, eine moderate Politik der Mitte mit einem verjüngten Image zu versehen: Von Macron oder Renzi fühlten sich junge
50 Wähler nur kurz angezogen.
Erst in weiteren Amtszeiten von Populisten wenden sich die Jungen langsam von ihnen ab. Dann aber ist das Land vielleicht schon völlig heruntergewirtschaftet, wie im Falle Venezuelas. Oder aus der Liste der Demokratien dieser Welt verschwunden.

KARL GAULHOFER, DIE PRESSE, 20.10.2020

a) Sie finden nun einen stichwortartigen **Erwartungshorizont** zu den Arbeitsaufträgen. Im Vorfeld müssen Sie sich eine Meinung zur Problematik bilden, um zu entscheiden, welche der aufgelisteten Stichwörter Sie verwenden wollen. Markieren Sie jene Stichwörter, die Ihnen besonders wichtig erscheinen, streichen Sie jene, die Sie nicht verwenden wollen.

⚠️ Selbstverständlich können Sie jederzeit eigene Ideen einbringen, besonders beim ersten Arbeitsauftrag ist es wünschenswert, dass Sie eigene Erfahrungen einbringen. Die Stichwörter zeigen hier lediglich Bereiche auf, in denen Sie möglicherweise bereits mit dem Demokratieverständnis von Jugendlichen konfrontiert waren.

Brauchbare Infos aus dem Text:	Eigene Erweiterungen:
Arbeitsauftrag/Operator 1: vergleichen	
■ Ein großer Teil der Jugend hat das Interesse an Politik verloren. ■ ständig steigende Unzufriedenheit der Jugendlichen mit dem demokratisch geführten Staat ■ Junge Wähler/innen neigen dazu, sich Populistinnen/Populisten zuzuwenden. ■ Jugend erwartet sich konkrete Leistung vom demokratischen System: Jobs, Wohlstand – stellt sich oft nicht ein	■ zum Beispiel Wahrnehmungen ■ im schulischen Umfeld (Klassenkameradinnen/-kameraden) ■ im familiären Umfeld ■ unter Freundinnen/Freunden und Bekannten ■ unter Social-Media-Bekanntschaften ■ ... ACHTUNG: Die persönlichen Wahrnehmungen nicht in der Ich-Form darstellen! Verallgemeinern Sie Ihre Darstellungen beispielsweise wie folgt: „Immer wieder hört man von Jugendlichen Argumente wie ...“
Arbeitsauftrag/Operator 2: Stellung nehmen	
■ Die Kompromissbereitschaft der Wähler/innen unterschiedlicher politischer Richtungen sinkt. ■ Echokammern der sozialen Netzwerke = für Freund-Feind-Schema verantwortlich	**Der Aussage wird zugestimmt** ■ Es stimmt nachdenklich, dass die Akzeptanz politisch Andersdenkender verloren gegangen ist. ■ Unsere Gesellschaft wünscht sich für komplexe Probleme einfache Lösungen und glaubt, sie in einfachen Botschaften finden zu können. ■ Die eigene Echokammer zu verlassen heißt, die eigene Komfortzone zu verlassen und Kritik an der eigenen Position zuzulassen. ■ Bewusstsein dafür schaffen, dass nur im Widerstreit der unterschiedlichen Meinungen die bestmögliche Lösung für alle gefunden werden kann ■ populistische, die Gesellschaft spaltende Positionen entlarven ■ ... **Der Aussage wird nicht zugestimmt** ■ Die Akzeptanz politisch Andersdenkender ist in vielen Bereichen der Gesellschaft gegeben. ■ Andersdenkende können oft zu Trendsetterinnen/Trendsettern (siehe Greta Thunberg) werden. ■ ...

Arbeitsauftrag/Operator 3: Vorschläge machen

- Moderate Politik erhält wenig Zuspruch.
- Populistische Politik wirkt bei jungen Wählerinnen/ Wählern aktivierend.

- Moderate, verantwortungsbewusste Politik muss medial inszeniert werden:
  - ▶ die Vorteile, in einer Demokratie zu leben, medial besser kommunizieren
  - ▶ Infotainment-Konzepte für Politik und demokratische Entscheidungen entwickeln
  - ▶ YouTube-Kanäle für Politik(er/innen) einführen
  - ▶ Nominierung politischer Kandidatinnen und Kandidaten in Form von Castingshows inszenieren
- politische Bildung an Schulen
  - ▶ Lehrpläne entstauben und überarbeiten
  - ▶ Schüler/innen auf die politische Teilhabe vorbereiten und diese auch in die Realität umsetzen (Jugendparlament)
  - ▶ Debattierclubs an Schulen mit Politikerbeteiligung ins Leben rufen
- …

b) Überlegen Sie nun, welche **Arbeitsaufträge** Sie in welchem Teil Ihres Kommentars (Einleitung, Hauptteil, Schluss) bearbeiten wollen. Notieren Sie dies.

Möglich ist natürlich auch, alle drei Arbeitsaufträge im Hauptteil zu verarbeiten. In diesem Fall müssen Sie eine Einleitung (z. B. Darstellung des Istzustandes, provokante These und Darstellung des Istzustandes etc.) und einen Schluss (z. B. Schlussfolgerung, Forderung oder Empfehlung etc.) entwerfen.

c) Rufen Sie sich die **Merkmale eines Kommentars** in Erinnerung. Beachten Sie insbesondere, dass eine konsequente Weiterführung bzw. Widerlegung der Gedanken aus der Textbeilage gefordert ist.

d) **Verfassen Sie nun Ihren Kommentar.** Überarbeiten Sie ihn anschließend.

Text 2

Verfassen Sie einen Kommentar.

Situation: Eine österreichische Tageszeitung hat junge Erwachsene aufgerufen, Beiträge für eine Beilage zum Thema „Blick auf unsere Gesellschaft" einzusenden. Sie verfassen dafür einen Kommentar.

Lesen Sie die Reportage „Putz di', wenn du ein Problem hast" von Naz Küçüktekin, erschienen in der Zeitschrift „biber" am 21. Oktober 2020 (Textbeilage 1).

Verfassen Sie nun den **Kommentar** und bearbeiten Sie dabei die folgenden Arbeitsaufträge:

- **Beschreiben** Sie das Bild von Putzkräften, das im Allgemeinen in der Öffentlichkeit herrscht. Berücksichtigen Sie dabei auch Aspekte, die in der Reportage erwähnt werden.
- **Geben** Sie **Gründe** für die geringe Wertschätzung von Putzkräften **an.**
- **Bewerten** Sie eine Gesellschaft, die ihre Mitmenschen auf Basis ihrer beruflichen Tätigkeit bzw. ihres Verdienstes beurteilt.

Schreiben Sie zwischen 405 und 495 Wörter. Markieren Sie Absätze mittels Leerzeilen.

Textbeilage 1

PUTZ DI', WENN DU EIN PROBLEM HAST

Emina, Ulaş und Nora putzen – und sind stolz drauf.

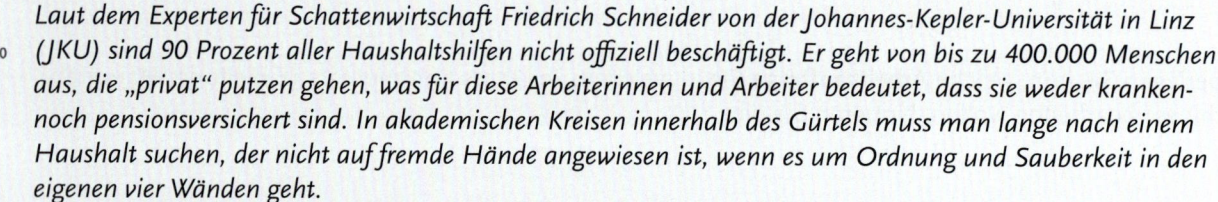

„Ich helfe meiner Mutter seit meinem siebten Lebensjahr beim Putzen",
erinnert sich Ulaş. Der 33-jährige Wiener Türke ist groß, breit gebaut
und aufgewachsen in Ottakring. Er ist der Letzte, von dem man auf den
5   ersten Blick erwarten würde, dass er in seinem Leben schon viel geputzt hätte.
Das Saubermachen, privat oder beruflich, wird hierzulande oft den Frauen zugeschrieben. „Meintest du
Putzfrau?", fragt selbst Google, wenn man nach einer Putzkraft im Internet sucht. Ulaş kann darüber nur
müde lachen.

Laut dem Experten für Schattenwirtschaft Friedrich Schneider von der Johannes-Kepler-Universität in Linz
10   (JKU) sind 90 Prozent aller Haushaltshilfen nicht offiziell beschäftigt. Er geht von bis zu 400.000 Menschen
aus, die „privat" putzen gehen, was für diese Arbeiterinnen und Arbeiter bedeutet, dass sie weder kranken-
noch pensionsversichert sind. In akademischen Kreisen innerhalb des Gürtels muss man lange nach einem
Haushalt suchen, der nicht auf fremde Hände angewiesen ist, wenn es um Ordnung und Sauberkeit in den
eigenen vier Wänden geht.

15   Trotzdem hat der Job einen schlechten Stand in der Gesellschaft. „Die Putze" steht ganz unten in der sozialen Hierarchie. „Putzen hat eine sehr lange Tradition. Früher waren es die Diener, die das gemacht haben",
erklärt der Soziologe Kenan Güngör.

Das Ansehen eines Jobs hängt sehr stark mit dem dafür nötigen Bildungsgrad oder mit dem damit erreich-
baren Einkommen zusammen. „Diese beiden Faktoren sind bei Putzpersonal oft nicht besonders hoch,
20   spielen aber eben eine große Rolle, was die soziale Anerkennung betrifft. Das sieht man z. B. im Vergleich
mit den Müllmännern. Die machen theoretisch auch sauber, verdienen aber sehr gut und haben dadurch
gleich einen viel besseren gesellschaftlichen Stand", so Güngör.

„Menschen grüßen meine Mutter oft nicht mal."
Boden aufwischen und Fenster reinigen gehören für Ulaş schon von klein auf zu seinem Alltag. Seine Mutter
25   ist vor 27 Jahren nach Österreich gekommen und seither übt sie den knochenharten Beruf aus.

Einige Zeit lang arbeitete der Ottakringer auch selbst in der Branche als Reinigungskraft in einer Schule.
Mittlerweile ist der 33-Jährige im Tech-Support bei der Firma Siemens tätig. Seiner Mutter steht er aber
noch immer zur Seite. Im Laufe des Gesprächs merke ich aber immer wieder, dass es hier nicht nur um
die Arbeit geht. Denn oft ist Ulaş auch das Sprachrohr für seine Mutter, steht für sie ein, wenn sie es nicht
30   kann. „Wir hatten mal einen Auftrag für eine Wohnung im ersten Bezirk. Und der Gazda (Hausherr) hat
dann gleich begonnen, mit meiner Mutter in gebrochenem Deutsch zu reden. So auf ‚machst du so, putzt
du da'. Ich stand da noch draußen. Als ich das gehört habe, bin ich rein, und habe gefragt, ob das nicht
auch ein bisschen freundlicher ginge. Ich mein, der Typ war ein Professor", zeigt Ulaş sich verwundert. Bei
einem anderen Einsatz war es auch Ulaş, der für die Arbeit seiner Mutter mehr Geld verlangte, als sie eine
35   Wohnung zusätzlich putzen sollte, man ihr aber nicht mehr bezahlen wollte. „Die Leute denken: ‚Sie ist ja
eh nur eine Putzfrau.' Menschen grüßen meine Mutter oder generell Putzfrauen oft nicht mal. Oder sie tun
so, als ob sie nicht da wären. Dabei würde ohne diese Arbeit die ganze Gesellschaft nicht funktionieren",
sagt Ulaş.

„Ich putze, weil ich will"
40   „Wenn ich beginne zu sprechen, sind viele mal überrascht, dass ich Deutsch kann", erzählt Nora. Sie ist 22,
im Burgenland als Tochter einer Kroatin und eines Österreichers aufgewachsen und passt gar nicht in das

Bild einer typischen Putzfrau. Jung, stylisch gekleidet und selbstsicher sitzt sie mir gegenüber. „Das Klischee ist schon die ältere ausländische Frau, die kein Deutsch kann. Und dann komme ich", lächelt Nora. „Die Leute müssen nicht mal was sagen. Ich sehe sofort an ihren Gesichtern, dass sie nicht jemanden wie mich
45 erwarten."

Die Burgenländerin ist eine Ausnahme im Putz-Business: Eine junge Frau, die sich freiwillig ausgesucht hat, Vollzeit als Reinigungskraft zu arbeiten und davon gut leben kann. 15 Euro verlangt sie in der Stunde, ist versichert und versteuert ihr Einkommen. Damit geht es Nora besser als vielen anderen. Laut einem Bericht der Arbeiterkammer wird jeder zehnten Putzkraft ihr Lohn nicht korrekt abgerechnet. Ihnen geht es zudem
50 gesundheitlich überdurchschnittlich schlecht und mehr als zwei Drittel können sich nicht vorstellen, den Job bis zur Pension durchzuhalten.

Bei Nora ist dies nicht der Fall. „Mit circa 15 habe ich fürs Taschengeld bei Freunden und Verwandten begonnen. Mit der Zeit wurde es dann immer mehr. Irgendwann musste ich zwischen meinem Studium als Freizeitpädagogin und dem Putzen entscheiden. Jetzt bin ich seit drei Jahren als Reinigungskraft selbst-
55 ständig", so Nora. In der Familie gab es keine Kontroverse um ihre Berufswahl. „Die haben das eh schon kommen gesehen und fanden es gut, dass ich einen Job mache, der mir Spaß macht."

Ihre Berufswahl verstehen trotzdem die wenigsten. „Ich muss schon immer erklären, wie und warum ich das mache. Grad bei Männern kommt das auch oft komisch. Aber in der Regel verstehen es die meisten dann. Deshalb finde ich es wichtig, darüber zu reden. Es ist ein toller Job, der mehr Aufklärung braucht. Wir sind
60 mehr als nur Menschen mit einem Besen in der Hand."

„Ich bin nur eine Putzfrau, mehr kann ich nicht"
Für Emina war das Putzen Mittel zum Zweck. Die 24-jährige Bosniakin finanzierte sich dadurch ihr Studium. Als geringfügig Angestellte war sie für die Reinigung eines Kindergartens zuständig. Als Emina öffentlich genau darüber twittert, tritt sie regelrecht eine Welle der Solidarität los: „Ich rede eigentlich nie öffentlich
65 darüber, aber ich arbeite derzeit als Reinigungskraft und jedes Mal, wenn ich es jemandem erzähle, kommt zuerst ein gesenkter Blick und ein ‚ah ok'. Und ich habe das Gefühl, ich muss mich dafür schämen?" Mit diesen Zeilen beginnt die Publizistikstudentin ihre öffentliche Kritik daran, dass der Putzberuf nach wie vor so geringgeschätzt wird. Die wenigen Sätze liefern einen Eindruck über das Leben und den sozialen Status der vorwiegend weiblichen Putzkräfte. Sie erzählen von der harten Arbeit, die die Saubermacher*innen
70 verrichten, von den Vorurteilen und Herabwürdigungen, mit denen sie zu kämpfen haben, und davon, was eine Arbeit, die von der Gesellschaft nicht gewürdigt wird, mit einem Menschen macht. „So ein Job schwächt wirklich das Selbstbewusstsein. Man glaubt dann sehr schnell, was die anderen drüber sagen und ist dann selbst irgendwann der Meinung: ‚Ich bin nur eine Putzfrau, mehr kann ich nicht'", sagt Emina mit einem Kopfschütteln.

75 „Die Peer-Group, also mit welchem Umfeld man sich vergleicht, ist hier entscheidend", kommentiert Güngör. In Eminas Fall waren das ihre Studienkolleg*innen, von denen die meisten in ganz anderen Jobs arbeiteten. „Besonders schlimm trifft es Menschen, die vorher gesellschaftlich höhergestellt waren, also zum Beispiel Akademiker, und die dann putzen müssen", fügt Güngör noch hinzu.

„Ja, ist so", stimmt Ulaş ein, als ich ihm Eminas Tweets zu lesen gebe. Und von Nora kommt nach jedem
80 Runterscrollen ein: „Das trifft es komplett."

NAZ KÜÇÜKTEKIN, BIBER, 21.10.2020 – GEKÜRZT

Tipps und Anregungen zur Bearbeitung der Arbeitsaufträge:

- **Beschreiben** Sie das Bild von Putzkräften, das im Allgemeinen in der Öffentlichkeit herrscht. Berücksichtigen Sie dabei auch Aspekte, die in der Reportage erwähnt werden.
  - ▸ Viele Hinweise dazu finden Sie bereits in der Textbeilage.
  - ▸ Die Informationen aus der Textbeilage können durch eigene Erfahrungen ergänzt bzw. teilweise ersetzt werden. Aber: Dieser Teil des Kommentars sollte nicht zu lang sein; das Hauptaugenmerk sollte auf dem Argumentieren liegen.
  - ▸ Die Einleitung kann mit diesem Arbeitsauftrag gestaltet werden.

- **Geben** Sie **Gründe** für die geringe Wertschätzung von Putzkräften **an.**
  - ▸ Auch zu diesem Arbeitsauftrag finden sich Hinweise in der Textbeilage.
  - ▸ Achten Sie darauf, dass Sie die Gründe nicht nur nennen, sondern dass Sie argumentieren.

- **Bewerten** Sie eine Gesellschaft, die ihre Mitmenschen auf Basis ihrer beruflichen Tätigkeit bzw. ihres Verdienstes beurteilt.
  Gehen Sie nach den folgenden drei Arbeitsschritten vor:
  - ▸ Ordnen Sie einer Gesellschaft, die ihre Mitmenschen aufgrund ihres Berufes bzw. Verdienstes beurteilt, Attribute zu (z. B.: eine Gesellschaft, der Geld wichtig ist, in der Ausbildung/Berufe unterschiedliches Prestige haben etc.).
  - ▸ Sie müssen im Vorfeld deutlich machen, nach welchen (Wert-)Maßstäben Sie bewerten. Welche Kriterien sind Ihnen wichtig (z. B. ethische Normen, religiöse Gesichtspunkte, ökonomische Gesichtspunkte etc.)?
  - ▸ Bewerten Sie die Attribute, die Sie der Gesellschaft zugeschrieben haben, anhand der von Ihnen festgelegten Wertmaßstäbe.

  Beispiel: „Berufen, mit denen in unserer Gesellschaft überdurchschnittlich gut verdient werden kann, wird ein höheres Prestige zugesprochen. So hat eine Putzkraft, die wenig Geld verdient, geringes gesellschaftliches Ansehen, eine Betreiberin einer Reinigungsfirma ein weitaus höheres Ansehen. Beurteilt werden hier nicht der Mensch und seine Tätigkeit, sondern das Einkommen."

  Und nun beurteilen Sie aus Ihrer persönlichen Perspektive diese Haltung innerhalb unserer Gesellschaft.

Text 3

Verfassen Sie einen Kommentar.

Situation: Eine österreichische Tageszeitung lädt junge Erwachsene zur Mitarbeit an einer Schwerpunktausgabe zum Thema „Digitale Welten" ein. Sie verfassen zu diesem Thema einen Kommentar, den Sie an die Redaktion schicken.

Lesen Sie den Bericht „Wie Jugendliche mit Influencern über Ernährung kommunizieren" von Irene Holl, erschienen in der Tageszeitung „Der Standard" am 8. Oktober 2019 (Textbeilage 1).

Verfassen Sie nun den **Kommentar** und bearbeiten Sie dabei die folgenden Arbeitsaufträge:

- **Erläutern** Sie das Bedürfnis vieler Jugendlicher, Influencerinnen/Influencern ihre Aufmerksamkeit zu schenken und gezielt deren Internetauftritte zu verfolgen.
- **Nehmen** Sie **kritisch Stellung** zu im Bericht thematisierten Marketingstrategien von Unternehmen im Zusammenhang mit Influencerinnen und Influencern.
- **Machen** Sie **Vorschläge** zu Möglichkeiten, „Jugendliche in ihrer psychischen und physischen Entwicklung zu schützen und zu begleiten."

Schreiben Sie zwischen 405 und 495 Wörter. Markieren Sie Absätze mittels Leerzeilen.

Textbeilage 1

WIE JUGENDLICHE MIT INFLUENCERN ÜBER ERNÄHRUNG KOMMUNIZIEREN

Mit gestählten Körpern wird in sozialen Medien ein falsches Bild von Gesundheit vermittelt. Dahinter steckt oft nur eine Verkaufsmasche, sagen Forscherinnen

Auf Youtube und Instagram geht es um das schöne Leben: Reisen, Make-up, Sport. Vor allem Jugendliche sind in den sozialen Netzwerken unterwegs und folgen dort Nutzern, die schnell zu Vorbildern werden – so
5 *genannten Influencern. Wie sich das auf die körperliche und seelische Gesundheit der jungen Menschen auswirkt, haben Forscherinnen der Uni Witten/Herdecke im deutschen Ruhrgebiet untersucht. Insgesamt 1000 Bilder von Deutschlands Top-50 Fitness-Influencern und Kommunikationsstränge mit bis zu 2.000 Kommentaren wurden analysiert. Die Ergebnisse sind eindeutig: Fitness-Influencer vermitteln Ernährung und Bewegung als Stellschrauben für die Perfektionierung des eigenen Körpers.*
10 *Auf mehr als der Hälfte der untersuchten Bilder war ein muskulöser nackter Bauch zu erkennen. Sichtbare Muskulatur und ein geringer Anteil an Körperfett sind Ideale des aktuellen Körperkults, der Schönheit nur durch aktive Formung des eigenen Äußeren erlaubt, so die Forscherinnen. Und weiter: Durch Kontrolle erschaffene, gestaltete Körper folgen einem unrealistischen Schönheitsideal. Sie werden aber als Signale für Gesundheit und Selbstbestimmung umkodiert und als Indikator für Kontrolle, Leistung und Macht angese-*
15 *hen.*

Perfekt werden

„Jugendliche kommunizieren mit Influencern über das Internet wie mit besten Freundinnen, sie klagen über ihre Figur, kommentieren umfangreich das Aussehen, die Kleidung, das Essen ihrer Idole, und sie suchen Rat, wie auch sie so perfekt werden können", sagt Katharina Pilgrim von der Uni Witten/Herdecke. „Dass
20 *die dargestellten Fotos aufwändig in Szene gesetzt und umfangreich bearbeitet sind, ist ihnen oft nicht bewusst."*

Das ist insofern problematisch, als dass die Zahl von Minderjährigen mit Essstörungen von Magersucht bis Übergewicht anhaltend groß ist. Zahlen aus Deutschland zeigen: 20 Prozent sind unzufrieden mit Figur und Gewicht oder leiden an Heißhungeranfällen, jede sechste Person zwischen 14 und 17 leidet an Überge-
25 *wicht. Hinzu kommt, dass 12- bis 17-Jährige täglich bis zu drei Stunden in sozialen Netzwerken verbringen. Über ein Drittel der Jugendlichen steuert dabei gezielt die Seiten sogenannter Influencer an. Es sei wichtig, die Art und Weise, wie Jugendliche in sozialen Medien kommunizieren, sowie die Hintergrün- de zu verstehen, um bei der Planung gesundheitsfördernder Maßnahmen nicht an der Lebensrealität der Jugendlichen vorbei zu planen, sagt Sabine Bohnet-Joschko vom Lehrstuhl für Management und Innovation*
30 *im Gesundheitswesen: „Jugendliche bewegen sich täglich mehrere Stunden in sozialen Netzwerken, dort informieren sie sich auch über gesundheitsrelevante Themen wie Ernährung und Bewegung."*

Gesundheit als Verkaufsschlager

Ihren Lebensunterhalt oder zumindest Teile davon verdienen Influencer über den Verkauf von Produkten, die sie auf ihren Bildern präsentieren. Jugendliche gewinnen den Eindruck, dass die von ihren Idolen genutzten
35 *Produkte einen etwas einfacheren Weg zum angestrebten Äußeren bieten, so Pilgrim. Insgesamt wurde in der Untersuchung auf zwei von drei Bildern ein Hersteller, ein Produkt, eine Marke oder ein Unternehmen eingebunden, wobei nur die Hälfte als Werbung gekennzeichnet war.*

„Konsum, Schönheit und Glück werden in einen direkten Zusammenhang gestellt", sagt Bohnet-Joschko. Die Forscherinnen stellten außerdem fest, dass auf fast der Hälfte der Bilder Nahrungsergänzungsmittel in
40 *Pulver- oder Pillenform abgebildet waren.*

„Fitness-Influencer prägen Jugendliche heute maßgeblich in ihren gesundheitsrelevanten Verhaltensweisen. Dabei betreiben diese keine Gesundheitsförderung, sondern wollen Geld verdienen. Es besteht also ein deut- licher Bedarf, Jugendliche in ihrer psychischen und physischen Entwicklung zu schützen und zu begleiten", so das Fazit von Pilgrim. Die Ergebnisse der Studie wurden im Springer Fachmagazin BMC Public Health
45 *veröffentlicht.*

IRENE HOLL, DER STANDARD, 8.10.2019

Text 4

Verfassen Sie einen Kommentar.

Situation: Eine Tageszeitung fordert junge Erwachsene auf, Beiträge zum Thema „Unsere Zukunft – unsere Umwelt" einzusenden. Sie verfassen dafür einen Kommentar, für den Sie auch einen passenden Titel formulieren.

Lesen Sie das Interview „Klimakrise bewirkt Gefühl von Ohnmacht" von Dorian Schiffer mit Isabella Uhl-Hädicke, erschienen in der Tageszeitung „Der Standard" am 7. September 2022 (Textbeilage 1).

Verfassen Sie nun den **Kommentar** und bearbeiten Sie dabei die folgenden Arbeitsaufträge:

- **Geben** Sie **wieder,** was Menschen vom klimafreundlichen Handeln abhält.
- **Bewerten** Sie die Gründe, die Menschen vom klimafreundlichen Handeln abhalten.
- **Machen** Sie **Vorschläge** für Vorgangsweisen, um dem Klima zuträgliche Handlungsweisen zu etablieren.

Schreiben Sie zwischen 405 und 495 Wörter. Markieren Sie Absätze mittels Leerzeilen.

Textbeilage 1

„KLIMAKRISE BEWIRKT GEFÜHL VON OHNMACHT"

Den drohenden Auswirkungen der Klimakrise blicken viele Menschen mit Hilflosigkeit entgegen, sagt die Klimapsychologin Isabella Uhl-Hädicke. Das Aufzeigen konkreter Handlungsmöglichkeiten kann helfen, die Apathie zu brechen.

Hiobsbotschaften in Sachen Klima haben aktuell Hochkonjunktur: Europa wird von Dürren, Waldbränden
5 *und Unwettern geplagt, das Mittelmeer ist viel zu warm, die Arktis erhitzt sich viermal so schnell wie der Rest des Planeten. Gleichzeitig warnen Forscherinnen und Forscher, dass die Chancen, das 1,5-Grad-Ziel bis zum Jahr 2100 zu erreichen, verschwindend gering sind.*

Die Psychologin Isabella Uhl-Hädicke von der Universität Salzburg erforscht, wie Menschen auf die Klimakrise reagieren. Ihre Ergebnisse hat sie in ihrem kürzlich erschienenen Buch „Warum machen wir es nicht
10 *einfach?" dargelegt.*

Standard: Obwohl uns täglich schlechte Nachrichten über das Klima erreichen und die Dringlichkeit außer Frage steht, handeln nur wenige Menschen, oder gar Firmen und Staaten, wirklich klimafreundlich. Wieso?
Uhl-Hädicke: *Man könnte annehmen, dass mehr Wissen tatsächlich zu verstärktem Handeln führt: Wenn*
15 *also die Leute nur verstünden, was auf dem Spiel steht, und wüssten, was zu tun ist, würden sie diese Schritte auch setzen. Aber die Forschung, unter anderem auch meine Arbeit, zeigt klar, dass das nicht der Fall ist.*

Warum ist das so?
Wir sind einfach keine rationalen Wesen. Bedrohliche Nachrichten führen häufig dazu, dass Menschen
20 *Ersatzhandlungen tätigen. Dabei versuchen sie, das Bedrohungsgefühl irgendwie abzustellen, ohne jedoch der Gefahr, also in unserem Fall dem Klimawandel, entgegenzutreten.*

Was passiert in Menschen, wenn sie mit Schreckensnachrichten über den Klimawandel konfrontiert werden?
Selbst wenn Menschen vergleichbar harmlose Informationen über die Klimakrise erhalten, löst das ein
25 *starkes Gefühl von Ohnmacht, Hilflosigkeit und Überforderung aus. Dafür braucht man gar keine extremen Szenarien. Und nun müssen die Menschen irgendwie aus diesem unangenehmen Gefühl herauskommen.*

Dazu gibt es zwei Möglichkeiten. Einerseits können sie sich der Gefahrenquelle aktiv zuwenden und konstruktive Lösungen anwenden: Sie übernehmen Verantwortung, ändern ihren Lebensstil, werden politisch aktiv. Doch wenn man sich in der Gesellschaft umsieht, bemerkt man, dass dieser Weg eher weniger
30 eingeschlagen wird. Stattdessen setzen Menschen Symbolhandlungen, die zwar keinen direkten Bezug zum ursprünglichen Problem haben, aber unser Gewissen beruhigen.

Staaten gingen immerhin gegen Corona mit Lockdowns und Impfkampagnen vor. Wieso fällt es uns so schwer, angemessen auf den Klimawandel zu reagieren?
Zunächst ist die Klimakrise in verschiedener Hinsicht eine Krise, die es so noch nicht gab: Einerseits wirkt sie
35 zunächst total abstrakt und ist daher für viele Menschen schwer greifbar. Zudem scheinen die Auswirkungen immer noch weit weg zu sein, wir sprechen oft von dem, was 2050 oder 2100 sein wird. Andererseits ist es eine globale Krise. Das heißt, es werden Handlungen an allen Ecken der Welt benötigt, alle Akteurinnen und Akteure aus Politik, Wirtschaft und Gesellschaft müssen an einem Strang ziehen. Da kommt noch dazu, dass unsere Handlungen die Weichen für die nächsten Jahrzehnte stellen.

40 **Dabei ist Klimawandel schon länger ein Thema, Forschungsergebnisse zur Erderwärmung gibt es immerhin bereits seit den 1970er Jahren. Man hätte also Zeit für weitreichende Änderungen gehabt. Wieso haben wir so lange gewartet?**
Zwar weiß man schon sehr lange von den Folgen des menschengemachten Treibhausgaseffekts für das Weltklima – doch leider werden Menschen von Konsequenzen angetrieben: Uns wird die Wichtigkeit des
45 Problems erst jetzt klar, wo wir die Auswirkungen sehen, weltweit und hier in Österreich, die teilweise nicht mehr rückgängig zu machen sind.

Dabei haben vermutlich die meisten Menschen das Gefühl, dass es keine Rolle spielt, was sie machen, obwohl vonseiten der Politik sehr gern die individuelle Verantwortung für das Klima betont wird. Wen sehen Sie in der Pflicht?
50 Es ist ja eine Strategie von Politik und Konzernen, die Verantwortung für Klimaschutzmaßnahmen auf einzelne Personen abzuwälzen. Es braucht aber Handlungen auf allen Ebenen. Eine der wichtigsten Funktionen hat die Politik, denn sie gibt die Rahmenbedingungen vor. Dennoch darf sich die Zivilgesellschaft da nicht herausnehmen. Medien könnten hier aufzeigen, wie wirksam politisches Engagement gerade auf lokaler Ebene sein kann. Mit Handlungsmöglichkeiten bricht man die Apathie, doch es muss auch klar
55 kommuniziert werden: Nur den Müll zu trennen reicht nicht aus.

Sollten wir im Zusammenhang mit der Klimakrise also weniger über Katastrophen berichten?
Ja, obwohl es natürlich zur Aufgabe der Medien gehört, über katastrophale Entwicklungen im Klimawandel zu berichten. Doch müssen diese Informationen nicht immer in einem Bedrohungsszenario eingebettet sein: Man könnte ja mal zeigen, warum es jetzt wert ist, neue Wege zu gehen.

Dorian Schiffer, Der Standard, 7.9.2022

Isabella Uhl-Hädicke ist Umweltpsychologin an der Universität Salzburg. Dort beschäftigt sie sich mit Fragen rund um die Umweltkommunikation und erforscht Strategien zur Förderung klimagerechter Verhaltensweisen. Ihr Buch „Warum machen wir es nicht einfach?" ist kürzlich im Molden-Verlag erschienen.

Selbstevaluation

Schätzen Sie sich selbst ein und beurteilen Sie Ihr eigenes Können. Nehmen Sie dazu Ihren selbst verfassten Text zur Hand und analysieren Sie ihn.

Name: _____	1	2	3	4	5
KOMMENTAR					
Aufgabenerfüllung aus inhaltlicher Sicht					
Schreibhandlungen im Sinne der Textsorte und der Angabe umgesetzt					
Wortanzahl eingehalten					
alle Arbeitsaufträge erfüllt					
sachlich richtig, logisch nachvollziehbar					
klare eigene Position					
Ideenreichtum, Eigenständigkeit					
Verallgemeinerung, Komplexität					
Textstruktur					
Gliederung					
Kohärenz (Verknüpfungsmittel, frei von Gedankensprüngen)					
Verknüpfung mit der Textbeilage					
Titel (Schlagzeile)					
logisch nachvollziehbare Argumentation					
Stil und Ausdruck					
Wortwahl (präzise, Abwechslung, der Situation angepasst)					
Satzstruktur (Abwechslung, komplex)					
eigenständige Formulierungen					
Einsatz textsortenspezifischer Stilmittel					
Sprachrichtigkeit					
Rechtschreibung					
Grammatik					
Zeichensetzung					
Gesamtbeurteilung					

1 = weit über das Wesentliche hinausgehend erfüllt
2 = über das Wesentliche hinausgehend erfüllt
3 = das Wesentliche zur Gänze erfüllt

4 = das Wesentliche überwiegend erfüllt
5 = das Wesentliche nicht erfüllt

Stil und Ausdruck

Ihre Maturatexte werden auch in Bezug auf Stil und Ausdruck bewertet. Zwei Aspekte, die dabei häufig Schwierigkeiten bereiten, sind die Redewiedergabe und die Textverknüpfungen. Wie Sie Ihre Texte diesbezüglich durch eine variantenreiche Wortwahl und komplexere Satzstrukturen verbessern können, erfahren Sie im folgenden Kapitel.

Redewiedergabe

Grundsätzlich haben Sie **zwei Möglichkeiten,** etwas Gesagtes oder Geschriebenes wiederzugeben: die **direkte** und die **indirekte Rede.**

■ **Direkte Rede**
Die Äußerung wird wortwörtlich wiedergegeben und im Schriftlichen mittels Anführungszeichen gekennzeichnet (Zitat).

Beispiel
„Das Essen im Kindergarten und in der Schule versorgt die Kinder nicht nur mit wichtigen Nährstoffen, das gemeinsame Mittagessen ist auch wichtig für die soziale Entwicklung", so Ertl-Huemer.

Bestandteile (in diesem Beispiel):
Wörtliche Rede + Begleitsatz

Der Begleitsatz kann auch vor der wörtlichen Rede stehen oder in die wörtliche Rede eingeschoben werden.

Quelle des Zitats:
Daniela Davidovits: Mehr Bedarf: Schulessen für Kinder mit Allergien. Kurier, 9.12.2020

■ **Indirekte Rede (Redewiedergabe)**
Die Äußerung wird inhaltlich korrekt wiedergegeben, folgt dem Originalwortlaut, aber nicht zwingend wörtlich, und darf z. B. auch gekürzt sein.

Folgende Kennzeichen einer Redewiedergabe sind gebräuchlich:	
Konjunktiv	Das ist **der Klassiker** der Redewiedergabe, der in Kombination mit allen anderen Kennzeichen verwendet werden sollte. **Beispiel** Das Essen im Kindergarten und in der Schule **versorge** die Kinder nicht nur mit wichtigen Nährstoffen, das gemeinsame Mittagessen **sei** auch wichtig für die soziale Entwicklung.
Redekennzeichnende Verben	Sie drücken aus, dass etwas wiedergegeben wird, werten/interpretieren aber oft auch. ■ Als **neutral** gelten die folgenden Verben: sagen, darlegen, feststellen oder erklären. ■ **Wertende** bzw. interpretierende Verben sind z. B. kritisieren, hervorheben etc. **Beispiel** Frau Ertl-Huemer **betont,** dass das gemeinsame Mittagessen auch wichtig für die soziale Entwicklung sei.
Präpositionen + Quelle	Beispiele sind „gemäß", „laut", „nach" oder „zufolge". **Beispiel** **Laut** Ertl-Huemer sei das gemeinsame Mittagessen auch wichtig für die soziale Entwicklung.
Modalverben	Die Modalverben „sollen" und „wollen" können eine Redewiedergabe kennzeichnen. Sie sind oft in Kombination mit anderen Kennzeichen der Redewiedergabe anzutreffen. **Beispiel** Das Mittagessen **soll/solle** laut Ertl-Huemer wichtig für die soziale Entwicklung sein.
„Wie"- und „so"-Sätze	Diese Wörter werden häufig in Kombination mit redekennzeichnenden Verben verwendet. **Beispiele** ■ **Wie** Ertl- Huemer meint, versorge das Essen im Kindergarten und in der Schule die Kinder nicht nur mit wichtigen Nährstoffen. ■ Das Mittagessen sei, **so** Ertl-Huemer, wichtig für die soziale Entwicklung.

Konjunktiv in der indirekten Rede

Konjunktivendungen für den Konjunktiv I und II

Person	Singular		Plural	
1. Person	ich	-e	wir	-en
2. Person	du	-est	ihr	-et
3. Person	er/sie/es	-e	sie/Sie	-en

Bildung des Konjunktivs I und II

	Konjunktiv I (K-I)		Konjunktiv II (K-II)	
	Wortstamm +Konjunktivendung		**Stamm des Präteritums + Konjunktivendung (+ Umlaut)**	
	K-I (treff-)	**Indikativ** (treff-)	**K-II** (traf-)	**Indikativ** (traf-)
ich	treffe	treffe	träfe	traf
du	treffest	triffst	träfest	trafst
er/sie/es	treffe	trifft	träfe	traf
wir	treffen	treffen	träfen	trafen
ihr	treffet	trefft	träfet	traft
sie/Sie	treffen	treffen	träfen	trafen

Formengleichheit

Besteht zwischen Konjunktiv I und Indikativ Formengleichheit, so wird für den Konjunktiv I der Konjunktiv II (Ersatzform) verwendet.

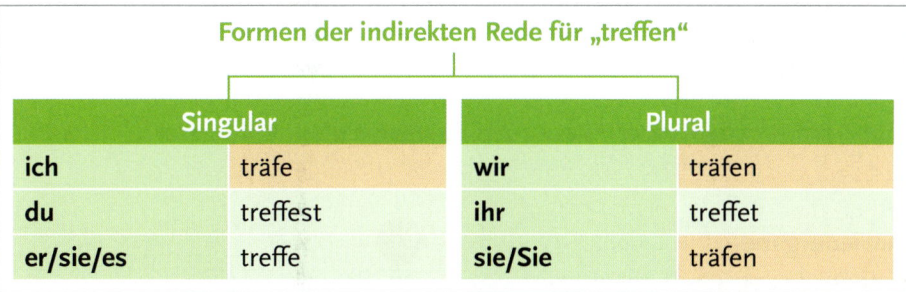

Formen der indirekten Rede für „treffen"

Singular		Plural	
ich	träfe	**wir**	träfen
du	treffest	**ihr**	treffet
er/sie/es	treffe	**sie/Sie**	träfen

Besteht immer noch Formengleichheit, so kann die Umschreibung mit „würde" verwendet werden. Dies ist vor allem bei den schwachen Verben der Fall, da sich der Konjunktiv II hier vollständig mit dem Indikativ deckt.

Formengleichheit im K-II bei schwachen Verben

	K-I	Indikativ		K-II	Indikativ
	(lach-)	**(lach-)**		**(lacht-)**	**(lacht-)**
ich	lache	lache	**ich**	lachte	lachte
du	lachest	lachst	**du**	lachtest	lachtest
er/sie/es	lache	lacht	**er/sie/es**	lachte	lachte
wir	lachen	lachen	**wir**	lachten	lachten
ihr	lachet	lacht	**ihr**	lachtet	lachtet
sie/Sie	lachen	lachen	**sie/Sie**	lachten	lachten

Verschiebungen im Wiedergabesatz der indirekten Rede

Verschiebungen	
Modus des Verbs	Indikativ zu **Konjunktiv** (evtl. Ersatzformen) er geht → er gehe
Tempus des Verbs	Indikativ: Präteritum und Plusquamperfekt zu **Konjunktiv: Perfekt** er ging → er sei gegangen er war gegangen → er sei gegangen
Pronomen	**Personal- und Possessivpronomen** der 1. und 2. Person zu den entsprechenden Formen der **3. Person** ich gehe → er/sie gehe
Orts- und Zeitangaben	Diese werden auf die Person, die die Rede wiedergibt, bezogen: hier → dort gestern → am Vortag

⚠️ Pronomen werden in Geschlecht und Zahl an das zu ersetzende Nomen angepasst.

Indirekte Rede in unterschiedlichen Satzarten

Satzart	
Aussagesatz	Sie meint, das gemeinsame Mittagessen sei wichtig.
Ergänzungsfrage ("W-Frage")	Das Fragewort der direkten Rede bleibt erhalten; kein Fragezeichen Sie fragt, ab **welchem** Alter das gemeinsame Mittagessen wichtig sei.
Entscheidungsfrage	Einleitewort: ob; kein Fragezeichen Sie fragt, **ob** das gemeinsame Mittagessen wichtig sei.
Aufforderungssatz	Verwendung von Modalverben Sie betont, man **möge/solle/müsse** das gemeinsame Mittagessen fördern.

Formulierungsoptionen bei der Redewiedergabe

💡 Bei allen Formen der indirekten Rede, die mit der Konjunktion „dass" eingeleitet werden, kann auch der Indikativ verwendet werden.

Formulierungsoptionen	
Verwendung des Konjunktivs	in Kombination mit den meisten anderen Varianten
Nebensatz mit redeeinleitendem Verb	■ Frau Ertl-Huemer **betont, dass** das gemeinsame Mittagessen auch wichtig für die soziale Entwicklung **sei.** ■ Frau Ertl-Huemer **betont,** das gemeinsame Mittagessen **sei** auch wichtig für die soziale Entwicklung.
Infinitivkonstruktion mit redeeinleitendem Verb	Sie **empfiehlt,** gemeinsam **zu essen, …**
Präpositionen (in Verbindung mit dem Konjunktiv)	**Gemäß** Frau Ertl-Huemer **sei** das gemeinsame Mittagessen wichtig für die soziale Entwicklung.
Nomen, die auf ein Zitat verweisen, in Verbindung mit einem Nebensatz oder Präpositionen	Nach **Aussage** von Frau Ertl-Huemer sei …
Nominalgruppe mit redeeinleitendem Verb	Frau Ertl-Huemer **betont** die **Wichtigkeit** des gemeinsamen Mittagessens …

Arbeitsaufgaben „Redewiedergabe"

1. Direkte Rede und wiedergegebene Rede

a) Unterstreichen Sie im folgenden Bericht alle Sätze, in denen eine Rede wiedergegeben wird.

b) Wandeln Sie all jene Sätze, die in der direkten Rede stehen, in die indirekte Rede um.

NEW YORK: BISSIGE EICHHÖRNCHEN GREIFEN MENSCHEN AN

In New York treiben bissige Eichhörnchen ihr Unwesen: Anrainer des Stadtteils Rego Park im Bezirk Queens wurden Medienberichten zufolge in den vergangenen Wochen mehrfach von Eichhörnchen angegriffen. Eine Frau habe nach einem Biss in die Hand sogar von einem Notarzt versorgt werden müssen.

5 „Alles, was ich wusste, war, dass ich mich in einem Kampf befand und ihn verlor", erzählte die Anrainerin Micheline Frederick dem Fernsehsender ABC7. Sie wurde eigenen Angaben zufolge von einem Eichhörnchen in den Nacken gebissen und gekratzt und ließ sich daraufhin vorsorglich gegen Tollwut impfen. Eine andere Frau erzählte, dass sie ihr Haus wegen der aggressiven Tiere nicht mehr ohne Pfefferspray verlasse.

Das Gesundheitsamt der Stadt rief die Anrainer auf, auffällige Tiere bei den örtlichen Behörden zu
10 melden. Gleichzeitig beruhigten die Behördenvertreter die Bürger: „Eichhörnchen und viele andere kleine Nagetiere sind selten mit Tollwut infiziert", hieß es in einer Erklärung.

Die meisten Eichhörnchen in New York zählen den Behörden zufolge zur grauen Gattung. Parkwächter warnen davor, Eichhörnchen zu füttern, da sie dadurch die Angst vor Menschen verlieren können.

KLEINE ZEITUNG, 30.12.2020, OHNE VERFASSER/IN — GEKÜRZT

---

2. Die indirekte Rede

Übertragen Sie den folgenden Auszug aus einem Interview in die indirekte Rede.
Achten Sie darauf, wenn möglich den Konjunktiv zu verwenden.

INTERVIEW MIT PSYCHIATER: „PERFEKTIONISTEN VERGLEICHEN SICH IMMER MIT ANDEREN"

Wo liegt der Unterschied zwischen Perfektionismus und dem ehrgeizigen Streben, seine Sache einfach gut machen zu wollen?
RAPHAEL M. BONELLI: Perfektionismus wird durch die panische Angst vor der eigenen Fehlerhaftigkeit gekennzeichnet beziehungsweise davon, vor anderen fehlerbehaftet dazustehen. Es hat nichts damit zu
5 tun, dass Menschen Sachen gut machen wollen. Perfektionisten wollen sie nur gut machen aus dem Motiv, dass sie ansonsten getadelt werden. Es geht also nicht so sehr um die Sache, sondern es geht um die Frage, wie man dasteht. Und das ist eben schon genau das Problem aus psychologischer Sicht.

Wo und wann beginnt Perfektionismus?
Zum Beispiel bei ängstlichen Eltern, die dem Kind den ganzen Tag sagen, dass es gut genug sein muss.
10 Bei Eltern, die den Kindern diese Angst richtig draufsetzen. Ich habe Patienten, die 19 Jahre alt sind und immer davon reden, dass sie ihren Lebenslauf komplettieren wollen. Junge Betroffene machen in ihrer Freizeit nicht mehr, was ihnen Spaß macht, sondern was ihnen später möglicherweise etwas bringt, weil es im Lebenslauf gut ausschaut. So weit sind wir schon — das ist krank.

CARMEN OSTER, KLEINE ZEITUNG, 30.12.2020 — GEKÜRZT

3. Unterschiedliche Formulierungsoptionen

Wählen Sie einzelne Frage- oder Aussagesätze aus dem Interview von Aufgabe 2 und geben Sie diese in so vielen Varianten wie möglich wieder.

4. Aussagen sprachlich eigenständig wiedergeben

Geben Sie folgende Ausschnitte aus einem Interview mit Prof. Dr. Andreas Zick, Leiter des Instituts für interdisziplinäre Konflikt- und Gewaltforschung an der Universität Bielefeld, zum Thema „Vorurteile" in eigenen Worten wieder.

Achtung: Auch wenn Sie sprachlich eigenständig formulieren, müssen Sie die Regeln der Redewiedergabe beachten.

„WIR UNTERSCHÄTZEN DIE MACHT UND DIE GEWALT VON VORURTEILEN"

Was sind Vorurteile?
Zick: Vorurteile sind motivierte und verallgemeinernde Zuschreibungen von negativen Merkmalen auf eine Gruppe oder eine Person, weil sie einer bestimmten realen oder auch nur vorgestellten Gruppe angehört. Schlichtweg ist ein Vorurteil eine Abwertung von anderen, weil sie andere sind.

5 Es sind keine individuellen Urteile im Sinne von „Ich mag die nicht". Menschen äußern Vorurteile, weil sie sich mit Gruppen identifizieren und motiviert sind, andere abzuwerten und als minderwertig darzustellen, weil sie eben Fremdgruppen, d. h. Gruppen, von denen sich die eigene Gruppe positiv absetzt, abwerten wollen.

In mehreren Kindersendungen, in denen Vorurteile erklärt werden, wird im Prinzip vermittelt, Vor-
10 **urteile seien normal, damit sich Menschen verorten können.**
Zick: Das ist schwierig. Was hier vermischt wird, ist das, was wir in der Vorurteilsforschung als „Kategorisierung" und „Stereotypisierung" bezeichnen. Es ist vollkommen normal und menschlich, dass wir andere Personen, genauso wie auch die Natur, kategorisieren, d. h., wir ordnen sie bestimmten Gruppen zu. Wir denken in Schubladen. Das machen wir, weil wir Informationen reduzieren müssen. Wenn wir
15 beide jetzt beispielsweise über die älteren Menschen reden, dann ordnen wir eine unglaublich vielfältige Gruppe von Menschen in die Schublade „Alte" ein. Die Stereotypisierung wiederum bezeichnet in der Forschung zunächst nur eine Zuschreibung von Merkmalen zu den Kategorien: „Ältere Menschen sind …". Das Vorurteil setzt für uns in der Forschung dann ein, wenn wir nachweisen können, dass dahinter eine motivierte Abwertung steckt.

20 **Und woher kommen Vorurteile?**
Zick: Lange gab es die These, Vorurteile würden intergenerational vermittelt, d. h., die Eltern sagen etwas Vorurteilslastiges und die Kinder bekommen es mit. Die Forschung zeigt aber: Der Effekt ist relativ gering. Vorurteilsmuster haften gerade dann bei Kindern, wenn sie merken, mit diesen negativen Bildern etwas zu erreichen, z. B. in ihrer Gleichaltrigengruppe: Ich sage etwas Antisemitisches und werde dafür
25 belohnt oder andere lachen. Kinder kennen viele Vorurteilsbilder, die sie z. T. unbewusst benutzen, und merken, sie können damit einen Effekt erzeugen, können damit Menschen nach Gruppen unterscheiden, und das verschafft ihnen Vorteile, Identität und Selbstwert. Das ist die Macht des Vorurteils. Mit ihm lässt sich Identität durch Unterscheidung erlangen, sie können andere auf Distanz halten oder als minderwertig darstellen. Und dann transportiert sich das weiter.

30 ***Was wäre der pädagogisch angemessene Weg, damit umzugehen?***

Zick: *Was sich gut bewährt hat, ist der interkulturelle Kontakt. Wenn eine direkte oder auch nur die medial vermittelte Erfahrung mit einer Gruppe so ist, dass meine Vorurteile nicht zu der Situation passen, dann bricht das meine Vorurteile. Dabei muss ich nicht einmal direkten Kontakt von Angesicht zu Angesicht haben, zeigt die neuere Forschung. Wenn Menschen medial in eine nur vorgestellte Situation hineinge-*

35 *bracht werden, wo sie sich vorstellen könnten, mit so einer Jüdin oder einem Juden in diesem Raum vor Ort zu sein, und dann vermittelt wird, wie das Vorurteil zu vollkommenen Fehlschlüssen führt, dann bricht sich das.*

Der zweite Königsweg ist die Information oder Bildung, d. h., ich kläre auf, dass andere nicht so sind. Das funktioniert aber nicht, wenn nicht gleichzeitig auch immer wieder positive Merkmalszuschreibungen ge

40 *macht werden. Die Forschung über subtile und versteckte Vorurteile zeigt sehr klar: Die Kunst besteht darin, Menschen zu befähigen, auch etwas Positives in Gruppen, gegenüber denen Vorurteile herrschen, zu sehen und über sie sagen zu können. Das heißt, wir müssen junge Menschen befähigen, etwas Positives an jenen, die in der Gesellschaft abgewertet werden, zu erkennen und über diese äußern zu können.*

Wo ist die Grenze zwischen Vorurteil und Rassismus?

45 ***Zick:*** *Die Vorurteilsforschung im Bereich der Psychologie besagt zunächst, Vorurteile sind Zuschreibungen negativer Merkmale zu einer Gruppe beziehungsweise motivierte Abwertungen. Von Rassismus reden wir immer dann, wenn wir die Merkmale so auffassen, dass sie natürlich sind. Das heißt, ich unterstelle z. B. Juden, sie wollten die Welt beherrschen, und behaupte, dass dies eine natürliche Eigenschaft sei und dies zu ihren Wesensmerkmalen gehöre. Dann reden wir von Rassismus.*

50 ***Warum haben Menschen rassistische Vorurteile?***

Zick: *Ganz vereinfacht ausgedrückt: Rassismus liegt dann nahe, wenn wir mit dem Rassismus soziale Bedürfnisse befriedigen können, das heißt Bedürfnisse, die wir nur mit anderen zusammen befriedigen können. Erstens, über Rassismus gewinnen wir Zugehörigkeit zu Gruppen. In rechtsextremen Gruppen müssen Sie rassistisch sein, sonst bekommen Sie die Zugehörigkeit gar nicht, denn das ist ein Identitätsmerkmal.*

55 *Zweitens, Rassismus erklärt uns die Welt. Menschen, die einfache Erklärungen suchen und nicht motiviert sind, groß nachzudenken, haben mit dem Rassismus immer eine einfache Erklärung parat. Wenn Sie die Annahme haben, dass alle Flüchtlinge, die nach Deutschland kommen, kriminell sind, also die Eigenschaften mitbringen, kriminell zu sein, dann können Sie mit diesem Bild erklären, warum Sie sich überhaupt nicht anstrengen müssen, irgendjemanden zu integrieren. Damit können Sie Phänomene erklären wie*

60 *Terrorismus, Kriminalität usw.*

Drittens, wir können damit Einfluss nehmen. Werfe ich einen rassistischen Spruch ein, merke ich auf einmal, dass meine Umwelt darauf reagiert. Ich kann Einfluss nehmen, ich kann andere beeinflussen. Und dann gibt es eine vierte Dimension, den Selbstwert: Durch die Abwertung der anderen kann ich mich aufwerten. Allerdings weiß man mittlerweile, dass dieser Effekt nicht lange hält. Und fünftens können wir

65 *mit dem Rassismus in einer Kultur markieren, wem gegenüber man Misstrauen äußern sollte und wem ich vertrauen kann.*

Diese 5 Motive – Zugehörigkeit, Weltverstehen, Kontrolle nehmen, Selbstwert gewinnen und Vertrauen herstellen – befriedigt der Rassismus sehr klar. Damit gewinne ich Identität durch eine fundamentale Ideologie der Ungleichwertigkeit der anderen. Rassismus verschafft mir auf eine ziemlich einfache Art und Weise

70 *Identität. Deswegen sehen wir gerade im Moment einer sehr zerrissenen Gesellschaft, dass wir immer mehr Menschen haben, die auf einmal in der Mitte der Gesellschaft rassistische Äußerungen machen. Dahinter steckt auch die Ideologie, dass es so etwas wie eine homogene Gruppe gibt, der ich angehören kann und die höherwertiger ist als alle anderen.*

Television 31, 2018/2, ohne Verfasser/in – gekürzt und leicht verändert

Textverknüpfungen

WERKZEUG

Um einen geforderten Text für die SRDP verfassen zu können, braucht es ein hohes Maß an **Textsortenwissen,** relevantes Adressatenwissen (Situationsvorgabe) und einen guten Überblick über die zu erarbeitenden Inhalte, d. h. eine gute Kenntnis der **Textbeilage** und der **Arbeitsaufträge.**

> ⚠️ Nicht bei allen Textsorten der SRDP findet sich eine Situationsvorgabe.

Damit ein **Text** inhaltlich und sprachlich **als Ganzes** wahrgenommen werden kann, muss der Blick auf die Details gerichtet werden. Die einzelnen Sätze und Absätze des Textes müssen miteinander verknüpft und zueinander in Beziehung gesetzt werden. Diesbezüglich spricht man einerseits von der **Kohärenz** eines Textes, worunter man den **inhaltlichen Zusammenhang** versteht, und andererseits von der **Kohäsion,** worunter die **sprachliche Verknüpfung** von Sätzen zur besseren Verständlichkeit des Inhaltes verstanden wird.

Um diese **Vernetzung eines Textes** bewerkstelligen zu können, finden Sie im Folgenden eine Auswahl der dazu zur Verfügung stehenden Mittel.

Verknüpfung auf sprachlicher Ebene

Werden Inhalte auf sprachlicher Ebene nicht entsprechend verknüpft, so bleibt ein gewisser Interpretationsspielraum und eine Aussage ist möglicherweise nicht klar nachvollziehbar.

Verknüpfungsmittel auf sprachlicher Ebene	
Unterordnende Konjunktionen (Subjunktionen) weil, wenn, dass, ob, obwohl, (an)statt ...	Nebensätze werden mit diesen und ähnlichen Bindewörtern miteinander und mit Hauptsätzen verknüpft. **Beispiel** Er ist krank. Er geht nicht zum Arzt. ➜ Er geht nicht zum Arzt, **obwohl** er krank ist.
Nebenordnende Konjunktionen **anreihend:** und, oder, sowohl – als auch, weder – noch ... **entgegensetzend:** aber, jedoch, sondern, nicht nur – sondern auch ... **spezifizierend:** außer, das heißt ...	Diese verbinden gleichwertige Satzteile und Sätze miteinander. **Beispiele** ■ Das Smartphone lenkt vom Lernen ab. Streamingplattformen lenken vom Lernen ab. ➜ **Sowohl** das Smartphone **als auch** Streamingplattformen lenken vom Lernen ab. ■ Die medialen Ablenkungen senken den Lernerfolg. Die fehlende Ausdauer beim Erledigen der Lernaufgaben senkt den Lernerfolg. ➜ **Nicht nur** die medialen Ablenkungen senken den Lernerfolg, **sondern auch** die fehlende Ausdauer beim Erledigen der Lernaufgaben.
Adverbien deshalb, darüber, also, außerdem, ferner, einerseits – andererseits, erstens, zweitens, weiterhin ...	Viele Adverbien können wie Konjunktionen verwendet werden, verweisen aber auch auf schon gesagte oder noch kommende Inhalte. **Beispiel** Die Direktion hat sie über das Wesentliche informiert. Sie darf aber nicht **darüber** berichten, da sie ... Oftmals lassen sich mit den beispielhaft angeführten Adverbien nicht nur Sätze miteinander verknüpfen, sondern sie eignen sich auch zur Überleitung von einem zum nächsten Absatz.

Doppelte Konjunktionen/Subjunktionen sollten vermieden werden:

Beispiel
Er lernt nur am Nachmittag, ~~weil, wenn~~ er in der Nacht arbeitet, kann er sich am nächsten Tag nicht konzentrieren.

BESSER:
Er lernt nur am Nachmittag, **weil** er sich am nächsten Tag nicht konzentrieren kann, **wenn** er in der Nacht arbeitet.

Verknüpfung auf inhaltlicher Ebene

Aber nicht nur die sprachliche Ebene, sondern vor allem auch die inhaltliche Ebene ist für die textuelle Verknüpfung wichtig. Dafür bieten sich die folgenden Möglichkeiten an:

Verknüpfungsmittel auf inhaltlicher Ebene	
Wiederholung ein und desselben Wortes, um den Bezug aufrechtzuerhalten	**Beispiel** Er lernte an diesem Abend eine hübsche **Frau** kennen. Die Augen dieser jungen Frau leuchteten wie funkelnde Sterne. Sollte diese **Frau** in seinem Leben eine wichtige Rolle spielen? ...
Verwendung einzelner Wörter einer Wortfamilie (Wörter mit demselben Wortstamm), um den thematischen Bezug aufrechtzuerhalten	**Beispiel** Das Internet ist seit seiner Erfindung zu einem unfassbar großen **Netzwerk** geworden. Wer heutzutage nicht **vernetzt** ist, verpasst eine Unmenge an gesellschaftlichen, kulturellen und ökonomischen Möglichkeiten. Neben der individuellen Betätigung im Internet gibt es auch die sogenannte **Netzgemeinschaft,** die ...
Ersatzformen **Pronomen:** er, sie, es ... das, die, dieser ...	**Beispiel: Pronomen** Viele Kinder leiden schon in jungen Jahren unter einem hohen **Erfolgsdruck. Dieser** führt dazu, dass ...
Präpositionaladverbien: darunter, danach, dafür ...	**Beispiel: Präpositionaladverbien** Sie wenden viel Zeit **für die Entwicklung von neuen Konzepten** auf. **Dafür** benötigen sie Kapital, das ...
Adverbien: hier, dort, damals ...	**Beispiel: Adverbien** Das Problem liegt meist **im Bereich der Rechtschreibung. Dort** müssen die Regeln besonders gut ...
Inhaltliche Bezüge durch **Ober- und Unterbegriffe** herstellen (dazu ist Weltwissen erforderlich)	**Beispiel: Ober- und Unterbegriffe** Schon Kleinkinder verbringen viel Zeit am **Handy.** Dieser frühe Kontakt mit **elektronischen Medien ...** **Beispiel: Weltwissen** Ein Leben ohne **Facebook, Instagram** und Co ist für viele Menschen nicht mehr vorstellbar. Diese **Plattformen** nehmen ...

Mit **Plattformen** könnten auch Ölbohrinseln oder Aussichtsplattformen gemeint sein.

Überleitungen zwischen Absätzen

Neben der Verknüpfung einzelner Sätze innerhalb eines Absatzes sollte ein Zusammenhang zwischen den einzelnen Absätzen eines Textes hergestellt werden. Im Folgenden finden sich einige Vorschläge, um dies bewerkstelligen zu können.

Verknüpfungsmittel auf inhaltlicher Ebene	
Mögliche Überleitungen/ Verknüpfungen zwischen Absätzen	**Beispiele** ■ Neben diesen Argumenten lassen sich auch ... ■ Auch wenn die eben dargestellten Vorteile überwiegen, darf (man) nicht ... ■ Im Weiteren soll man nicht außer Acht lassen ... ■ Weiter oben wurde schon dargestellt, dass ... ■ Schon in der Einleitung wurde darauf hingewiesen, dass ...

Arbeitsaufgaben „Textverknüpfungen"

1. Markieren Sie im folgenden Text – es handelt sich um den Beginn einer Erörterung – sämtliche Textverknüpfungsmittel und machen Sie so die Vernetzung des Textes sichtbar. Wählen Sie eine Farbe für die Kohäsionsmittel (Konjunktionen, Subjunktionen, Adverbien etc.) und weitere Farben für die unterschiedlichen Textverknüpfungen auf der inhaltlichen Ebene.

SIND SCHULNOTEN NOCH ZEITGEMÄSS? (TEIL 1)

Schulnoten haben eine lange Tradition, die bis ins 19. Jahrhundert zurückreicht. Wahrscheinlich gibt es auch unter Ihnen/euch nur wenige, die sich heutzutage ein Schulsystem ohne Noten vorstellen könnten.

Trotzdem werden in letzter Zeit immer mehr Gegenstimmen laut, die
5 *eine Abschaffung bzw. Verringerung des Einflusses von Noten fordern. Bevor man diese Forderungen lächelnd abtut und für unmöglich bzw. sinnlos erklärt, sollte man jedoch genauer auf die Thematik eingehen und sich damit beschäftigen, wie derartige Forderungen begründet werden.*

Noten sind gesetzlich vorgeschrieben – zumindest an den Nahtstellen zwischen den einzelnen Schul-
10 *stufen –, um die in unserer Gesellschaft nötige Selektion zu ermöglichen. An Schnittstellen sind Noten daher mit Sicherheit unabkömmlich.*

Jedoch sollte man bedenken, dass Noten den Leistungsdruck in Schulklassen stark erhöhen. Durch sie werden die Leistungen der Schüler/innen voneinander abhängig und vergleichbar gemacht und dies wiederum kann auf schlechtere Schüler/innen demotivierend wirken – v. a. weil durch den Vergleich die
15 *Fortschritte der/des Einzelnen herabgesetzt werden. Dabei wäre es gerade in jungen Jahren – z. B. in der Volksschule – sehr wichtig, dass Kinder die Möglichkeit haben, ihre Fähigkeiten ohne Einschränkungen von außen zu nützen und auszubauen. ...*

2. In den f1olgenden Absätzen sind die einzelnen Sätze durcheinandergeraten. Ordnen Sie die Sätze und markieren Sie jene Wörter, die Ihnen einen Lösungshinweis gegeben haben.

SIND SCHULNOTEN NOCH ZEITGEMÄSS? (TEIL 2)

In vielen Volksschulen laufen bereits Schulversuche, die beweisen sollen, dass Noten in den ersten Schuljahren nicht notwendig sind.

☐ *So können sie sich auch angemessen über Lernerfolge, die verbal viel besser gelobt und hervorgehoben werden können, freuen.*

☐ *Erfahrungen zeigen aber jetzt schon, dass alternative Beurteilungsmethoden – wie die Lernfortschrittsdokumentation oder die verbale Beurteilung – positive Auswirkungen auf die Leistungsentwicklung junger Schüler/innen haben können.*

☐ *Durch das Sammeln von Einzelleistungen und die individuelle verbale Beurteilung können v. a. Volksschüler/innen genauer einschätzen, wie groß ihre Fortschritte tatsächlich sind.*

Doch auch die oben genannten alternativen Beurteilungsmethoden haben ihre Nachteile.

☐ *Zu guter Letzt ist der Zeitaufwand einer verbalen Beurteilung ab der Sekundarstufe oft nicht mehr leistbar, da manche Lehrer/innen über 100 Schüler/innen zu beurteilen haben.*

☐ *Andererseits sind viele Expertinnen/Experten davon überzeugt, dass auch die verbale Beurteilung durch standardisierte Formulierungen mit der Zeit vergleichbar werden würde.*

☐ *Zudem ist in Fächern mit nur einer Wochenstunde der Lernfortschritt oft nur sehr schwierig zu dokumentieren, was standardisierten Formulierungen ebenso einen Vorschub leisten könnte.*

☐ *Einerseits sollen sie durch die individuelle Bewertung verhindern, dass die Leistungen der Schüler/innen durch Vergleiche voneinander abhängig gemacht werden.*

3. Überprüfen Sie bei den folgenden Sätzen, ob die Textverknüpfungen grammatikalisch und inhaltlich korrekt sind. Begründen Sie Ihre Entscheidung und schreiben Sie, sofern Sie es als notwendig erachten, eine korrigierte Version des Satzes.

a) Um finanziell über die Runden zu kommen, sind sie nicht nur auf Zuwendungen von ihren Eltern angewiesen, sie benötigen auch noch einen Nebenjob, der zusätzliches Geld einbringt.

Richtig ☐   Falsch ☐

Begründung: _____

_____

Korrekter Satz: _____

b) Der Onlinemarkt bedrängt nun immer mehr den Einzelhandel. Er hat die Gefahr viel zu spät erkannt.

Richtig ☐   Falsch ☐

Begründung: _____

_____

Korrekter Satz: _____

c) Die Art der Tierhaltung wird immer mehr zu einem Kaufargument. Viele Konsumentinnen und Konsumenten wollen nicht, dass die Hühner oder Schweine zeit ihres Lebens unter unwürdigen Bedingungen leben müssen. Jedem Tier, das wir verspeisen, muss das Recht auf eine artgerechte Haltung eingeräumt werden.

Richtig ☐   Falsch ☐

Begründung: _____

_____

Korrekter Satz: _____

_____

b) Kurz nach dem Unfall traf die Rettung am Ort des Geschehens ein. Sie reanimierten den Verletzten und transportierten ihn mit Blaulicht in die nächste Klinik.

Richtig ☐   Falsch ☐

Begründung: _____

_____

Korrekter Satz: _____

_____

e) Die Konsumentinnen und Konsumenten müssen über die Auswirkungen ihres Konsums aufgeklärt werden, weil, wenn sie ihr Kaufverhalten nicht verändern, sich die Arbeitssituation in den Billigproduktionsländern nie ändern wird.

Richtig ☐   Falsch ☐

Begründung: _____

_____

Korrekter Satz: _____

_____

f) Die Schülerinnen und Schüler bereiten sich schrittweise auf die abschließende Prüfung vor. Man muss sehr konzentriert an den Stoff herangehen, wenn man eine negative Note vermeiden möchte.

Richtig ☐   Falsch ☐

Begründung: _____

_____

Korrekter Satz: _____

_____

Kompensationsprüfung

Die mündliche Kompensationsprüfung bietet betroffenen Kandidatinnen und Kandidaten die Möglichkeit, die negative Beurteilung schriftlicher Klausuren im Rahmen desselben Termins zu kompensieren und damit einen Laufbahnverlust zu vermeiden.

WWW.MATURA.GV.AT

Kompensationsprüfung

WERKZEUG

Mit der mündlichen Kompensationsprüfung haben Kandidatinnen und Kandidaten die Chance, eine negative Beurteilung der schriftlichen Reife- und Diplomprüfung im Rahmen desselben Termins zu kompensieren. Dazu muss ein schriftlicher Antrag gestellt werden.

Sollten Sie sich gegen ein Antreten zur Kompensationsprüfung entscheiden, bleibt die negative Beurteilung aus der Klausurarbeit erhalten. Die schriftliche Reife- und Diplomprüfung kann somit erst zu einem der darauffolgenden Termine wiederholt werden.

Im Folgenden finden Sie exemplarisch vier Kompensationsprüfungen der SRDP und wichtige Hinweise zum Ablauf und zur Beurteilung.

Wichtige Aspekte zur Vorbereitung auf die mündliche Kompensationsprüfung

- Alle Arbeitsaufträge sind anhand der Textbeilage(n) zu bearbeiten.
- Der letzte Arbeitsauftrag ist immer ein monologischer Sprechauftrag.
- Die Vorbereitungszeit beträgt mindestens 30 Minuten.
- Die Prüfungszeit beträgt maximal 25 Minuten.

Weiteres Wissenswertes

- Bei der Kompensationsprüfung haben Sie keine Wahl zwischen zwei oder drei unterschiedlichen Aufgabenstellungen – jene, die Ihnen vorgelegt wird, haben Sie zu bearbeiten.
- Es ist reiner Zufall, ob Sie einen literarischen oder einen Sachtext zu bearbeiten haben.
- Bislang war bei jeder Kompensationsprüfung auch ein Analyseauftrag zu bearbeiten. Hilfreich hierfür sind Kenntnisse über Textanalysekriterien (rhetorische Figuren, Satzstrukturen, ein für die jeweilige Textsorte typischer Aufbau etc.).
- Ordnen Sie den einzelnen Arbeitsaufträgen unterschiedliche Farben zu und markieren Sie die relevanten Informationen aus der Textbeilage mit diesen Farben. In der Prüfungssituation können Sie dadurch die Informationen schneller auffinden.
- Möglicherweise fehlt Ihnen die Zeit, alle Arbeitsaufträge schriftlich auszuarbeiten, deshalb kann es hilfreich sein, eigene Informationen am Rand oder auf einem Zusatzblatt zu notieren. Markieren Sie auch diese Informationen mit jener Farbe, die Sie dem jeweiligen Arbeitsauftrag zugeordnet haben.
- Häufig stellen die Arbeitsaufträge 1 bis 3 eine Vorbereitung auf den monologischen Sprechauftrag dar.
- Orientieren Sie sich für Ihre Präsentation (monologischer Sprechauftrag) an den Kriterien der Meinungsrede (Anrede; sich vorstellen, wenn notwendig; geeigneter Abschluss: sich bedanken für die Aufmerksamkeit, Verabschiedung etc.).

Beurteilung

Die Kriterien, nach denen Sie bei der Kompensationsprüfung beurteilt werden, können Sie dem **Beurteilungsraster** zur mündlichen Kompensationsprüfung der standardisierten Reife- und Diplomprüfung in der Unterrichtssprache entnehmen. Sie finden den Raster auf Seite 159.

Die Gesamtnote kann nicht besser als „Befriedigend" lauten, weil sowohl die Beurteilung der Klausur als auch die der Kompensationsprüfung in das Gesamtergebnis einfließen. Erfolgt eine negative Beurteilung der Kompensationsprüfung, muss erneut zur schriftlichen Reife- und Diplomprüfung in diesem Fach angetreten werden.

Arbeitsaufgaben „Kompensationsprüfung"

Thema: Marie Luise Kaschnitz: Ein ruhiges Haus

Lesen Sie die Kurzgeschichte „Ein ruhiges Haus" (1973) von Marie Luise Kaschnitz (Textbeilage 1).
Bearbeiten Sie anschließend die folgenden Arbeitsaufträge:

Arbeitsaufträge	Anforderungsbereiche
1. **Geben** Sie den Inhalt der Kurzgeschichte **wieder.**	Anforderungsbereich 1 *Reproduktion, Reorganisation und Transfer*
2. **Charakterisieren** Sie die Erzählerin und die Eltern der Kinder.	Anforderungsbereich 1 *Reproduktion, Reorganisation und Transfer*
3. **Analysieren** Sie die Kurzgeschichte hinsichtlich ■ ihres Aufbaus, ■ ihrer sprachlichen Gestaltung.	Anforderungsbereich 1 *Reproduktion, Reorganisation und Transfer*
4. Sie halten nun vor der Prüfungskommission ein Kurz-referat über die Kurzgeschichte „Ein ruhiges Haus" von Marie Luise Kaschnitz. Darin ■ **benennen** Sie das Thema der Kurzgeschichte, ■ **beurteilen** Sie das Verhalten der Figuren im Text, ■ **deuten** Sie, wofür der Titel „Ein ruhiges Haus" steht, ■ **überprüfen** Sie, inwieweit die Kurzgeschichte auf die heutige Gesellschaft übertragbar ist.	Anforderungsbereiche 1 und 2 *Reproduktion, Reorganisation und Transfer; Reflexion und Problemlösung* Prüfungszeit: max. 5 Minuten (mind. 3 Minuten)

Textbeilage 1

Marie Luise Kaschnitz
EIN RUHIGES HAUS (1973)

Ein ruhiges Haus, sagen Sie? Ja, jetzt ist es ein ruhiges Haus. Aber noch vor kurzem war es die Hölle. Über uns und unter uns Familien mit kleinen Kindern, stellen Sie sich das vor. Das Geheul und Ge-schrei, die Streitereien, das Trampeln und Scharren der kleinen zornigen Füße. Zuerst haben wir nur den Besenstiel gegen den Fußboden und gegen die Decke gestoßen. Als das nichts half, hat mein Mann
5 telefoniert. Ja, entschuldigen Sie, haben die Eltern gesagt, die Kleine zahnt, oder die Zwillinge lernen gerade laufen. Natürlich haben wir uns mit solchen Ausreden nicht zufriedengegeben. Mein Mann hat sich beim Hauswirt beschwert, jede Woche einmal, dann war das Maß voll. Der Hauswirt hat den Leuten oben und den Leuten unten Briefe geschrieben und ihnen mit der fristlosen Kündigung gedroht. Danach ist es gleich besser geworden. Die Wohnungen hier sind nicht allzu teuer und diese jungen Ehe-
10 paare haben nicht das Geld, umzuziehen. Wie sie die Kinder zum Schweigen gebracht haben? Ja, genau weiß ich das nicht. Ich glaube, sie binden sie jetzt an den Bettpfosten fest, so dass sie nur kriechen kön-nen. Das macht weniger Lärm. Wahrscheinlich bekommen sie starke Beruhigungsmittel. Sie schreien und juchzen nicht mehr, sondern plappern nur noch vor sich hin, ganz leise, wie im Schlaf. Jetzt grüßen wir die Eltern wieder, wenn wir ihnen auf der Treppe begegnen. Wie geht es den Kindern, fragen wir
15 sogar. Gut, sagen die Eltern. Warum sie dabei Tränen in den Augen haben, weiß ich nicht.

MARIE LUISE KASCHNITZ: GESAMMELTE WERKE IN SIEBEN BÄNDEN. SUHRKAMP

INFOBOX
Marie Luise Kaschnitz (1901–1974): deutsche Schriftstellerin; Marie Luise Kaschnitz hat eine Reihe von Gedichten, Erzählungen und Romanen verfasst.

Text 2

Thema: Lebensmittelverschwendung

Situation: Im Rahmen eines Projekts halten Sie vor Ihren Mitschülerinnen/Mitschülern eine kurze Rede zum Thema „Vermeiden von Lebensmittelverschwendung".

Lesen Sie die Glosse „Wir schätzen unser Essen zu wenig" von Marlene Seidel aus der Tageszeitung „Kleine Zeitung" vom 7. Dezember 2020 (Textbeilage 1).
Bearbeiten Sie anschließend die folgenden Arbeitsaufträge:

Arbeitsaufträge	Anforderungsbereiche
1. **Geben** Sie die zentrale Aussage der Glosse **wieder.**	Anforderungsbereich 1 *Reproduktion, Reorganisation und Transfer*
2. **Analysieren** Sie die Glosse im Hinblick auf <ul><li>ihren Aufbau,</li><li>ihre sprachliche Gestaltung.</li></ul>	Anforderungsbereich 1 *Reproduktion, Reorganisation und Transfer*
3. **Erschließen** Sie mögliche Intentionen der Autorin.	Anforderungsbereich 1 *Reproduktion, Reorganisation und Transfer*
4. Sie halten nun vor Ihren Mitschülerinnen/Mitschülern Ihre Rede zum Thema „Vermeiden von Lebensmittelverschwendung". Darin <ul><li>**geben** Sie wesentliche Aussagen der Autorin zum Thema „Lebensmittelverschwendung" **wieder,**</li><li>**erläutern** Sie die Aussage „Dass wir das ‚Mindesthaltbarkeitsdatum' (MHD) alle ‚Ablaufdatum' nennen, sagt eigentlich alles" (Z. 18–19),</li><li>**machen** Sie konkrete **Vorschläge** zu Beiträgen, die junge Erwachsene leisten können, um der Verschwendung von Lebensmitteln entgegenzuwirken,</li><li>**diskutieren** Sie Möglichkeiten, die Problematik der Verschwendung von Lebensmitteln mehr in das Bewusstsein von jungen Erwachsenen zu bringen.</li></ul>	Anforderungsbereiche 1 und 2 *Reproduktion, Reorganisation und Transfer; Reflexion und Problemlösung* Prüfungszeit: max. 5 Minuten (mind. 3 Minuten)

Textbeilage 1

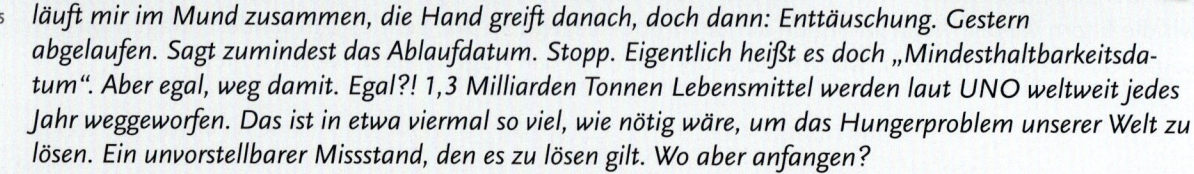

WIR SCHÄTZEN UNSER ESSEN ZU WENIG

Marlene Seidel meint, der Wegwerfkultur bei Nahrungsmitteln gehöre der Kampf angesagt.

Kühlschranktür auf, mein hungriger Blick auf der Suche nach Essen. Meine Augen leuchten auf, es gibt noch einen guten Aufstrich! Das Wasser
5 *läuft mir im Mund zusammen, die Hand greift danach, doch dann: Enttäuschung. Gestern abgelaufen. Sagt zumindest das Ablaufdatum. Stopp. Eigentlich heißt es doch „Mindesthaltbarkeitsdatum". Aber egal, weg damit. Egal?! 1,3 Milliarden Tonnen Lebensmittel werden laut UNO weltweit jedes Jahr weggeworfen. Das ist in etwa viermal so viel, wie nötig wäre, um das Hungerproblem unserer Welt zu lösen. Ein unvorstellbarer Missstand, den es zu lösen gilt. Wo aber anfangen?*

10 *Dieses Problem wurde im österreichischen Parlament durch einen Entschließungsantrag gegen Lebensmittelverschwendung tatsächlich in Angriff genommen. Dazu zählt das kommende Verbot für Supermärkte, Lebensmittel wegzuwerfen.*

In Frankreich gibt es diese Regel schon seit Jahren. Statt überschüssige Lebensmittel zu entsorgen, werden sie zum Beispiel an karitative Verbände gespendet. Ein großer Schritt! Problem gelöst? Nicht ganz. Der
15 *Bereich Handel ist nämlich für nur etwa 5 Prozent der Lebensmittelverschwendung verantwortlich. 30 Prozent fallen schon in der Landwirtschaft weg, 12 Prozent in der Gastronomie. Der Großteil, also mehr als 50 Prozent, wird in den Haushalten weggeworfen.*

Woran das liegen könnte? Sagen wir so: Dass wir das „Mindesthaltbarkeitsdatum" (MHD) alle „Ablaufdatum" nennen, sagt eigentlich alles. Wir wertschätzen unser Essen nicht mehr genug. Alles scheint selbstver-
20 *ständlich. Wo, wie und mit wie viel Aufwand unsere Nahrung entsteht, bekommen wir meistens nicht mehr mit. Hauptsache schnell, Hauptsache appetitlich, Hauptsache satt. Was uns fehlt, sind Wertschätzung und Achtsamkeit. Und doch kennen wir alle dieses besondere Gefühl, eine selbst geerntete Tomate oder den knackigen Apfel aus Omas Garten in den Händen zu halten. Egal wie klein, krumm oder schrumpelig – das Einzige, was einem in den Kopf kommt: „Wow, wie schön." Fast zu schön, um das zu essen. Viel zu schön,*
25 *um es wegzuschmeißen.*

MARLENE SEIDEL, KLEINE ZEITUNG, 7.12.2020

INFOBOX
Marlene Seidel ist Klimaaktivistin und studiert in Wien.

Text 3

Thema: David Wagner: Vier Äpfel

Lesen Sie die zwei Kapitel 46 und 47 aus dem Roman „Vier Äpfel" (2009) von David Wagner (Textbeilage 1).
In diesem Roman wird in 144 Kapiteln geschildert, wie der Erzähler im Supermarkt vier Äpfel einkauft. Die Fußnoten sind ein Teil der Erzählung und ziehen sich durch den Roman.

David Wagner, deutscher Schriftsteller (geb. 1971)

Bearbeiten Sie anschließend die folgenden Arbeitsaufträge:

Arbeitsaufträge	Anforderungsbereiche
1. **Beschreiben** Sie die Situation, in der sich der Erzähler befindet.	Anforderungsbereich 1 *Reproduktion, Reorganisation und Transfer*
2. **Untersuchen** Sie die beiden Kapitel hinsichtlich ■ ihrer formalen Gestaltung, ■ ihrer sprachlichen Gestaltung.	Anforderungsbereich 1 *Reproduktion, Reorganisation und Transfer*
3. **Erschließen** Sie Themen, die im Text angesprochen werden.	Anforderungsbereich 1 *Reproduktion, Reorganisation und Transfer*
4. Sie halten nun Ihr Kurzreferat über die beiden Kapitel aus David Wagners Roman „Vier Äpfel" vor der Prüfungskommission. Darin ■ **fassen** Sie den Inhalt der beiden Kapitel **zusammen,** ■ **charakterisieren** Sie den Erzähler, ■ **deuten** Sie den Text im Hinblick auf die moderne Konsumwelt, ■ **nehmen** Sie **Stellung** zur Frage der Verantwortung der Konsumentinnen und Konsumenten beim Einkaufen.	Anforderungsbereiche 1 und 2 *Reproduktion, Reorganisation und Transfer; Reflexion und Problemlösung* Prüfungszeit: max. 5 Minuten (mind. 3 Minuten)

Textbeilage 1

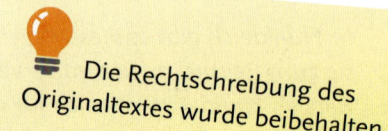

David Wagner
VIER ÄPFEL (2009)

46

Zwischen den Gurkengläsern ragen hier und da Pappschildchen aus dem Regal und verraten mir, daß es sich um Gurken aus der Region handelt, Erzeugnisse also, die nicht aus Frankreich oder Rumänien oder Madagaskar stammen und über Hunderte oder tausend oder noch mehr Kilometer herangekarrt
5 wurden. Sonderbarerweise fühle ich mich den Gurken aus der Region gleich weniger verbunden. Ich möchte keine Umlandgurken essen, wenn überhaupt, steht mir der Sinn nach kleinen, scharfen französischen Cornichons, die nicht selten zur Dekoration auf mit Salami belegten Brötchenhälften liegen, meist an einer Seite so eingeschnitten, daß sie sich zu einem Fächer spreizen. Ich brauche aber keine Gurken, ich dekoriere meine Brote und Brötchenhälften nie, deshalb schiebe ich mich zügig auch an
10 den Gläsern mit Perlzwiebeln, Kapern und eingelegten Paprikaschoten vorbei. Plötzlich meine ich zu sehen, wie Biokartoffeln aus Ägypten, Weinflaschen aus Kalifornien und Auberginen aus Israel über den Globus zischen, hierher auf ihre Plätze auf dem Supermarktregal. Auf einmal sehe ich, woher die Dinge kommen, die Kiwis aus Neuseeland, die Erdbeeren aus Andalusien, ich sehe einen Trickfilm der Handelswege und Warenströme, in dem alle Produkte einen Schweif hinter sich herziehen, wie kleins-
15 te Teilchen in einer Nebelkammer. Auf den Regalen findet sich die halbe Welt, wer hier einkauft, darf kein Globalisierungsgegner sein, und ich ahne schon, gleich überfällt mich wieder mein schlechtes Gewissen, daß ich mir mein Obst und Gemüse nicht selber anbaue, sondern Tomaten aus Südspanien und Äpfel aus Chile oder China kaufe, oder dann, wenn ich bemerke, daß sie von so weit her kommen, doch nicht kaufe, weil ich keine Lebensmittel essen möchte, die weiter gereist sind als ich.

20 **47**

Obwohl ich vielleicht schon tausend- oder zweitausendmal[17] einkaufen war, überrascht mich immer wieder, was es hier alles gibt. Eigentlich müßte ich jeden Tag über die ungeheuer komplizierte Arbeitsteilung staunen, die für das reichhaltige Angebot im Laden sorgt. Wie eigenartig, daß eine Biene in Mexiko für mich Blütennektar sammelt und ein Apfel an einem Baum in Chile oder China wächst und
25 dann für mich gepflückt wird. Ich könnte ja kein einziges dieser Produkte selbst herstellen, ich könnte keinen Honig imkern, keinen Weizen säen, dreschen, mahlen, ich könnte mir nicht einmal einen Liter Milch melken, obwohl ich das, es war auf einem Bauernhof – nicht etwa dem neben der Landesnervenklinik, sondern einem Postkartenbauernhof im Alpenvorland –, einmal versucht habe. Ich könnte auch kein Schwein schlachten und es zu Wurst verarbeiten, ohne einen Supermarkt müßte ich verhungern.
30 Ich habe ja keinen Garten, an dessen Bäumen kleine, wurmstichige Äpfel hängen oder in dem ein paar von Schnecken angefressene Salatköpfe, Schnittlauch und Tomaten wachsen, grün wie die, die mein Großvater auf der Heizung in seinem Büro nachreifen ließ.[18] Und wo ich im Wald die wilden Erd- und Himbeeren finde, weiß ich auch nicht.

[17] *Ich habe einmal versucht, es auszurechnen. Angenommen, ich war einmal pro Woche, früher mit meiner Mutter oder Groß-*
35 *mutter, einkaufen, dann war ich es mit fünfunddreißig, fast sechsunddreißig Jahren schon fünfunddreißig-mal-zweiundfünfzigmal, jedenfalls war ich in meinem Leben schon viel öfter im Supermarkt als in der Kirche.*

[18] *Damals gab es bloß „Tomaten", das waren eben die, die er grün oder halbgrün von den Stauden im Garten geerntet hatte.*
Heute führt ein Supermarkt, die verschiedenen Angebote getrockneter Tomaten nicht mitgerechnet, sieben oder acht verschiedene Sorten. Es gibt Fleisch-, Kirsch-, Eier- und Cocktailtomaten, Biokirschtomaten, Biostrauchtomaten und einfache Strauch-
40 *tomaten, manchmal gibt es auch Dattel-Kirschtomaten, die sind, wie der Name schon sagt, flach und haben die Größe einer Dattel, sind aber nicht so süß.*

DAVID WAGNER: VIER ÄPFEL, ROWOHLT

INFOBOX
David Wagner (geb. 1971): deutscher Schriftsteller
Aubergine: Gemüsesorte   **Cornichon:** Gewürzgurke
Nebelkammer: Als Nebelkammer wird in der Physik ein Teilchendetektor bezeichnet, der dem Nachweis von ionisierender Strahlung dient und für manche Teilchen dabei auch deren Weg sichtbar macht.
Trickfilm: Zeichentrickfilm

Text 4

Thema: Klimaschutz und soziale Gerechtigkeit

Situation: Im Rahmen einer Podiumsdiskussion mit Politikerinnen und Politikern an Ihrer Schule werden Sie gebeten, als Jugendvertreter/in eine kurze Rede zum Thema „Klimaschutz und soziale Gerechtigkeit" zu halten.

Lesen Sie den Kommentar „Wer darf noch?" von Birgit Heinrich aus dem Magazin „M1. Magazin am Wochenende" vom 21./22. September 2019 (Textbeilage 1).
Bearbeiten Sie anschließend die folgenden Arbeitsaufträge:

Arbeitsaufträge	Anforderungsbereiche
1. **Geben** Sie die zentrale Aussage des Textes **wieder.**	Anforderungsbereich 1 *Reproduktion, Reorganisation und Transfer*
2. **Analysieren** Sie den Text im Hinblick auf ▪ seinen Aufbau, ▪ seine sprachliche Gestaltung.	Anforderungsbereich 1 *Reproduktion, Reorganisation und Transfer*
3. **Erläutern** Sie die folgende Aussage: „Aber was passieren wird, ist absehbar und gefährlich, nämlich eine weitere Spaltung unserer Gesellschaft und eine noch größere Wut von Menschen, die sich übergangen und ungerecht behandelt fühlen." (Z. 42–44)	Anforderungsbereich 1 *Reproduktion, Reorganisation und Transfer*
4. **Erschließen** Sie mögliche Intentionen der Autorin.	Anforderungsbereich 1 *Reproduktion, Reorganisation und Transfer*
5. Sie halten nun Ihre Rede zum Thema „Klimaschutz und soziale Gerechtigkeit", die Sie an die anwesenden Politiker/innen richten. Darin ▪ **nehmen** Sie **Stellung** zur Bedeutung von Klimaschutz insbesondere für junge Menschen, ▪ **beschreiben** Sie die im Kommentar dargestellte Problematik, ▪ **setzen** Sie sich mit Maßnahmen gegen den Klimawandel im Hinblick auf soziale Gerechtigkeit **auseinander,** ▪ **appellieren** Sie im Sinne Ihrer Argumentation an die anwesenden Politiker/innen.	Anforderungsbereiche 1 und 2 *Reproduktion, Reorganisation und Transfer; Reflexion und Problemlösung* Prüfungszeit: max. 5 Minuten (mind. 3 Minuten)

Textbeilage 1

WER DARF NOCH?

[...]
Flugscham. Es ist das Wort dieses Jahres. Es impliziert, dass wir uns bis in die Zehenspitzen schämen müssen, wenn wir im Urlaub nach Griechenland fliegen, nach Thailand, Mallorca, Australien, in die USA, nach Japan oder Neuseeland. Und zwar alle. Jeder einzelne von uns, der in einen Flieger steigt, egal aus welchem Grund.
5 *Ob wir eine Bildungsreise planen oder geschäftlich unsere Firma in Vancouver vertreten, ob wir am Ballermann abhängen oder die Pyramiden besichtigen. Schämen wir uns!*

Das ist ein bisschen seltsam, weil Reisen bis vor kurzem als Statussymbol galt. Wer sich in den Flieger setzte und andere Länder besuchte, hatte den Habitus, weltoffen zu sein, neugierig auf andere Kulturen, tolerant. Reisen bildet. Reisen erweitert den Horizont. „Die gefährlichste aller Weltanschauungen ist die Weltan-

10 schauung der Leute, welche die Welt nicht angeschaut haben", sagte Alexander von Humboldt. Soll heißen: Wer stets im eigenen Kämmerchen sitzt, erfährt nie, wie andere Menschen leben, speisen, arbeiten, sieht nicht die Wildheit der Meere und erlebt nicht die Faszination fremder Flora und Fauna.
Der Schriftsteller Aldous Huxley hat es so formuliert: „Reisen ist das Entdecken, dass alle Unrecht haben mit dem, was sie über andere Länder denken." Seit den 1950er Jahren gilt es als große Errungenschaft, dass sich
15 eben nicht nur die Reichen einen Städtetrip gönnen können, sondern auch Menschen mit weniger Einkommen die Möglichkeit haben, einen Blick in die Welt zu werfen.
Aber dürfen wir überhaupt noch weit entfernte Ziele ansteuern? Steht es uns zu, fremde Länder zu entdecken? Schließlich, das wird uns täglich vorgehalten, hinterlassen wir dadurch einen ökologischen Fußabdruck. Fliegen verursacht zu viel Kohlendioxid, das wiederum die Hauptursache für den Klimawandel ist. Experten
20 warnen davor, dass sich die Erderwärmung viel zu schnell vollzieht. Und wir sind schuld. Daran besteht kein Zweifel.

Nur darüber, ob und wie wir uns zügeln sollten, gehen die Meinungen auseinander. Wie beim Fleischverzehr oder beim Autofahren scheint es zunächst logisch, dass das Anheben der Preise eine Lösung birgt. Machen wir also alles, was pfui ist, teurer. Dann kann sich nicht mehr jeder diesen Frevel leisten. Es wird weniger geflogen
25 und das Klima geschont, weniger Fleisch gegessen und weniger Auto gefahren. Das klingt erst mal gut.
Doch es sind selbstverständlich nicht alle einer Meinung. Für einen radikalen Flug-, Fleisch- und Autoverzicht sowie ein Anheben der Preise machen sich bestimmte gesellschaftliche Gruppen stark. Wir könnten schon fast von Filterblasen sprechen, in denen sich sicher manche von uns bewegen. Gemeint sind vor allem grün, ökologisch und umweltschonend denkende Bürger – denen eine Preiserhöhung überhaupt nicht wehtut. Es
30 sind Menschen, die sich auch künftig teure Flüge leisten können und werden, weil sie sich diese Freiheit nicht nehmen lassen, sich für weltoffen halten und gerne reisen. Menschen, die in der Stadt wohnen, jung und gesund genug sind, um mit dem Fahrrad zur Arbeit und zum Einkaufen zu radeln. Und Menschen, die gleich um die Ecke ihr Fleisch oder ihren Tofu beim Bio-Markt besorgen – weil sie das Geld dafür haben.

Abgehängt werden jene, die von sich sagen würden, sie seien die „kleinen Leute". Jene, die sich schon bisher
35 kaum einen Urlaubsflug leisten konnten – und dadurch ironischerweise auch nur winzige ökologische Fußabdrücke hinterlassen haben. Abgehängt werden jene, die auf dem Land wohnen, wo sie eben nicht jederzeit in den Bus, die U-Bahn oder den Zug steigen können, um zur Arbeit zu fahren, weil es die in ihrem Dorf gar nicht gibt. Die auch nicht an den Stadtgrenzen umsteigen können, weil dort keine Park-and-Ride-Plätze existieren oder diese nicht ausreichen. Die zu alt, zu krank oder schlichtweg zu unsportlich sind, um kilometerweit
40 mit dem Fahrrad zu fahren.
Das hören wir nicht gerne. Es entspricht nicht unserem Umweltverständnis, das nach schnell wirksamen Lösungen schreit. Und nicht dem momentanen Zeitgeist. Aber was passieren wird, ist absehbar und gefährlich, nämlich eine weitere Spaltung unserer Gesellschaft und eine noch größere Wut von Menschen, die sich übergangen und ungerecht behandelt fühlen. [...]

45 Doch Ungleichheit wird es immer geben. Die Frage ist, wann Menschen sie als Ungerechtigkeit empfinden. Wann sie also den Eindruck haben, dass ihnen Entscheidungen aufgezwungen werden, die sie in ihrem Alltag einschränken, die sie zum Sparen und Verzichten drängen, während „die da oben" diese Einschnitte gar nicht spüren.

Fliegen ist pfui, Fleischessen ist pfui. Autofahren sowieso. Das ist im Prinzip richtig. Fürs Klima und für das
50 Wohl der Nutztiere. Wer etwas ändern will, muss aber mehr tun, als Preise und Steuern anheben, mehr als radikale Forderungen aufstellen und nach schnellen Hau-drauf-Lösungen rufen. [...]

BIRGIT HEINRICH, M1. MAGAZIN AM WOCHENENDE (BEILAGE DER NÜRNBERGER NACHRICHTEN),
21./22.9.2019

INFOBOX
Frevel: bewusster schwerer Verstoß gegen eine Ordnung oder ein Gesetz
Habitus: hier „Haltung"
Alexander von Humboldt (1769–1859): Naturforscher und Forschungsreisender

Beurteilungsraster zur Kompensationsprüfung der SRDP in der Unterrichtssprache

Kompetenzbereich	Teilkompetenzen	nicht erfüllt	das Wesentliche überwiegend erfüllt	das Wesentliche zur Gänze erfüllt	über das Wesentliche hinausgehend erfüllt	weit über das Wesentliche hinausgehend erfüllt
(K1) Aufgabenerfüllung aus inhaltlicher und struktureller Sicht **Anforderungsbereich 1** (Reproduktion, Reorganisation und Transfer)	■ kann Informationen, Standpunkte und Meinungen aus der Textbeilage/den Textbeilagen ermitteln, strukturiert zusammenfassen bzw. einander gegenüberstellen ■ kann Aufbau bzw. Argumentationslinien der Textbeilage(n) identifizieren und gegebenenfalls anhand von Textbelegen erläutern ■ kann Merkmale bzw. die Intention(en) der Textbeilage(n) identifizieren und Textbelege dafür finden ■ kann sprachliche bzw. literaturästhetische Besonderheiten der Textbeilage(n) identifizieren, analysieren und deren Wirkung bzw. Funktion beschreiben					
Aufgabenerfüllung aus inhaltlicher und struktureller Sicht **Anforderungsbereich 2** (Reflexion und Problemlösung)	■ kann Meinungen, Argumente bzw. Argumentationslinien der Textbeilage(n) reflektieren und bewerten bzw. Interpretationshypothesen formulieren und anhand von Textbelegen begründen ■ kann eine eigenständige Position zum Thema der Textbeilage(n) argumentativ überzeugend formulieren bzw. zu gesellschaftlichen, kulturellen, politischen und wirtschaftlichen Phänomenen treffsicher Stellung nehmen und diese bewerten ■ kann themenbezogenes Sachwissen aktivieren, anwenden und gegebenenfalls Bezüge zu eigenen Erfahrungen und Werthaltungen herstellen ■ kann mindestens drei Minuten zusammenhängend monologisch zum vorliegenden Thema sprechen					
(K2) Aufgabenerfüllung hinsichtlich Stil, Ausdruck und normativer Sprachrichtigkeit	■ kennt Sprachnormen und kann diese korrekt anwenden ■ kann relevante Fachbegriffe anwenden und zeigt Varianz in Wortwahl und Satzbau ■ kann adressaten- und situationsangemessen formulieren ■ kann in Bezug auf die Textbeilage(n) eigenständig formulieren					

ANHANG

Rhetorische Stilmittel

Stilmittel	Erklärung	Beispiel
die Allegorie	a) Veranschaulichung eines Begriffes durch ein nachvollziehbares Bild; ähnlich der Metapher, jedoch wird mit einer Allegorie der/die Leser/in zum Nachdenken, zur Reflexion angeregt. b) Ein abstrakter Vorstellungskomplex (Verliebtheit) wird durch eine Bild- bzw. Handlungsfolge veranschaulicht.	Staat als „Schiff" – intendiert Gemeinsamkeit, hat einen Kapitän, alle gehen gemeinsam unter, blinde Passagiere etc. Schmetterlinge bevölkerten seinen Bauch, ihre Flügelschläge machten ihn leicht und ließen ihn tänzelnd über die Pflastersteine schweben.
die Alliteration	Mehrere Wörter in Folge beginnen mit gleichen Buchstaben, wodurch eine Verstärkung des Dargestellten erzielt werden kann (Stabreim).	■ Veni, vidi, vici. ■ Manner mag man eben!
die Allusion	Anspielung; durch das In-Beziehung-Setzen kann eine Verstärkung des Gesagten erreicht werden.	■ der große Dichter (statt: Goethe) ■ ein Columbus (statt: ein Entdecker)
die Anapher	Der Beginn aufeinanderfolgender Wortgruppen oder Sätze wird wiederholt. Dieser Gleichklang führt zu einer Intensivierung.	■ Vieles erkannte er, vieles war ihm fremd. ■ Woher kommst du? Wo willst du bleiben? Wohin willst du gehen?
die Antithese	Verdeutlichung eines Gedankens durch die Gegenüberstellung gegensätzlicher Begriffe (Gegensatzpaare), Intensivierung der Aussage.	■ Wer hoch steigt, der fällt tief! ■ Hell ist's des Tags, doch dunkel ist's in unsrer Seel'.
das Asyndeton	Unverbundene Aneinanderreihung gleichrangiger Begriffe (ohne Konjunktionen); dient, wenn es sich nicht um eine einfache Aufzählung handelt, zur (feierlichen) Stilerhöhung.	■ Veni, vidi, vici. ■ Der Tag ist kurz, die Stund' ist lang.
die Ellipse	Ein Wort oder Satzteil eines Satzes wird (aus sprachökonomischen Gründen) weggelassen. Das Ausgelassene kann aus dem Kontext ergänzt werden. Die Ellipse dient vielfach zum gesteigerten Ausdruck, zur Intensivierung.	■ Ohne Fleiß kein Preis. ■ Weshalb so eilig?
die Epipher	Wiederholung des Endes aufeinanderfolgender Sätze oder Satzteile.	Sie versprechen alles, aber sie halten nichts, wissen nichts und unternehmen nichts.
der Euphemismus	Anstößige, unangenehme Bezeichnungen werden durch eine Umschreibung abgemildert bzw. beschönigt.	■ ein geistiger Bodenturner (statt: ein dummer Mensch) ■ verhaltenskreativ (statt: verhaltensauffällig) ■ Ehrenrunde (statt: Sitzenbleiben)
die Exclamatio („Ausruf")	Umwandlung einer Aussage in einen emotionalen Ausruf mit getragener, erhöhter Stimme.	Bei den unsterblichen Göttern!
das Hendiadyoin („eins durch zwei")	Ein Begriff wird durch zwei mittels „und" verbundene Wörter oft mit einer ähnlichen oder derselben Bedeutung wiedergegeben. Dies bewirkt eine Verstärkung der Aussage durch Verdoppelung.	■ Da half kein Jammern und Winseln. ■ Sein Alibi war hieb- und stichfest.

die Ironie	Unter dem Begriff Ironie versteht man zunächst eine Redeweise, bei der das Gegenteil des eigentlichen Wortlauts gemeint ist. Personen, Sachen oder moralische Wertvorstellungen werden beispielsweise der Lächerlichkeit preisgegeben, indem dem/der Leser/in bzw. Zuhörer/in bekannte, aber nicht beweisbare Verfehlungen und Schwächen als besondere Leistungen und Stärken präsentiert werden. „Ironie als rhetorisches Mittel ist fast immer aggressiv, sie kann sich vom spielerischen Spott bis zum Sarkasmus steigern, und wenn sie über längere Textpartien durchgehalten wird, literarische Gattungen wie Parodie, Satire, Travestie konstituieren." (Metzler Literaturlexikon) **Erkennungsmerkmale von Ironie** ■ Bestehender Widerspruch von sprachlicher Darstellung und Sachverhalt ■ Überhöhte und übertriebene Darstellung der Sachverhalte ■ Unübliche Vergleiche, die einer Sache den ihr üblicherweise zugeordneten Wert entziehen, wodurch Komik oder auch Tragik entstehen kann ■ Ironie kann oft nur aus dem Kontext heraus verstanden werden und es muss ein Bewusstsein des Missverhältnisses zwischen der sprachlichen Darstellung und dem Sachverhalt gegeben sein. **Wirkung** Ironie kann ein Lächeln hervorrufen, kann eine Sache aber auch der Lächerlichkeit preisgeben. Sie kann eine Sache relativieren, indem sie dieser den ihr zugemessenen Wert entzieht.	In britischen Schulen wird ab Herbst probeweise das Fach „Happiness" unterrichtet. Bravo! [...] Aber sicher, mit diesem Pilotversuch wird es gelingen, die Rekordzahlen psychisch kranker Jugendlicher in England einzudämmen. Als weitere Schulfächer empfehlen sich Freiheit, Wohlstand und Reichtum. Und für unbelehrbare Kinder bleibt immer noch die Hoffnung. DANIEL GLATTAUER, DER STANDARD
die Klimax	Wörter oder Sätze werden in steigender bzw. fallender (Antiklimax) Intensität aufeinanderfolgend angeordnet.	■ den Knechten, den Herren und den Fürsten … ■ Anfangs sind sie lieb und nett, etwas später reserviert und distanziert, am Ende bösartig und intrigant! ■ Wer nicht lernt, der besteht keine Prüfungen, wer keine Prüfungen besteht, …
die Litotes	Die Litotes ist eine abmildernde oder auch steigernde Umschreibung durch Verneinung des Gegenteils.	■ nicht ungefährlich (statt: gefährlich) ■ nicht unbekömmlich (statt: schmeckt mir außerordentlich gut)
die Metapher	Bei der Metapher wird das eigentlich gemeinte Wort durch ein anderes ersetzt, das eine „bildliche" Ähnlichkeit besitzt (z. B. „Das Schiff pflügt das Meer" für „Das Schiff zieht eine Furche durch das Wasser"). Etwas wird mit einem Begriff aus einem anderen Bereich verglichen, ohne dass „wie" als Vergleichswort eingesetzt wird.	■ Der Reifen schneidet den Asphalt. ■ Das Schiff pflügt das Meer. ■ Sie war eine Orchidee (statt: Sie war schön wie eine Orchidee).

die Metonymie	Ersatz eines Wortes durch ein anderes aus demselben Bereich (Namensvertauschung).	■ Wir trinken ein Stamperl (für Schnaps)! ■ Stahl (für Dolch) ■ Jung und Alt (für alle)
das Oxymoron	Fügung einander widersprechender bzw. ausschließender Begriffe, um die Aussage feiner zu differenzieren oder auch zu verstärken.	■ die schwarze Milch ■ ein blinder Blick
der Parallelismus	Satzabschnitte oder Sätze werden exakt nach der gleichen grammatikalischen Struktur gebaut.	■ Reden ist Silber, Schweigen ist Gold. ■ Sei ruhig, sei gefasst, sei gewarnt!
die Periphrase	Umschreibung einer Person oder einer Sache durch Tätigkeiten, Eigenschaften oder Wirkungen, die diese kennzeichnen.	■ fahrbarer Untersatz (statt: Auto) ■ das große Wasser (statt: Meer)
die Personifikation	Abstrakta, Tiere (siehe Textsorte „Fabel"), Gegenstände etc. werden als handelnde und sprechende Individuen eingeführt und ihnen werden menschliche Eigenschaften und Fähigkeiten übertragen. Es handelt sich um ein Mittel der Vermenschlichung von Unpersönlichem.	■ Vater Staat ■ die Sonne lächelte ■ der Mond machte ein finster Gesicht
der Pleonasmus/ die Tautologie	Gebrauch von mehreren Wörtern, die Ähnliches bzw. Gleiches bedeuten, um eine Verstärkung der Aussage, eine nachdrückliche Betonung zu erreichen.	■ der weiße Schimmel ■ die flauschige, kuschelweiche Wolle
die rhetorische Frage (Scheinfrage)	Die rhetorische Frage ist eine als Frage formulierte Aussage, auf die keine Antwort erwartet wird, da die Antwort entweder allen klar ist oder die/der Fragende die gestellte Frage unmittelbar selbst beantwortet.	Wann wird das wohl ein Ende nehmen?
die Synekdoche	Ersatz eines Begriffes durch einen engeren oder weiteren Begriff.	■ Dach (für Haus) ■ Eisen (für Schwert) ■ Brot (für Nahrung) ■ Kiel (für Schiff)
das Trikolon (die Trias)	Dabei handelt es sich um einen Satz bzw. eine Satzreihe, der bzw. die aus drei Teilen besteht. Die einzelnen Teile sind inhaltlich verbunden.	Er kam, er sah, er siegte!
der Vergleich	Ein Sachverhalt wird mit einem Sachverhalt aus einem anderen Bereich in Beziehung gesetzt und dadurch verdeutlicht.	■ In ihrem Innersten versank alles wie zur Regenzeit. ■ Er ist wie ein Bock. ■ Ihre Stimme klang wie das Wiehern eines Pferdes.
die Wiederholung	Ein Wort oder eine Wortfolge wird innerhalb eines Textabschnittes mehrmals verwendet.	Kaufen, kaufen, kaufen! Für viele Menschen ist Konsum die neue Religion!
das Zeugma	Pointiert gestaltete Aussage, indem ein gemeinsamer Bestandteil zwei Sätzen oder Satzteilen zugeordnet wird.	■ Er spazierte durch Wälder und Prüfungen. ■ „Es ist einfacher, einen Oscar zu bekommen als einen guten Ehemann." (SALMA HAYEK, SCHAUSPIELERIN)

Analysebogen

ANALYSEBOGEN: LYRISCHE TEXTE		
Kategorie	**Analyseergebnis**	**Botschaft/Wirkung**
Inhaltliche Aspekte		
Thema/Motiv		
Inhalt		
Inhaltliche/Gedankliche Gliederung		
Bezug Titel – Gedicht		
Situation des lyrischen Ich		
Zeit und Ort		
Formale Aspekte		
Strophen/Verse		
Versfuß/Versmaß		
Reim(-schema)		
Kadenzen		
Gedichtform		
Sprachliche Aspekte		
Satz-/Versbau		
Stilmittel/Sprachbilder (und deren Bedeutung)		
Wortwahl		
Weitere geforderte Aspekte		

ANALYSEBOGEN: EPISCHE TEXTE	
Kategorie	**Ergebnis der Analyse**
1. Quellenangaben	
2. Textsorte	
3. Inhalt	
4. Titelei	
5. Thematik/Stoff/(Leit-)Motive	
6. Erzählperspektiven	
7. Figuren/Charaktere	
8. Räume	
9. Sprachliche Gestaltung	
10. Aufbau	
11. Weitere Arbeitsaufträge	

ANALYSEBOGEN: DRAMATISCHE TEXTE

Kategorie	Ergebnis der Analyse
Die Einzelszene	
Figuren(-konstellation)	
Äußere/Innere Situation	
Schauplatz und Zeit	
Gesprächsanalyse inklusive nonverbaler Kommunikation ➜ Regieanweisungen	
Sprachliche Aspekte	
Satzbau, Wortwahl	
Stilmittel/Sprachbilder (und deren Bedeutung)	
Sprachebene	
(Die Szene im Gesamtwerk)	
(Form des Dramas)	
(Aufbau/Struktur des Gesamtwerkes)	
(Position der Szene im Stück, Bedeutung der Szene für das Stück)	
(Figurencharakteristik/Entwicklung der Figuren)	

Stichwortverzeichnis

Literaturverzeichnis

Beer, Romana: Rollenklischees schaden nicht nur Mädchen. orf.at, 15.4.2019, https://orf.at/stories/3118414/ (5.1.2021)

Bundesministerium für Bildung, Wissenschaft und Forschung: Kompensationsprüfung zur standardisierten schriftlichen Reifeprüfung/Reife- und Diplomprüfung in der Unterrichtssprache, März 2016

Bundesministerium für Bildung, Wissenschaft und Forschung: Textsortenkatalog zur SRDP in der Unterrichtssprache, Dezember 2020

Davidovits, Daniela: Mehr Bedarf: Schulessen für Kinder mit Allergien. Kurier, 9.12.2020, https://kurier.at/wissen/gesundheit/mehr-bedarf-schulessen-fuer-kinder-mit-allergien/401123847 (7.1.2021)

Dorloff, Axel: Mit Gesichtserkennung in Richtung Massenüberwachung. deutschlandfunk.de, 17.4.2018, https://www.deutschlandfunk.de/china-mit-gesichtserkennung-in-richtung-massenueberwachung.1773.de.html?dram:article_id=415748 (7.1.2021)

Fian, Antonio: Rohrohrzucker. Der Standard, 1.3.2019, https://www.derstandard.at/story/2000098824770/antonio-fian-rohrohrzucker (5.1.2022)

Fluch, Karl: „Wortkunde": Gratiszeitung. Der Standard, 19.2.2017, https://www.derstandard.at/story/2000052793399/glosse-wortkunde-gratiszeitung (5.1.2022)

Fritsch, Sibylle: Der Freund – eine aussterbende Spezies. Salzburger Nachrichten, 23.4.2020, https://www.sn.at/kultur/allgemein/der-freund-eine-aussterbende-spezies-81772171 (5.1.2021)

Gaulhofer, Karl: Die Jugend pfeift auf die Demokratie. Die Presse, 20.10.2020, https://www.diepresse.com/5884824/die-jugend-pfeift-auf-die-demokratie (7.1.2021)

Hamann, Sybille: Online Einkaufen war gestern – Heute gehen wir echtzeitshoppen. Die Presse, 18.4.2018, https://www.diepresse.com/5407482/online-einkaufen-war-gestern-heute-gehen-wir-echtzeitshoppen (5.1.2021)

Hausbichler, Beate: Die eintönige Welt der Kinderbücher. Der Standard, 13.10.2020, https://www.derstandard.at/story/2000120853099/die-eintoenige-welt-der-kinderbuecher (7.1.2022)

Hausbichler, Beate: „Es wäre Gegenrede wichtig, wenn jemand ‚Proll' sagt". Der Standard, 30.8.2022, https://www.derstandard.at/story/2000138648549/francis-seeck-ueber-klassismus-es-waere-gegenrede-wichtig-wenn-jemand (20.9.2022)

Heinrich, Birgit: Wer darf noch? M1. Magazin am Wochenende (Beilage der Nürnberger Nachrichten), 21./22.9.2019

Hoddis, Jakob van: Morgens. In: Conrady: Das Buch der Gedichte von den Anfängen bis zur Gegenwart. Hg. v. Hermann Korte. Berlin: Cornelsen 2006, S. 360

Hofer, Sebastian/Meinhart, Edith: „Die Halbtagsschule ist nicht vernünftig". profil 49, 29.11.2020, https://www.profil.at/oesterreich/bildungsforscherin-die-halbtagsschule-ist-nicht-vernuenftig/401125362 (5.1.2021)

Holl, Irene: Wie Jugendliche mit Influencern über Ernährung kommunizieren. Der Standard, 8.10.2019, https://www.derstandard.at/story/2000109621649/wie-jugendlichen-mit-influencern-zum-thema-ernaehrung-kommunizieren (7.1.2021)

Hottowy, Sabine/Lechner, Christina: Mutter, Vater, Kind, Follower. Die Presse, 10.3.2019, https://www.diepresse.com/5593029/mutter-vater-kind-follower (7.1.2021)

Jungmann, Sandra: Eine Generation voller Egos. woman, 16.1.2020

Kaschnitz, Marie Luise: Ein ruhiges Haus. In: Dies.: Gesammelte Werke in sieben Bänden. Band 3, hg. v. Christian Büttrich und Norbert Miller. Frankfurt a. M.: Suhrkamp 1981–1989, S. 404 ff.

Kirsch, Sarah: Bei den weißen Stiefmütterchen. In: Dies.: Sämtliche Gedichte. München: Deutsche Verlagsanstalt 2013, S. 16

Küçüktekin, Naz: Putz di', wenn du ein Problem hast. biber, 21.10.2020, https://www.dasbiber.at/content/putz-di-wenn-du-ein-problem-hast (7.1.2021)

Laffert, Bartholomäus von: Ich & mein Kleid. fluter, 21.9.2020, https://www.fluter.de/wenn-mann-kleid-traegt-vorurteile (7.1.2022)

Lehky, Andrea: „Die hat wohl ihre Tage!". Die Presse, 22./23.2.2020, https://www.diepresse.com/5772285/stereotype-am-arbeitsplatz-die-hat-wohl-ihre-tage (7.1.2021)

Müller, Herta: Franz und das Pferd Franz. In: Dies.: Eine warme Kartoffel ist ein warmes Bett, Hamburg: Europäische Verlagsanstalt 1992, S. 61 f.

o. V.: Das Phänomen Hatespeech im Internet. kaernten.orf.at, 10.12.2017, https://kaernten.orf.at/v2/news/stories/2881982/ (7.1.2021)

o. V.: New York: Bissige Eichhörnchen greifen Menschen an. Kleine Zeitung, 30.12.2020, https://www.kleinezeitung.at/international/tiere/5917442/New-York_Bissige-Eichhoernchen-greifen-Menschen-an (7.1.2021)

Oster, Carmen: Interview mit Psychiater: „Perfektionisten vergleichen sich immer mit anderen". Kleine Zeitung, 30.12.2020, https://www.kleinezeitung.at/lebensart/5579968/Interview-mit-Psychiater_Perfektionisten-vergleichen-sich-immer (7.1.2021)

Polgar, Alfred: Auf dem Balkon. In: Ders.: Irrlicht. Kleine Schriften, Band 3, hg. v. Marcel Reich-Ranicki. Reinbek: Rowohlt 2004, S. 200 ff.

Remele, Kurt: Tiere quälen nein, töten ja?. Der Standard, 4.9.2020, https://www.derstandard.at/story/2000119775819/quaelen-nein-toeten-ja (7.1.2021)

Reuter, Sebastian: Ob Videospiele auch Sport sein können. Frankfurter Allgemeine Zeitung, 28.8.2020, https://www.faz.net/podcasts/wie-erklaere-ich-s-meinem-kind/kindern-erklaert-ob-videospiele-auch-sport-sein-koennen-16924734.html (7.1.2021)

Schiffer, Dorian: „Klimakrise bewirkt Gefühl von Ohnmacht". Der Standard, 7.9.2022

Schirach, Ariadne von: Plädoyer für mehr Höflichkeit. Der Pragmaticus, 4.7.2022, https://www.derpragmaticus.com/r/kolumne-hoeflichkeit/ (20.9.2022)

Schwarz, Andreas: Guten Appetit. Kurier, 7.4.2019, https://kurier.at/kolumnen/guten-appetit/400459108 (5.1.2021)

Seidel, Marlene: Wir schätzen unser Essen zu wenig. Kleine Zeitung, 7.12.2020, https://www.pressreader.com/austria/kleine-zeitung-kaernten/20201207/281603833041689 (7.1.2021)

Stefan, Leopold/Liebig, Anne: Demokratieschule. Der Pragmaticus, 2.9.2022

Stichler, Christian: Schweden, die bargeldlose Nation. Die Presse, 9.11.2020, https://www.diepresse.com/5894399/schweden-die-bargeldlose-nation (7.1.2021)

Stottmeyer, Madlen/Hierländer, Jeannine: Weibliches Kapital – eine Verschwendung. Die Presse, 1.11.2020, https://www.diepresse.com/5890599/weibliches-kapital-eine-verschwendung (5.1.2021)

Stühlinger, Johannes: Besser als die Natur erlaubt. Die Presse, 110%, Februar 2018

Suntinger, Hildegard: Der Avatare neue Kleider. Die Presse Schaufenster, 9.9.2022, https://www.diepresse.com/6187294/mode-im-metaverse-der-avatare-neue-kleider (20.9.2022)

Thuswaldner, Anton: Literaturbetrieb: verdrängt und verschollen. Die Furche, 21.10.2020, https://www.furche.at/feuilleton/literatur/literaturbetrieb-verdraengt-und-verschollen-3946531 (5.1.2021)

Wagner, David: Vier Äpfel. Reinbek bei Hamburg: Rowohlt 2011, S. 62 ff.

Wagner, Phillipp: Ungleichheit für alle. Der Standard, 2.1.2018

Walterskirchen, Gudula: Freiwilliger Verzicht als Zeichen der Verantwortung und Freiheit. Die Presse, 10.3.2019, https://www.diepresse.com/5593388/freiwilliger-verzicht-als-zeichen-der-verantwortung-und-freiheit (7.1.2021)

Walterskirchen, Gudula: Hunde, Katzen sind Seelentröster, aber auch Umweltschädlinge. Die Presse, 8.1.2018, https://www.diepresse.com/5349414/hunde-katzen-sind-seelentroster-aber-auch-umweltschadlinge (5.1.2021)

Zens, Emily/Zimmermann, Magdalena: Der Mann ist dran. biber, 2.7.2020, https://www.dasbiber.at/content/wir-sind-body-positive (7.1.2022)

Zick, Andreas: „Wir unterschätzen die Macht und die Gewalt von Vorurteilen". Televizion 31, 2018/2, https://www.br-online.de/jugend/izi/deutsch/publikation/televizion/31_2018_2/Zick-Wir_unterschaetzen_die_Macht_und_die_Gewalt.pdf (8.7.2021)

Bildnachweis